經華管信 创优系列

企业资源计划

——ERP原理、应用与案例（第2版）

Enterprise Resource Planning:

ERP Theories, Application and Case (Second Edition)

杨建华 编著

電子工業出版社
Publishing House of Electronics Industry
北京 • BEIJING

内 容 简 介

搞好企业管理信息化工作，用好 ERP 软件，仅按用户手册操作是远远不够的。企业资源计划系统的理论、应用原理、实施或导入方法论等在本书中得以完整诠释。本书以“全貌→实干→巧干”三篇（共 11 章）构建全书结构：展现企业信息化及 ERP 功能全貌；解析企业资源计划主线，探究企业供应链上的销售、生产与采购及库存管理原理；导航 ERP 项目建设、管理及最佳实践方法论。便于有不同需求的人士有针对性地阅读，认识信息化及 ERP 的真谛。本教程还增加了许多作者自行开发的企业应用案例，以供课堂讨论。另配有完整的 PPT，任课教师可登录华信教育资源网（www.hxedu.com.cn）下载使用。

本书可作为信息管理与信息系统、电子商务、物流管理、工商管理等专业的本科、研究生教材，也可供企业从事信息技术管理和开发的人员、管理决策人员等学习与参考。

图书在版编目(CIP)数据

企业资源计划：ERP 原理、应用与案例 / 杨建华编著. —2 版. —北京：电子工业出版社，2015.9
（华信经管创优系列）

ISBN 978-7-121-26833-5

I. ①企… II. ①杨… III. ①企业管理－计算机管理系统－高等学校－教材 IV. ①F270.7

中国版本图书馆 CIP 数据核字(2015)第 176569 号

策划编辑：秦淑灵
责任编辑：王二华
印　　刷：北京京师印务有限公司
装　　订：北京京师印务有限公司
出版发行：电子工业出版社
　　　　　北京市海淀区万寿路 173 信箱　　邮编：100036
开　　本：787×1092　1/16　印张：15.25　字数：390 千字
版　　次：2011 年 4 月第 1 版
　　　　　2015 年 9 月第 2 版
印　　次：2020 年 9 月第 3 次印刷
定　　价：35.00 元

凡所购买电子工业出版社图书有缺损问题，请向购买书店调换。若书店售缺，请与本社发行部联系，联系及邮购电话：(010)88254888。

质量投诉请发邮件至 zlts@phei.com.cn，盗版侵权举报请发邮件至 dbqq@phei.com.cn。

服务热线：(010)88258888。

前　　言

当今企业处于快速变化的信息时代，不论是制造业还是服务业，都面临着从未有过的全球化竞争，市场机会稍纵即逝，靠什么领先于竞争对手？ERP 系统及其信息技术的应用是企业长期依靠的竞争优势。只有建立了信息化的长期优势，低成本、高质量、客户关系、供应商关系、交货期、优质服务等优势才会有可靠的保证。ERP 系统的应用无疑对企业具有重要的战略意义。

ERP 课程处于管理学与信息系统的交叉领域，既是典型的企业信息系统，又是企业各个阶层的管理者都离不开的管理运营平台。实施 ERP 系统不仅涉及技术层面，也涉及社会层面。从西方到东方，大学的商学院陆续向学生开设了 ERP 系统原理与应用的课程。本教程在总结以往教学经验的基础上，吸收国际先进的企业信息化管理理念，着重于信息化管理方法论与企业资源计划管理理论，为高等学校管理类、经济类专业开设“ERP 原理与应用”或“企业资源计划”课程而编写。

本教程不是一门一般的企业管理软件介绍课，更不是操作课，并不针对任何一个 ERP 软件系统，因为提供 ERP 软件的公司有上千家（小公司除外），每家 ERP 软件公司几乎都提供了详尽的用户手册及使用说明，还有些知名 ERP 公司都出版了系列书籍。本教程从企业信息系统（EIS）出发，着眼于通用的企业资源计划理论与应用方法论，分三篇：ERP 全貌、原理诠释、应用导航，共 11 章，全面阐述 ERP 系统的基本原理与应用。本教程还增加了许多作者自行开发的企业应用案例，以供课堂讨论。

为教师教学方便，本教程配有完整的 PPT 供教师选用，可登录华信教育资源网（www.hxedu.com.cn）下载使用。

由于编者水平有限，书中难免有疏漏及不当之处，敬请读者指正。

编著者

2015 年 8 月

目　录

第一篇　全貌——一览众山小

案例：信息化助苏宁电器实现转型①

“没有信息化，超市就是杂货铺。”这是苏宁电器信守的格言。正是依托于信息化建设，在“标准化与制度化”的前提下，建立了国际一流的信息化平台，使得苏宁电器具备了持久、强大的发展力量，成为全球具有重要影响力的连锁企业。2010 年 1 月，苏宁电器的连锁店已达 950 家，成功进入了日本、香港市场，2009 年销售规模达 1200 亿元，位居我国 500 强企业第 54 位，成为家电连锁的标杆企业。

苏宁电器诞生于 20 世纪 90 年代初期，从 90 年代的专营空调演变为全品类的家电销售，从南京走向全国。苏宁电器从发展的初期就清醒地认识到信息化的重要性，1994 年苏宁实施了第一个企业信息化工程，自主开发实施了售后服务信息化系统，1996 年苏宁率先启动了电脑开发票系统，实现了销售系统的信息化。苏宁电器从 1999 年开始进入连锁发展时代。为了信息化的实施，苏宁电器制定了“标准化的流水作业”，建立了“成本最低、效率最高、控制最佳”的标准化系统，并将一切业务流程、管理制度、操作规范进行了最大程度的简约。

苏宁的信息化应用

2006 年 4 月 11 日，苏宁电器 ERP 系统成功上线。苏宁通过以 ERP 为核心的信息平台，建立多媒体监控系统，实时监控全国连锁店面、物流仓库、售后网点及重要场所运作情况，进行“足不出户”的全方位远程管理。同时，苏宁在全国 100 多个城市的客户服务中心也建成了集中式与分布式相结合的客户关系管理系统，建立了 5000 万个顾客消费数据库，实施数据化营销。

（1）苏宁电器与供应商建立一流的现代供应链

苏宁电器通过信息化技术全面提升 B2B 系统，实现数据交流、自动下单、补货、自动结算等一系列的全数字化、标准化、流水线式的作业管理，与供应商实现全面、系统、透明的信息化战略，构筑新型的供应链信息化生态环境。建立了现代化的物流配送系统，通过信息化平台进行实时采购，通过订单化采购，供应商按苏宁的区域需求，进行物流最佳配送。

（2）企业内部管理实现信息化管控

建立了全新的全局信息管理平台，有效推动从采购、结算、财务到行政、人事等全方位的内部专业外包与专业服务模式，标准化管理，提高了效率。请假、报销、出差管理、合同审批等，员工们可以通过网络处理办公的大部分流程。在每一个作业链上实现了“点对点”的数据交换与信息交流，形成了自动的控制系统。

（3）苏宁电器与消费者建立信息化沟通平台

2008 年，苏宁成功开辟了 B2C、网上商城、电子商务等业务，利用苏宁电器的信息化网络，消费者可以享受便捷的自助查询、购物、结算、会员服务等体验。同时，苏宁为消费者

---

① 苏宁电器：建立一流信息平台. 企业管理杂志社，2010/04；苏宁电器：信息化引领零售业转型. 经济日报，2009/12/3。

提供全面的数字化解决方案，集成各类智能家电，为消费者提供智能化的家居数字生活。2009年，苏宁建立了CRM系统，通过智能化的客服系统，全国消费者均可以享受全天候的服务。全国24小时的呼叫中心接入系统，为广大客户始终如一地提供优质周到的服务。

（4）信息化平台建立"金字塔式"服务链

苏宁电器作为服务型企业，最根本的任务就是为顾客提供优质的服务。服务涉及"售前－售中－售后"的全流程，建立了"连锁店－物流－售后－客服"的服务链条，四大终端构成了"金字塔"式的服务网络，前台与后台紧密协同，全天候作业，成为苏宁最具有竞争力的撒手锏，也是苏宁品牌的核心要素。例如，苏宁"阳光包"服务、"家电下乡"、"以旧换新"等。

（5）借助信息系统的强大后台，建立强大的连锁网络

苏宁电器的连锁发展构筑了"纵横交错、点面结合、区域密集、协同有力"的连锁网络，快开店，开大店，开好店，培养旗舰店，创新精品店，形成了城乡一体化的连锁态势。苏宁电器建立了全国三级网络与通信应用架构，实现了全国视频会议、全国内部互联互通电话、全国多媒体监控、全国集中式数据中心，实现了物流配送环节的无线终端应用、全自动化立体货架，实现了售后服务环节的统一全国呼叫中心平台、统一的短信移动商务平台，实现了遍布全国的销售终端的实时管理。

苏宁的信息化成效

以SAP为核心的ERP系统提升了内部运营能力，提升了合作伙伴和客户的价值。通过信息化系统，苏宁电器连锁经营管理流程得到优化。目前苏宁可以做到每小时处理10万笔销售订单，加上与此相对应的物流、售后、客服系统同步操作，达到每小时40万次处理能力，相当于每秒处理100多次交易请求，提高了管理效率。ERP系统启用后，也改变了先前供应商铺、货分散局面，形成区域、公司仓库共享优势，使公司仓储面积减少50%以上，库存量降低20%～50%，存货周转率提高20%～60%。节约采购成本35%以上，尤其是节约库存成本80%以上；集团年行政成本节约50%以上，成为企业利润的一大来源。

信息化系统也进一步推动了苏宁电器的供应链整合，有效降低了物流成本和管理成本。自ERP系统成功上线后，苏宁就把内部系统与供应商的系统直接对接，与供应商实现信息共享。供应商可以随时查看自己产品的销售进度和库存情况，同时，苏宁也可以通过共享的信息系统直接发出订货指令，通过安全系统过滤，上游供应商根据指令就可以直接生成订单，提高服务响应速度，加强源头采购的竞争力。

苏宁的信息化未来

"苏宁的信息化变革是成功的，但这条路远没有走到终点。"孙为民如是说。为应对日趋激烈的市场竞争，苏宁电器与IBM进一步合作，共同推出了"蓝深计划"，在未来5年内，苏宁电器与IBM公司将在企业整体管理体系和信息化应用上进行全面系统的合作。IBM将为苏宁电器提供一整套涵盖人力资源、组织和绩效管理、财务管理、供应链及物流网络优化等全方位的业务变革解决方案，以帮助苏宁电器应对管理体系和信息化系统带来的各种挑战，实现未来发展的战略目标。对苏宁电器来说，持续投入、持续优化、资源整合、协同发展、产业集成、现代管控等促进了信息系统的演化。

苏宁电器的信息化进程折射了中国典型企业的信息化之路，反映了苏宁电器的信息化全貌。苏宁电器的信息系统不再是传统的管理信息系统，而是新型的企业信息系统，融合了社会系统，与企业的利益相关者紧密关联，将企业信息系统扩展至企业的价值链，关注供应链中的信息。苏宁 ERP 系统应实现哪些功能？具有哪些业务流程？如何形成其体系结构。所有这些都关系到企业信息化战略的实现与竞争优势的形成。

本篇将分两章来展开阐述。第一章阐述企业信息系统的最新概念及企业信息化的框架；第二章阐述 ERP 的基本概念、功能模块与体系结构。这样就使读者对 ERP 及企业信息化的全貌有了清晰的大体了解。

第1章 企业信息化框架

1.1 信息与系统

信息与所有的人类活动都相关，正所谓“我们生活在信息时代”。信息已经成为组织的重要资源之一，打破了西方经典经济学“四要素”的结构，成为第五个要素，即劳动力、原料、资本、土地和信息。在现代化管理中，信息论已成为与系统论、控制论等相并列的现代科学主要方法论之一。信息论与信息科学是现代化管理的运动命脉。现代化管理与信息已融为一体，并形成一种特殊形态的信息运动形式，即管理系统信息流。因此，我们首先从信息与系统讲起。

1.1.1 信息与数据

近代信息管理和信息系统科学认为信息是“事物之间相互联系、相互作用的状态的描述”，“是客观世界各种事物变化和特征的反映”。上述定义的描述似乎有些抽象，实际上我们平时采取实用的方式理解信息，如“信息是加工后的数据”。而数据是可以记录、通信和能识别的符号，它通过有意义的组合来表达现实世界中某种实体（具体对象、事件、状态或活动）的特征。

在数据的定义中，必须注意两点：一是符号问题，用以表示数据的符号多种多样，它可以是简单的数字，也可以是声音、视频等；二是数据要用具体的载体（也称媒体）来记录和表示，数据的载体可以是多种多样的，如纸张、磁带、磁盘等。数据只有通过一定的媒体表达后，才能进行存取、加工和传递。当然，数据用什么样的形式表达，也取决于不同的媒体。以多种媒体形式表示的信息成为多媒体信息。

从上面可以看出，数据和信息的关系可以看作是原料和成品的关系，即信息是经过加工后的数据。信息具有如下基本属性。

（1）真伪性：真实是信息的中心价值，不真实的信息价值可能为负。

（2）层次性：信息的层次一般和管理的层次一样，可以为战略层、策略层和执行层3个层次。

（3）不完全性：客观事实的全部信息是不可能得到的。我们需要正确滤去不重要的信息、失真的信息，经过抽象后得到有用的信息。

（4）滞后性：信息是数据加工的结果，因此信息必然落后于数据，加工需要时间。

（5）扩压性：信息和实物不同，它可以扩散也可以压缩。

（6）分享型：信息可以分享，这和物质不同，并且信息分享具有非零和博弈特征。

根据信息的来源，可将信息分为外部信息和内部信息；按照信息的用途又可以分为经营决策信息、管理决策信息和业务信息等；按信息的表示方式，则可以分为数字信息、文字信息、图像信息和语言信息等。

管理是一个复杂有机的动态过程，其中包含的市场需求、生产过程、人员心理、主管意识、技术条件、原料供应等要素之间每时每刻的相互关联、安排顺序等，无不变化多端，表现为各种不同的管理信息。根据以信息为依据的管理唯物论的基本原理，可以将管理信息的定义分解为以下几点。

（1）管理信息是整个管理世界物化运动的普遍属性。

（2）管理信息存在于它所属的管理系统与任何其他管理系统的全面的相互作用中。

（3）管理信息所表述的管理系统的形态、结构及其运动过程是建立在大量的、可供统计的数据基础上的。

（4）管理信息既然是管理系统平台、结构及其过程的表现，它们就与时间、效益和决策有着必然的联系。而且一切信息的运动过程均为不可逆的过程。

“运动过程”一词说明管理信息不仅是管理系统在全面相互作用中的产物，而且是该作用过程本身。管理信息本身指的就是一种运动过程。信息与决策的关系，可以概括为一句话：信息是决策的基础和依据，决策是对信息的判断和运用。

1.1.2　信息的收集

信息和其他资源一样也有生命周期。从信息的获取、传输、加工、存储、维护、使用到退出的整个过程称为信息的生命周期。

信息收集的第一个问题是收集什么样的信息，这就是信息（数据）识别。

信息识别后进行信息采集。

信息采集方法和信息源有关。信息源有两大类，一是按地域分，一是按时域分。按地域分为内源（系统内）、外源（系统外）；按时域分为原始信息、加工信息等。

信息收集时注意信息表达方式。信息表达方式包括文字表达、数字表达、图表表达、多媒体表达等。

有用的信息应具有以下特征。

（1）信息必须正确。没有描述真实状况的信息，我们就很难做出科学的决策。这并非要求所有信息都百分之百的正确，而是要求所有得到的信息描述的事实至少没有方向性错误。

（2）信息必须能及时获取。信息必须是准确的，不能是已过时的或不适用的。要做出科学的决策，管理者需要的是及时且可利用的信息。

（3）信息必须恰如其分。决策者需要能够利用的信息。通常公司存在大量对决策无益的信息，公司必须考虑哪些信息应该保留，使宝贵的资源不被浪费在搜集无用信息上。

1.1.3　系统

系统是一组相互依赖、相互关联的组成部分，通过协同运营实现系统的目标。系统成功的秘诀在于系统的各个组成部分相互合作，密切配合，共同向系统的目标努力。如果各个部分以自我为中心，变成竞争的独立单元，就会破坏整个系统。系统可以是最广大的宏观系统（如银河系统），也可以是最小的微观系统（如遗传 DNA 系统）。我们平常处理的系统一般介于上述两者之间，系统可以是一个组织，可以是一个产业，也可以是整个国家，系统范围越大，可能产生的效益就越大，然而管理的难度也越大。

1.2 信息系统

1.2.1 信息系统与信息技术

信息系统（Information System①）对信息进行收集、存储、通信、处理、检索等，产生针对解决某些方面问题的信息。信息系统是集成信息收集、存储、通信、处理、检索等功能组件的应用系统，这一说法还不够全面，信息系统应该是这一系列的功能组件与执行信息处理功能的人类活动的相互作用所形成的计算机系统与社会系统的综合体。人们常说的信息系统大多数是支持各部门和机构管理和决策的信息系统。从技术上说，就是为了支持决策和组织控制而收集（或获取）、处理、存储、分配信息的一组相互关联的组件。除了支持决策、协作和控制，信息系统也可用来帮助管理人员分析解决问题，现代社会中的企业、组织及个人依靠信息系统管理企业的运营、市场、供应等业务活动，信息系统是针对复杂商业环境的、基于信息技术的管理业务解决方案，信息系统是以计算机软件、硬件、数据和网络等技术为核心的人机系统，管理者不能忽视作为信息系统重要组成部分的社会系统（社会系统由人、业务过程、社会结构、文化等相互作用而成），如图 1-1 所示。

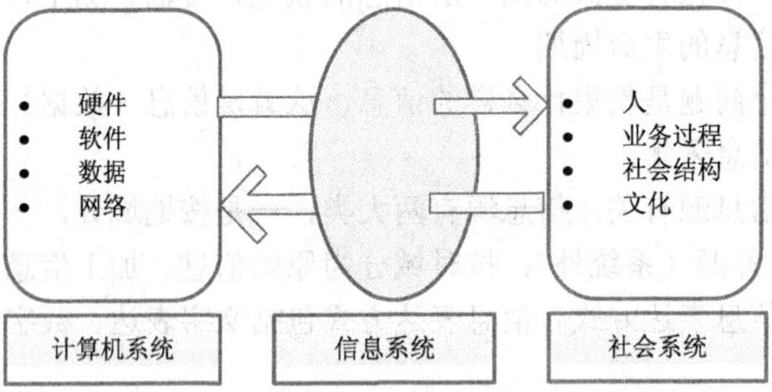

图 1-1 信息系统=计算机系统+社会系统

信息技术是指计算机硬件、软件、服务的使用，以及运用声音、数据、文本、视频、多媒体等支持信息管理、信息通信的基础结构。信息系统重要的技术特征是计算机和互联网技术的应用，从信息技术角度看，信息系统是以提供信息服务为主要目的的数据密集型、人机交互的计算机应用系统，它具有以下 4 个特点。

（1）涉及的数据量大。数据一般需存放在辅助存储器中，内存中只暂存当前要处理的部分数据。

（2）大部分数据是持久的，即不随程序运行的结束而消失，而需长期保留在计算机系统中。

① An Information System (IS) is any combination of information technology and people's activities using that technology to support operations, management, and decision-making. In a very broad sense, the term information system is frequently used to refer to the interaction between people, algorithmic processes, data and technology. In this sense, the term is used to refer not only to the information and communication technology (ICT) an organization uses, but also to the way in which people interact with this technology in support of business processes. Some make a clear distinction between information systems, ICT and business processes. Information systems are distinct from information technology in that an information system is typically seen as having an ICT component. Information systems are also different from business processes. Information systems help to control the performance of business processes.

（3）这些持久数据为多个应用程序所共享，甚至在一个单位或更大范围内共享。

（4）除具有数据采集、传输、存储和管理等基本功能外，还可向用户提供信息检索、统计报表、事务处理、规划、设计、指挥、控制、决策、报警、提示、咨询等信息服务。

1.2.2 信息系统结构

信息系统的基本结构基本是共同的，它一般可分为 4 个层次。

（1）硬件、操作系统和网络层，是开发信息系统的支撑环境。

（2）数据管理层，是信息系统的基础，包括数据的采集、传输、存取和管理，一般以数据库管理系统（DBMS）作为其核心软件。

（3）应用层，是与应用直接有关的一层，它包括各种应用程序，如分析、统计、报表、规划、决策等。

（4）用户接口层，这是信息系统提供给用户的界面。信息系统是一个向单位或部门提供全面信息服务的人机交互系统。它的用户包括各级人员，其影响也遍及整个单位或部门。

现代信息系统是以计算机为信息处理工具，以网络为信息传输手段的；它最大限度地屏蔽了时间和空间的限制，使人们能以快捷的方式获取所需信息并加以利用，信息系统丰富了个人的生活，改变了人类的生活方式与商业模式。

1.2.3 信息系统的分类

可以考虑信息系统的如下分类，但不限于此。

（1）按信息是否可以进一步深加工分类，可把信息系统分为情报性质信息系统和决策功能信息系统。前者包括科技情报信息系统、地理信息系统等；后者包括企业管理信息系统、物流管理信息系统等。

（2）按处理方式不同分类，可把信息系统分为集中处理式信息系统和多级式处理信息系统。银行储蓄信息系统是集中式的信息系统，国家经济信息系统是多级处理信息系统。

（3）按行业不同分类，可把信息系统分为工业、商业、物流、医院、银行、民航等不同的信息系统。

（4）按地域范围不同分类，可以把信息系统分为世界性、全国性、地区性和局域性信息系统。例如，国家经济信息系统是全国性的信息系统。

1.2.4 信息系统工程

信息系统工程是以系统的方法来实现信息系统建设的过程。信息工程方法从企业开发信息系统的实际需求出发，提供了结构化的开发方法，并强调系统开发必须从数据规划开始，从而形成以数据为中心的系统开发方法论。信息工程是在方法论的指导下，在与方法论相配合的开发工具的支持下进行系统开发，它强调了自动化的信息系统必须用自动化的手段来实现，并在实现中有基于信息库的开发环境来支持。信息工程方法不仅在方法论及技术手段上支持了信息系统的开发，而且也吸收了有效的系统开发经验，从而极大地提高了系统开发的效率。随着社会信息化的进程加快，社会各行各业都基于自身的需求来加快本行业、本部门、本领域的信息化进程。当今，电子政务、电子商务等领域都投入大量的资金和技术来建立相应的信息系统，因此提高系统建设的成功率就是一件十分迫切的问题，也是信息工程要解决的问题。

1.3 国家信息化战略

“信息化是充分利用信息技术，开发利用信息资源，促进信息交流和知识共享，提高经济增长质量，推动经济社会发展转型的历史进程。20 世纪 90 年代以来，信息技术不断创新，信息产业持续发展，信息网络广泛普及，信息化成为全球经济社会发展的显著特征，并逐步向一场全方位的社会变革演进。进入 21 世纪，信息化对经济社会发展的影响更加深刻。广泛应用、高度渗透的信息技术正孕育着新的重大突破。信息资源日益成为重要生产要素、无形资产和社会财富。信息网络更加普及并日趋融合。信息化与经济全球化相互交织，推动着全球产业分工深化和经济结构调整，重塑全球经济竞争格局[①]。”当前，信息化已经成为我国的国家战略。

所谓国家信息化是国家意志的一种体现，中国国家信息化的实质是“在国家统一规划和组织下，在农业、工业、科学技术、国防以及社会生活各个方面应用现代信息技术，深入开发、广泛利用信息资源，加速实现国家现代化的进程”。这里包含了 4 层意义：一是国家信息化要由国家统一规划和组织，是国家行为；二是信息化是覆盖现代化全局的，实现国家现代化离不开信息化；三是各个领域都需要广泛应用信息技术，深入开发、利用信息资源，调整产业结构，以信息化带动工业化，发挥后发优势，努力实现技术的跨越式发展；四是国家信息化是一个不断发展的过程。“我国信息化发展的基本经验是：坚持站在国家战略高度，把信息化作为覆盖现代化建设全局的战略举措，正确处理信息化与工业化之间的关系，长远规划，持续推进。”我国信息化建设已经取得重要进展。

（1）信息网络基础设施实现跨越式发展。电话用户、网络规模已经位居世界第一，互联网用户和宽带接入用户均位居世界第二，广播电视网络基本覆盖了全国的行政村。

（2）信息产业持续快速发展，对经济增长贡献度稳步上升。

（3）信息技术在国民经济和社会各领域的应用取得效果。农业信息服务体系、现代化金融服务体系得以建立，能源、交通运输、冶金、机械和化工等行业的信息化水平逐步提高。传统服务业转型步伐加快，信息服务业蓬勃兴起。电子商务发展势头良好，科技、教育、文化、医疗卫生、社会保障、环境保护等领域信息化步伐明显加快。

（4）电子政务稳步展开，成为转变政府职能、促进信息资源共享、推进政务协同、提高行政效率、推进政务公开、改善公共服务的有效手段。

（5）信息资源开发利用取得进展。基础信息资源建设工作开始起步。

（6）信息安全管理体制和工作机制初步形成，基础信息网络和重要信息系统的安全防护得到加强。

（7）国防和军队信息化建设全面展开，组织实施了一批军事信息系统重点工程，军事信息基础设施建设取得长足进步，主战武器系统信息技术含量不断提高，作战信息保障能力显著增强。

（8）信息化基础工作包括法制建设、标准化、培训、信息化人才队伍建设等得到改善。

国家信息化体系包括以下 6 个方面：

---

① 中共中央办公厅、国务院办公厅《2006—2020 年国家信息化发展战略》，新华社，2006/5/8。

（1）信息资源：信息和材料、能源共同构成经济和社会发展的 3 大战略资源。

（2）信息网络：信息网络是信息资源开发、利用的基础设施，信息网络包括计算机网（数字网）、电信网、电视网，在国家信息化的过程中将逐步实现 3 网融合和最终达到合一。

（3）信息技术应用：信息技术应用是国家信息化中十分重要的要素，直接反映了效率和效益。

（4）信息产业：信息产业是信息化的物质基础。信息产业包括微电子、计算机、电信等产品和技术的开发、生产、销售，以及软件、信息系统开发和电子商务等。

（5）信息化人才：人才是信息化的成功之本。不仅要有各个层次的信息化技术人才，还要有精干的信息化管理人才、营销人才、法律法规和情报人才。

（6）信息化政策、法规、标准和规范：信息化政策和法规、标准、规范是国家信息化快速、有序、健康和持续发展的保障。

1.4 企业信息系统框架

1.4.1 企业信息系统

企业信息系统（Enterprise Information System①，EIS）一般指任意类型的“企业级”计算系统，这意味着提供高质量的服务、处理大量数据，并有能力支持大型组织的业务管理。企业信息系统提供一个可帮助企业整合和协调其业务流程的技术平台，这一平台成为组织的核心系统，并确保信息在企业的所有职能部门及管理阶层实现共享，如图 1-2 所示。

一个典型的企业信息系统可以包括跨越组织边界的软件应用。“企业”一词可以有不同的内涵，通常这一术语仅用于指非常大的组织，但现在“企业”一词已经成为最新的公司行话，可以指任何实体，如协同的虚拟企业。

企业信息系统是一个集成化的应用系统，具有 6 大子系统，支持企业结构的 4 个层次。

1．作业控制层次

在作业控制层次上的系统将记录事务，包括制订周生产计划与配送计划。通常不需要很多的分析工作，尤其是安排确定以后更是如此。

处理组织中例行信息的事务处理系统（Transaction Processing System，TPS），如订单系统、医院预约系统、客户信息系统、工资系统、航运系统等。TPS 负责收集各项可用于管理的数据，处理日常例行的事务型数据，并产生报表以支持组织的作业控制活动。这类 IT 系统适用于直接从事具体事务的人员，如商店的店员或安排送货的调度员等。

此类系统在信息系统发展早期，基本上是一种孤岛式的功能性文件系统，通常在进行事务自动化时产生，可用来代替人工处理繁多的结构化数据。而此层次结构管理人员也可以应用决策支持系统（Decision Support System，DSS）完成相关决策工作。

① An Enterprise Information System is generally any kind of computing system that is of "enterprise class". This means typically offering high quality of service, dealing with large volumes of data and capable of supporting some large organization ("an enterprise"）.Enterprise Information Systems provide a technology platform that enables organizations to integrate and coordinate their business processes. They provide a single system that is central to the organization and ensure that information can be shared across all functional levels and management hierarchies. Enterprise systems are invaluable in eliminating the problem of information fragmentation caused by multiple information systems in an organization, by creating a standard data structure. (来自 http://en.wikipedia.org/wiki/Enterprise_Information_System)

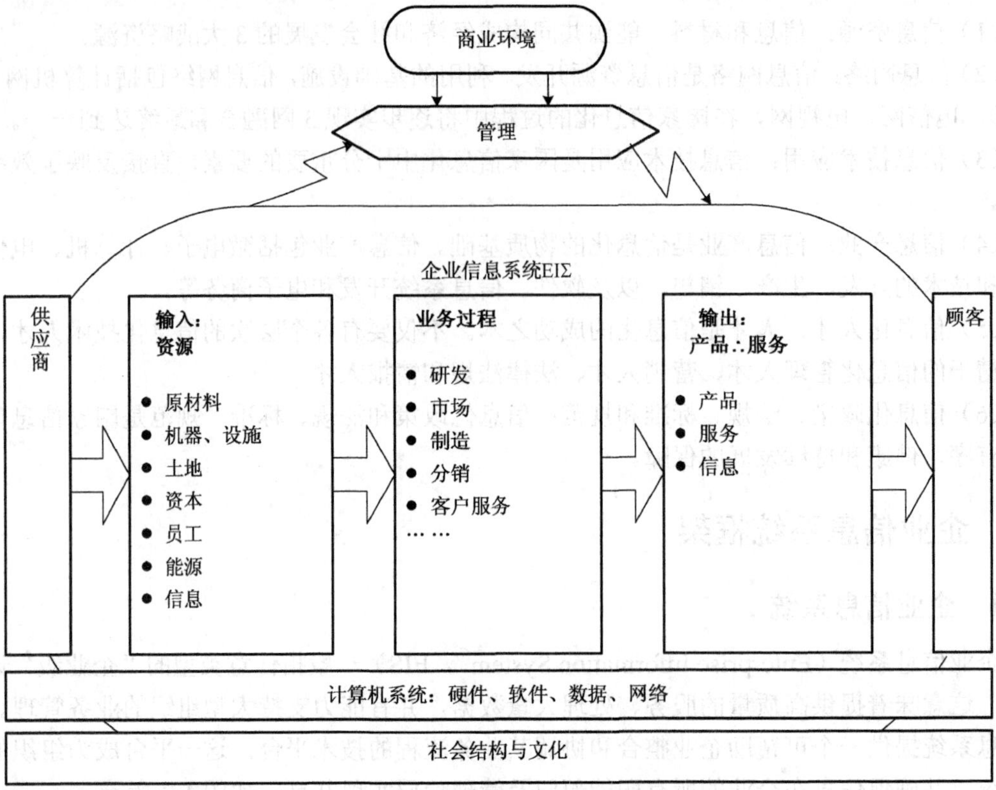

图1-2　企业信息系统的组成

2. 知识管理层次

处于该层的主要是进行电子邮件收发、字处理、表单填写、日程安排等的办公自动化系统（Office Automation，OA），以及支持知识型员工创造新知识、集成新知识（而不是仅仅使用、操作和传播信息）的知识工作系统（Knowledge Work Systems，KWS）。

知识工作系统与办公自动化系统提出了组织在知识层面的信息需求，负责累积知识与协助运用知识以提高组织的竞争力。

此层次结构管理人员也可以应用DSS完成相关决策工作。

3. 管理控制层次

管理者制定本层次决策时通常面临几个月到1年的时间跨度，目标是合理配置资源以最好地满足预期需求。必须决定各类产品的大致产品量及哪些产品在哪儿生产，对不同配送渠道到不同顾客进行整合的程度。规划决策注重分析信息而不是收集信息。所需的信息包括成本、生产能力和规划层面上的需求等。

处于该层的主要是关注组织管理业务活动信息流全景的管理信息系统（Management Information System，MIS）和挖掘信息来辅助管理决策的决策支持系统（Decision Support System，DSS）。IT系统主要适用于企业的中层管理人员。

管理报告系统（Management Reporting System，MRS），即狭义的管理信息系统，集成各个事务处理系统所收集各项的数据，提供组织管理信息，按照功能部门的职责，用来解决各种结构性问题，可以产生综合摘要与例外报表以提供给中层管理人员使用。而此层次管理人员大量应用 DSS 完成相关决策工作。

4. 战略规划层次

战略规划层决策的时间跨度可能有好几年。在这一层次，管理人员需要决定生产什么产品、建立多少工厂、生产厂布局在何处、生产的类型、建立什么样的配送中心、内外部资源的配置，以及客户目标的定位等。战略层次的信息往往要求广泛而不需要太详细，对 IT 系统需要高度的分析能力。因此，这一层次需要组织战略级信息系统——执行支持系统（Executive Support System，ESS），也称为执行信息系统（Executive Information Systems，EIS），提供组织状况，支持高层决策，提供高级经理所需的决策信息，并具备经理规划、分析和沟通所需的能力，重点在于追踪、控制与沟通。其又分成组织状况报告系统与人际沟通支持系统。而此层次管理人员也可以应用 DSS 完成相关决策工作。DSS 是一种协助人类做决策的信息系统，协助管理人员规划与分析各种行动方案，常用不断尝试的方法进行，通常是以交谈式的方法来解决半结构性或非结构性的问题，但其所强调的是支持而非代替人类进行决策。

互联网技术与企业内部网的应用，可促进企业内部综合 MIS、DSS 功能，并以办公自动化技术为支撑，实现集成化的企业信息系统。新型企业信息系统通过创建标准化的数据结构，来消除组织中多类信息系统所带来的“信息碎片”问题。新型企业信息系统还基于互联网、数据仓库等新的技术及开放的架构，遍及组织的作业层、知识层、管理控制层和战略层。企业信息系统的目标为：借助于自动化和互联网技术，综合企业的经营、管理、决策和服务为一体，以求达到企业和系统的效率、效能和效益的统一，使计算机和互联网技术在企业管理决策和服务中能发挥更显著的作用。

以上这些处于企业不同层次的诸多类型的信息系统是随着信息技术的发展以及企业的需求在不同时期出现的，它们的出现反映了信息系统发展的历史轨迹。现在，TPS 已成为企业实现信息管理的基础性工作，对提高企业的工作效率和质量有明显的作用，是众多的高层系统的基础。MIS 是计算机在企业管理领域中应用的重要组成，它对提高企业管理的总体效率和质量有明显的作用。DSS 在企业对重大问题的决策上将产生积极的作用，能最大限度地发挥企业的效能，为企业带来总体效益。信息技术、管理科学、运营管理的发展对企业的信息化过程影响深远。如当前流行的企业资源计划（Enterprise Resource Planning，ERP）、供应链管理（Supply Chain Management，SCM）及客户关系管理（Customer Relations Management，CRM）等都在企业中有不同程度的实践和应用。

1.4.2　企业价值链

理解企业的价值链对于全面认识企业信息系统所覆盖的企业业务过程具有很大的帮助。价值链（Value chain）由迈克尔·波特（Michael Porter）在 1985 年写的《竞争优势》一书中提出的。波特指出，企业要发展独特的竞争优势，要为其产品及服务创造更高附加价值，业务策略是分析企业的经营模式（流程），将其分解使之成为一系列的增值过程，而此一连串的增值流程，就是“价值链”，将企业视作一系列主要经营活动与支持性活动共同构成的系统，从供应商获取输入资源，再将输入资源转换为产品与服务，并提供给顾客。图 1-3 表示了企业价值链中的重要活动。

一般企业的价值链主要分为以下方面。

（1）主要活动（Primary Activities），包括企业的核心生产与销售过程：

A．进厂物流（Inbound Logistics），即来料储运，隶属于资源市场；

B．制造运营（Operations），即加工生产，隶属于制造商市场；

C．出厂物流（Outbound Logistics），即成品储运，隶属于物流中间商市场；

D．市场营销（Marketing and Sales），隶属于消费者市场；

E．售后服务（After sales service）。

以上为产生价值的环节。

（1）支持活动（Support Activities），包括支持核心营运活动的其他活动，又称共同运作环节：

A．企业基础设施（The infrastructure of the firm），即企业基础建设和组织建设；

B．人力资源管理（Human resources management）；

C．技术开发（Technology development），即技术研发（R&D）；

D．采购（Procurement），即采购管理。

以上活动利于资产评估，为辅助性增值环节。

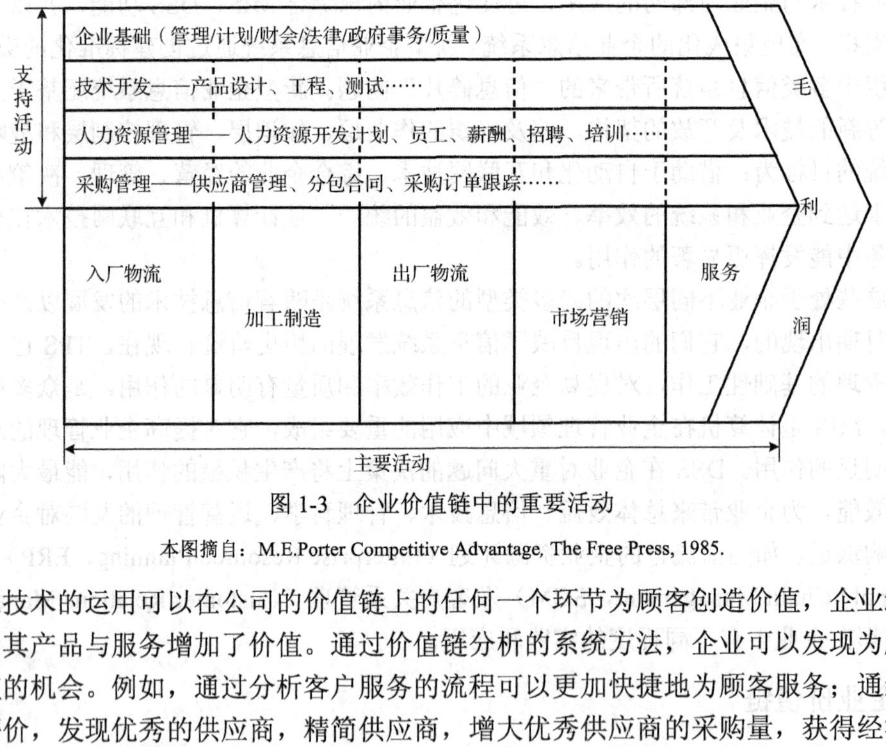

图 1-3 企业价值链中的重要活动

本图摘自：M.E.Porter Competitive Advantage, The Free Press, 1985.

信息技术的运用可以在公司的价值链上的任何一个环节为顾客创造价值，企业通过这些活动，为其产品与服务增加了价值。通过价值链分析的系统方法，企业可以发现为顾客提供更大价值的机会。例如，通过分析客户服务的流程可以更加快捷地为顾客服务；通过供应商绩效的评价，发现优秀的供应商，精简供应商，增大优秀供应商的采购量，获得经济折扣，从而降低采购成本，还可以与其发展更紧密的关系，更好地为顾客服务。在企业价值链上利用信息技术可以获得更大的增值机会。

企业信息化过程中，首先在企业结构的某些层次或在价值链的某些环节上开始了单项应用。例如，1981 年沈阳第一机床厂从德国工程师协会引进中国第一套 MRP II（制造资源计划）软件，另外还有进销存管理、人员档案管理、销售管理、财务管理等。财务管理是中国企业应用最为普遍的模块（中国几家大的 ERP 软件商就出身于财务软件供应商），可以说，它在很大程度上驱动了中国企业的信息化进程。

单项应用的阶段在我国大体上持续到上世纪末，制造型企业管理供销存的 MRP 软件，以及财务管理模块在这一阶段得到了广泛应用。

从 21 世纪开始，才出现了企业资源计划 ERP 大规模应用，供应链管理、客户关系管理及人力资源管理模块在这一时期逐渐得以应用。大多数企业开始放弃定制开发企业软件，转向寻找 ERP 软件供应商。

1.4.3 遗留系统

企业各级管理人员，特别是高层管理人员应该对信息化的进程有清醒的认识，从企业信息化迈向信息化企业是企业发展中必然的艰苦的进化过程，原有单项应用系统的集成并不意味着企业 ERP 系统的完成，原有单项应用系统属于传统的软件包，功能等各方面受到限制，灵活性差，往往不能随业务的变化而调整，也不能升级，我们称之为遗留系统（Legacy Information System）。无法对遗留系统进行集成，遗留系统肯定也不能适应企业的发展需求，直接导致了 20 世纪末我国很多信息化起步较早的企业进入了软件替换期，耗资巨大的软件被扔到了一边。

市场呼唤考虑企业价值链、采用新型信息技术与开放系统平台的企业信息系统，以实现企业价值链的集成化应用。

1.4.4 商务智能

目前，一些企业信息系统集成了商务智能（Business Intelligence，BI）的功能。商务智能指用现代数据仓库技术、在线分析处理技术、数据挖掘和数据展现技术进行数据分析以实现其价值。商务智能被认为是知识管理的子集，在知识的更新及创造中发挥作用，并促进和增强知识的作用。

商务智能作为一个工具，用来处理组织中现有数据，并将其转换成知识、分析和结论，辅助决策者做出正确且明智的决定。它是帮助组织更好地利用数据提高决策质量的技术，包含了从数据仓库到分析型系统等。组织运用商务智能可以随机查询业务动态报表，准确掌握运营指标，随时进行在线分析处理，是可视化的组织"驾驶舱仪表板"，协助业务的预测与规划等。

商务智能的技术体系主要由数据仓库（Data Warehouse，DW）、在线分析处理（OLAP）及数据挖掘（Data Mining，DM）三部分组成。

（1）数据仓库是商业智能的基础，许多基本报表可以由此生成，但它更大的用处是作为进一步分析的数据源。所谓数据仓库（DW）就是面向主题的、集成的、稳定的、不同时间的数据集合，用以支持经营管理中的决策制定过程。数据仓库把相关数据收集于知识库，其中数据经过组织和证实，可以为决策目的服务。

数据仓库可以大大丰富决策者的信息，让他们基于确凿的事实做出决策。知识仓库是数据仓库模型的扩展，它不仅方便获取显性知识，而且还提高整个组织中知识的检索和分享能力。

（2）在线分析处理（OLAP）技术则帮助分析人员、管理人员从多种角度把从原始数据中转化出来的、能够真正为用户所理解的、并真实反映数据维特性的信息，进行快速、一致、交互的访问，从而获得对数据更深入了解的一类软件技术。

（3）数据挖掘（DM）是一种决策支持过程，它主要基于 AI、机器学习、统计学等技术，高度自动化地分析企业原有的数据，做出归纳性的推理，从中挖掘出潜在的模式，预测客户的行为，帮助企业的决策者调整市场策略，减少风险，做出正确的决策。

商务智能与业务紧密结合，并且根据需要进行相关特性展示和数据处理。为了让数据“活”起来，往往需要利用数据仓库、数据挖掘、报表设计与展示、联机在线分析（OLAP）等技术。数据或数据源的种类繁多，如存储在关系数据库中的数据、在外部数据文件中的数据、在业务流中实时产生的数据、存储在内存中的数据等。而商务智能最终能够辅助的业务经营决策，既可以是操作层的决策，也可以是战术层和战略层的决策。商务智能关注的是，从各种渠道（软件、系统、人等）发掘的可执行的战略信息。运用的工具有抽取（Extraction）、转换（Transformation）和加载（Load）软件，数据挖掘和在线分析等。

1.5 供应链管理与集成化应用

1.5.1 供应链信息

供应链中的信息是供应链成功的关键，因为它能使管理者从供应链这一宽广的视野中进行系统决策。成功的供应链战略将整个供应链看作一个整体考虑，而不是只看到其中的某个环节。通过供应链全局视野的考察，管理者就能根据影响整个供应链的所有因素来制定供应链战略，而不是仅仅考虑供应链中局部优化的因素。对整个供应链的考察，不仅能使供应链成本最小化，而且能使供应链中的多个企业实现多赢，并有足够的能力快速满足顾客需求。

管理者如何保证拥有宽广的视野呢？供应链的视野完全是由信息决定的，信息的广度决定了供应链是全局的还是局部的。为了获取全局视野的供应链，管理者需要获得有关供应链中企业相关职能部门的准确、及时的信息。比如，制造商仅仅知道现有库存数量是不够的，它还需要了解下游的需求，了解上游供应商的供货周期及其变化。有了这样的视野，制造商就能设定合适的库存水平以实现利润最大化。

供应链中的主要信息可分为以下几个部分，它们分别对应于供应链中的不同阶段。

（1）供应商信息，包括能在多长的订货期内，以什么样价格，购买到什么产品，产品能被送到何处。供应商信息也包括订货状态、更改及支付计划。

（2）生产信息，包括能生产什么产品，数量多少，在哪些工厂进行生产，需要多长的供货期，需要进行那些因素的权衡，成本多少，订货批量多大。

（3）配送和零售信息，包括哪些货物需要运送到什么地方，数量多少，采用什么方式，价格如何，每个零售地点的库存是多少，供货期有多长。

（4）需求信息，包括哪些人将购买什么货物，在哪里购买，数量多少，价格多少。需求信息还包括需求预测和需求分布的有关信息。

供应链管理者运用这些信息做出供应链中的各种运营决策。例如，运输策略的制定需要了解顾客、供应商、线路、成本、时间以及运输数量的信息；设施能力的决策需要了解供需信息，又需要了解公司内部的生产能力、收益及成本的相关信息。

在运用信息分析进行供应链科学决策方面，沃尔玛公司做得就不错。沃尔玛公司及时收集每个商店销售状况的信息，分析这些需求信息，以便决定每个商店应该保有多少库存，决定供应商向商店补货的时间。沃尔玛公司将这些信息反馈给制造商，制造商可根据这些信息安排生产，以便及时满足沃尔玛商店的需求。沃尔玛及其主要供应商对信息进行分析，根据分析采取行动，制定供应链的库存、运输和设施等决策。

1.5.2　供应链中的信息系统

信息技术可以运用于供应链的各个阶段及供应链企业的各个管理层次。不同阶段、不同层次的信息系统在供应链中都发挥着重要作用。我们可以在一个坐标系中来看这些已经存在的信息系统，如图 1-4 所示。横轴对应于供应链中的每个阶段，表示信息系统应用的范围，从原材料的供应商、制造商、分销商、零售商，一直到顾客。纵轴对应于系统的职能层次，表示供应链企业的决策层次。供应链信息系统可以用于战略层、战术层及作业运作层决策，这在本章 1.4 节中已经做过论述。

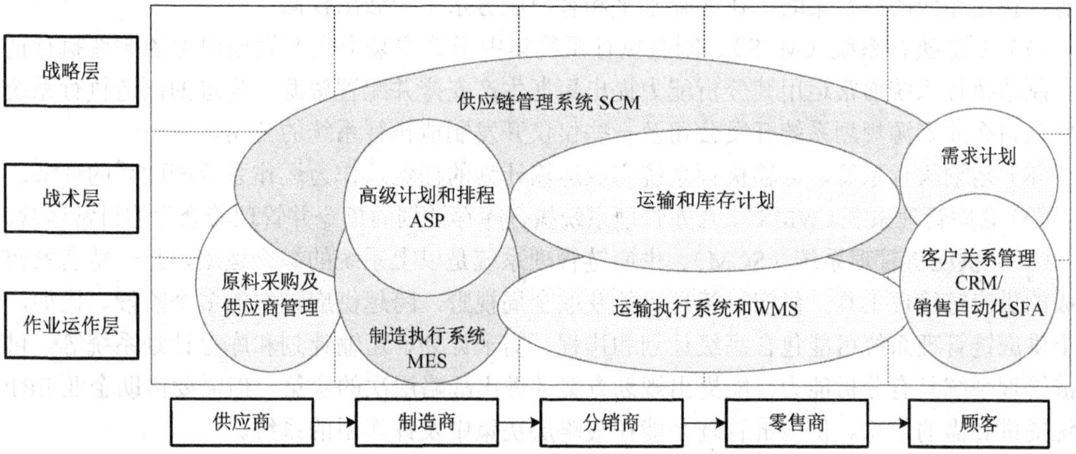

图 1-4　供应链中的信息系统

在供应链上的主要应用信息系统包括以下方面。

（1）物料采购及供应商管理系统。物料采购系统需要关注供应商和制造商之间的关系及采购过程。其基本目标是使物料采购过程效率更高，确定物料供应商。供应商管理系统能比较供应商的绩效，决定向哪家供应商购买及购买的物料品种和数量。

（2）高级计划和排程。高级计划和排程（APS）已经成为供应链计划的重要工具。高级计划排程系统考虑物料供给、生产能力和业务目标，安排产品的生产进度、生产时间和地点。高级计划排程系统包括以下功能：供应链战略规划、库存计划和可承诺供给量（ATP）。这些系统具有高超的分析能力，使用复杂的运算工具。高级计划排程系统可以用于生产中的详细生产安排、运行生产计划及供应链计划，以便很好地运用生产、分销和运输资源来满足需求。

（3）运输及库存系统。运输及库存系统的功能是，进行分析以决定在何时何地运输多大数量的货物。运用这一系统可以在不同承运人、不同运输方式、不同运输线路之间进行比较并制订货运计划。

（4）需求计划和收益管理。需求计划、收益管理工具帮助公司用专业化的分析工具预测产品的市场要求。这类系统将历史数据和有关未来需求的信息作为数据输入，并提出了对过去的销售做出解释的模型，在此基础上预测未来的需求。优良的系统不仅考虑未来的需求变动趋势和季节性因素，还依据销售状况对未来需求的预测进行修改。收益管理通常置于需求计划这一框架下进行考虑。收益管理通过多样化价格的制定来尽可能多地挖掘消费者资源，让不同消费水平的消费者都“掏腰包”。这种观念已经在航空、酒店、汽车租赁业得到大量运用。

（5）客户关系管理（CRM）和销售自动化（SFA）。客户关系管理包括企业识别、选择、获取、发展和保持客户的整个商业过程，CRM的焦点是与客户关系有关的销售、客户服务等业务流程的自动化及其改善。销售自动化通过提供产品和价格等信息，提高销售过程的自动化程度，实现销售人员和客户之间关系的自动化。根据实时的客户信息和产品信息，销售人员可采取相应行动，客户也可以量身订货，通过互联网“自助式”选择、购买产品和服务。SFA包含一系列的功能，如日历和日程安排、客户管理、佣金管理、商业机会和配送渠道管理、销售预测、建议的产生和管理、定价、区域划分、费用报告等。

（6）库存管理系统。库存管理系统根据需求模式、需求预测、成本、利润及客户服务水平等，提出相应的库存策略，在库存水平和客户服务水平间做出权衡。

（7）制造执行系统（MES）。制造执行系统集中于关注某个生产设施内部的制造执行情况。制造执行系统通常运用其分析能力提出短期生产安排并配置资源。先进的制造执行系统软件来自企业资源规划系统开发公司及一些仅仅开发制造执行系统的公司。

（8）运输执行系统。运输执行系统完成运输计划的任务，作为运作系统相联系的环节。

（9）仓库管理系统（WMS）。仓库管理系统执行库存计划的指令并管理着仓库的日常运营。

（10）供应链管理系统（SCM）。供应链管理系统是以上系统的综合运用，是一整套紧密集成的供应链管理工具。供应链管理更能获取全局视野，跨越供应链中的多个阶段。比如，一个供应链管理系统可能包含高级计划和排程、需求计划、运输计划和库存计划系统等。供应链管理系统具有分析能力，能提出规划方案并做出战略层次的决策，但需要借助企业ERP系统提供必需的信息。供应链管理是能在战略层决策中发挥作用的系统。

1.6 ERP系统的知识化发展

知识是“人们在社会实践中积累起来的经验”（源自辞海），我国国标GB/T 23703.1—2009中将知识定义为：通过学习、实践或探索所获得的认识、判断或技能。可见，知识是对某个主题的认识，存在于人的长时记忆中，这种记忆可以是语义记忆，或者是情境记忆。知识的形成、加工和使用，是一个主观的过程。面对同一个对象（如一幅画），不同的人可以获得不同的知识，这往往与个人的背景知识和加工能力有关。企业组织的知识管理将知识作为组织的战略资源，作为一种管理思想和方法体系，以人为中心，以数据、信息为基础，以知识的创造、积累、共享及应用为目标。

知识化的ERP系统属于新一代适应知识化时代的ERP系统，现有的信息系统支撑着组织的业务流程，但不能解决半结构化、非结构化的业务问题。ERP系统只有向知识化方向发展，并且与信息系统紧密结合，才能有生命力。ERP系统的知识化发展主要表现在以下几个方面。

1.6.1 信息管理中融入文本挖掘

文档资料是指各个部门在平时的办公及业务管理工作中收集整理的各类文字、图片资料，从知识管理的角度看，这些资料属于组织外部及内部的显性知识，是组织知识的重要组成部分。文本挖掘功能用于在组织内部或外部大量文档中，通过分析文本内部含义的相关性来找出满足规则的文本及其上下文。该功能适用于从海量非结构化文本中挖掘知识。对信息系统提供的数据仓库中的数据进行数据挖掘获得决策信息与有用的知识。文本挖掘主要指情报文本分析、文本数据挖掘或文本中的数据发现，通常是从未系统化的文本中萃取的、非琐碎的信息和知识。文本挖掘是利用信息恢复、数据挖掘、机械式学习、统计和计算语言学的一个新生的跨学科领域。由于大多信息（超过 80%）是用文本的形式存储的，文本挖掘具有很高的潜在价值。

当前，非结构化数据市场几乎由 Google 公司一手把持及经营。在 Gartner 的 IT Symposium 2009 大会上，谷歌首席执行官 Eric Schmidt 没有隐瞒这一事实：谷歌图谋企业软件市场领域。Google 托管型应用（Google Apps）套件已经吸引了大型政府用户，并计划为众多联邦部门定制云计算服务。

1.6.2　强化业务流程的知识管理

流程是企业运作的核心，知识管理需要紧密和流程相结合才能够更好地发挥价值，实现以知识管理深化业务流程的目标。从这个角度看，业务流程管理水平的发展基本上可以分为以下几个阶段。

（1）规范化流程阶段：流程本身被作为企业核心知识被管理。通过形成规范的流程图，界定流程责任、明晰流程流转表单等一系列工作来达成工作目标。

（2）电子化流程阶段：在规范化流程的基础上，实现信息技术支撑下的流程在线运作。

（3）知识化流程阶段：无论是规范化流程阶段，还是电子化流程阶段，对流程运作各环节中的知识并没有实现充分的管理和应用，如流程中每个活动环节，应该需要引用哪些制度/规范，应该需要应用哪些经验/案例/模板，应该需要从业务支撑中整合和分析哪些数据等。“流程”和“知识”处于相对脱节的状况，这样造成的后果是：一方面使流程效率、效果难以进一步提高，另一方面也使流程中的知识沉淀难以系统化。

1.6.3　信息化系统向知识化系统的演变

从传统的信息化系统建设模式到知识化系统的演变是必然的趋势。新的信息系统应用模式的核心是借助集成的门户架构，实现角色（Who）、场景（Where）、管理和业务流程（How）、数据/信息/知识（What）的统一。每个员工都可以通过统一的知识门户，获取和其相关的信息。通过信息关联整合来自诸如 ERP、CRM、OA 等系统的信息，有效地解决组织内“信息孤岛”的问题；每个员工都可以通过统一的知识门户，使用相关的应用功能来进行业务操作。通过应用关联，整合来自诸如 ERP、CRM、OA 等系统的应用功能，有效地解决组织内“活动孤岛”的问题；每个员工都可以通过统一的知识门户，进行知识求助和协作来增强其决策和行动能力。通过知识关联，整合来自企业内外的专家经验、最佳实践等，有效地解决组织内“知识孤岛”的问题；每个员工都可以通过统一的知识门户，看到和其相关的关键绩效指标状况，理解其工作成效，并为持续改进指明方向。通过绩效关联，整合来自不同应用系统的数据，对关键绩效指标进行统计、分析和呈现，有效地解决组织内“绩效盲岛”的问题；通过给每个员工提供足够的信息、知识和工具支援，使其真正成为企业的“价值”创造者，最终帮助企业赢利。

1.6.4　知识仓库与知识学习

知识仓库是新型的决策支持系统，支持企业的知识捕获、编码、存储、检索和共享，最终实现知识创新。知识仓库将组织的知识资源划分为两个层次：知识库和人工知识库（Artificial Knowledge Base，AKB）。知识库“是组织拥有的经过确认的、形成一个等级网络的规则集，包括记录下来的数据、经过确认的命题及其模型、未被采纳的命题及其模型、元模型和操作这些规则的软件”，人工知识库是“知识库中保存在组织的计算机永久存储器和非永久存储器中的部分”，“人工知识库与数据库一样，是自描述的，不同的是，数据库存储的是数据记录，而人工知识库存储的是对象和组件组成的网络，这些对象和组件封装着数据和方法（对应于确认和未确认的规则及其用到的数据）”。

知识仓库提供了组织范畴或个人范畴知识的存储服务。组织范畴内的知识主要是组织的显性知识，如规章制度、工作流程、经营案例、竞争对手资料、人力资源状况等；个人范畴内的知识库包括个人工作过程中由内隐转为外显的知识，如工作心得、经验积累等，以及通过其他知识收集工具发掘到的外显的知识。知识仓库管理功能应提供知识的编辑、分类、保存及查询功能。组织范畴内的知识，可以开放给整个系统的用户，个人范畴内的知识，由知识的所有者决定是否可由其他用户共享该知识。知识学习功能使系统自动存储业务处理中所使用的新知识。

ERP系统的知识化发展呈现如下趋势。

（1）面向需求，随需而变，如SAP面向中小企业的按需ERP应用软件Business By Design等。

（2）软件即服务（SaaS），软件商开始倾听客户们的声音，按需扩展组件，涵盖电子商务等领域。

（3）支持虚拟公司运作、云计算，如SAP将云计算作为SaaS的补充，开展在云计算技术与环境上的研究。

（4）供应链集成，通过统一的数字化信息平台去管理企业供应链的关键业务流程，并与物流管理相集成。

1.7 本章小结

过去50多年来，信息技术一直以数据为中心，从数据的收集、处理、存储、传递到提供，信息技术的应用重点围绕着这几个方面展开，人们希望利用信息技术快速获得更多的数据，现在该是转向有用的管理信息与知识的时候了。信息技术会通过企业管理系统影响企业决策的方式，甚至会代替人类自己的思考和决策，无疑，信息技术会对企业的管理与技术变革带来重大影响，信息技术应用会给组织带来革命性影响，这是事先没有预料到的“运营模式”的变革。信息通信技术正在改变着企业或组织在许多领域的运营方式，包括产品和服务的设计、制造、销售和物流配送渠道。信息技术的运用是企业获得新的竞争优势的源泉，信息技术支持的全新商业模式已经改变了传统的制造业及服务业的管理方式。

思考题与习题

（1）理解信息系统、企业信息系统的概念。

（2）分析影响企业信息系统的要素。

（3）结合某行业发展，说明我国信息化战略的执行情况。

（4）企业价值链是指什么？结合你所熟悉的企业说明其价值链的要素。

（5）结合一个实际企业说明其供应链中的信息及其信息系统。

（6）信息与知识有何不同？试举例说明。

（7）在信息管理迈向知识管理的进程中，ERP 软件商需要做哪些工作？请结合实际予以说明。

（8）什么叫商务智能？

（9）探讨如何建立充分支持知识管理的 ERP 系统。

（10）ERP 系统未来的发展趋势如何？阐述你的看法。

第 2 章　ERP 概念与功能结构

2.1　ERP 概念

企业资源计划或称企业资源规划，简称 ERP（Enterprise Resource Planning）[①]，是一个综合的计算机系统，用来管理包括有形资产、资金、物料和人力资源在内的企业内部和外部资源。它是一个软件架构，其目的是促进组织内部所有业务功能部门间的信息流动，管理企业与外部利益相关者的链接。以集中的数据库作为基础，通常采用一个共同的计算平台，ERP 系统将所有的业务运作整合在一个统一的平台下，建立了企业范围的全系统环境。ERP 系统可以采用集中式服务器设计，也可以通过提供服务的模块化硬件和软件单元实现分布式设计，并采用局域网通信。

企业资源计划是由美国著名管理咨询公司 Gartner Group Inc 于 1990 年提出来的。当时，企业面临经济全球化与信息化的挑战，企业运营需要多地点选址，需要多个运营单元的统一部署、协同运作；信息技术迅速发展；企业运营需要关注企业内部及外部资源的协调，企业的界限变得模糊，企业管理的范畴要求扩大到企业供应链的管理；企业竞争发生了深刻变化，基于时间的竞争时代来临；顾客需求变得多样化，个性化需求突出，大规模定制等新的管理理念与管理模式开始形成。这就促使了 ERP 迅速为全世界商业企业所接受，并快速地发展成为现代企业管理理论之一。ERP 是“一个大型模块化、集成性的面向业务过程的系统，集成企业内部财务会计、制造、进销存等信息流，快速提供决策信息，提升企业的营运绩效与快速反应能力。”它是信息化企业的后台心脏与骨干，前台应用系统包括电子商务（EC）、客户关系管理（CRM）、供应商关系管理（SRM）等都以它为基础。企业资源计划系统已经成为基于信息技术、系统化管理思想，并为企业决策层及员工提供业务处理及辅助决策的运营平台。企业资源计划也是实施企业流程再造的重要工具之一，是大型制造业所普遍采用的企业级资源管理系统。

ERP 最初起源于 20 世纪 70 年代的制造业物料需求计划 MRP（Material Requirement Planning）与 20 世纪 80 年代的制造资源计划 MRP II（Manufacturing Resource Planning）。ERP 由 MRP II 演进而来。我们可以通过一系列的功能标准来界定 ERP，如图 2-1 所示。

---

① Enterprise resource planning (ERP) is an integrated computer-based system used to manage internal and external resources including tangible assets, financial resources, materials, and human resources. It is a software architecture whose purpose is to facilitate the flow of information between all business functions inside the boundaries of the organization and manage the connections to outside stakeholders. Built on a centralized database and normally utilizing a common computing platform, ERP systems consolidate all business operations into a uniform and enterprise wide system environment. An ERP system can either reside on a centralized server or be distributed across modular hardware and software units that provide "services" and communicate on a local area network. (来自 http://en.wikipedia.org/wiki/Enterprise_resource_planning)

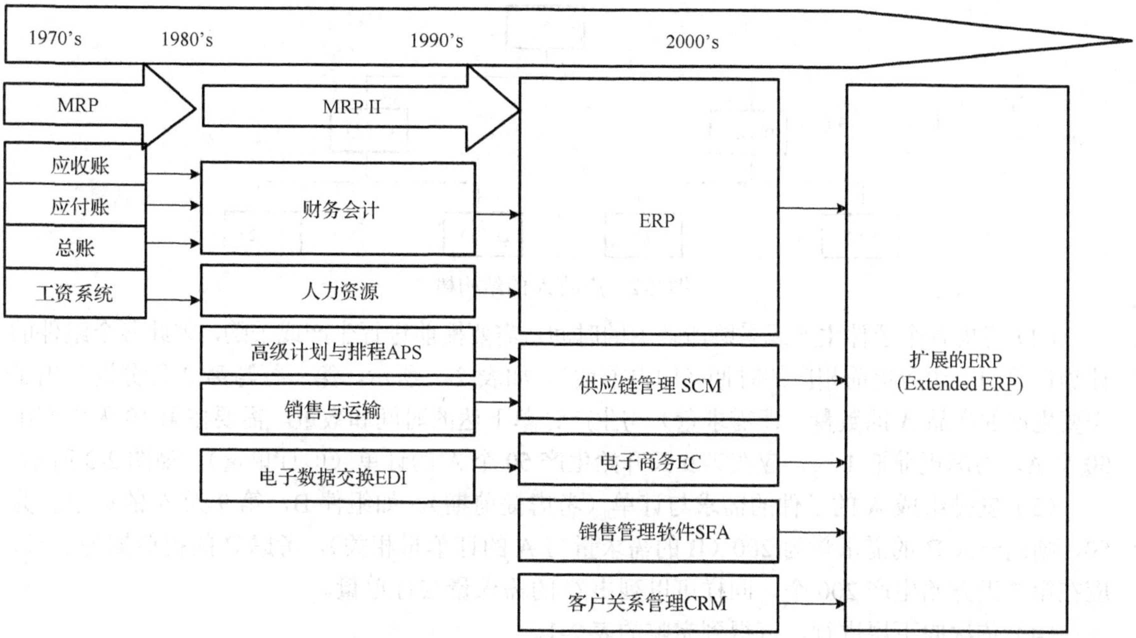

图 2-1　ERP 概念的发展

2.1.1　MRP

MRP 是计算机技术对制造业计划管理最初的影响形式，计算机技术对物料计划和企业管理最初的影响是巨大的。无论是手工制订生产计划，还是使用台账、卡片管理物料，新的计算机系统可以实现物料计划管理的自动化，基于计划完成的产品数量与日期、当前的库存状况、已分配的物料和在途物料等信息，可以快捷、准确地生成物料采购计划和生产作业计划。物料的库存和计划的可视性大大提高了，管理人员可以随时查看产品的最新库存状态。物料管理和计划管理中的错误大大减少了，管理效率大大提高了。MRP 的出现，使得计划人员可以准确地回答这些问题："需要什么?何时需要?需要多少?"而不是像以前那样坐在办公室里等待，直到发现生产线上缺少物料才会制订出缺件计划，然后开始订购。这个阶段也可称为"开环的 MRP 阶段"。

以下是一个简单的 MRP 举例。

已知产品 A 的产品结构树（Product Structure Tree）如图 2-2 所示，产品 A 组装时间为 1 天，组成产品 A 的各个物料的提前期（lead time）分别为：B——2 天，C——1 天，D——3 天，E——4 天，F——1 天。企业计划在第 10 天生产产品 A 的数量为 50 件。产品结构树中的数字表示单件父件所需子件的数量，如 B（4）表示单件父件 A 需要子件（低一层组件）B 的数量是 4 件。试制订产品 A 的物料需求计划，即要在第 10 天完成产品 A50 件的计划，需要什么物料？何时需要？需要多少呢？企业需要何时开始生产或向供应商采购所需的产品组件呢？

解决这个问题，似乎不很复杂。为了进一步简化问题，我们假设产品 A 及其子件 B、C，B 的子件 D、E，C 的子件 D、F 的当前库存量、运输在途量都为 0。我们可以按照如下步骤确定 B、C、D、E、F 的计划订单（计划生产订单或计划采购订单）的数量与日期。

（1）求各组件的计划订单数量，考虑组成一个父件的子件数量便可求得。

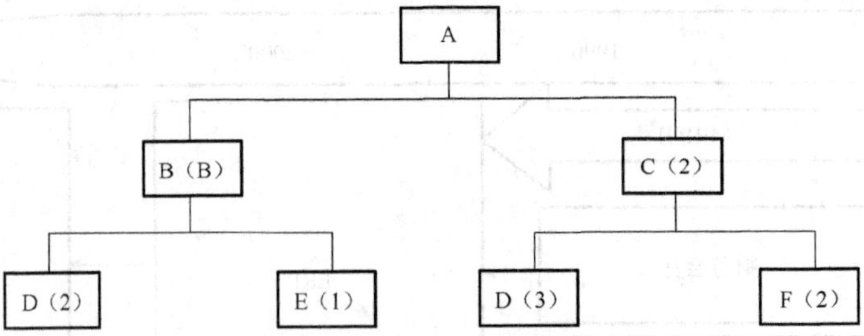

图 2-2　产品 A 的结构树

（2）考虑各个子件生产或采购所耗用的时间，需要提前进行生产或采购，因此各个组件的计划订单的下达应提前相应的时期（即提前期）。如表 2-1 所示，第一行与第 2 行分别列出了需要生产的产品 A 的数量（即需求量）与生产订单下达的时间和数量。需要在第 10 天生产出 50 个 A，考虑提前期 1 天，应在第 9 天开始生产 50 个 A 的订单（即订单量），如图 2-3 所示。

（3）安排组成 A 的子件的需求与订单（考虑提前期）。如组件 B，第 9 天 A 的订单量为 50，则同一天 B 的需求量为 200（B 的需求量与 A 的订单量相关），考虑 B 的提前期为 2 天，应在第 7 天开始生产 200 个。同样可以列出 C 的需求量与订单量。

（4）依次向下层进行，可得到完整的表 2-1。

表 2-1　产品 A 及其组件的物料需求计划表

物料项目		1	2	3	4	5	6	7	8	9	10
A	需求量										50
LT=1	订单量									50	
B	需求量									200	
LT=2	订单量							200			
C	需求量									100	
LT=1	订单量								100		
D	需求量							400	300		
LT=3	订单量				400	300					
E	需求量							200			
LT=4	订单量			200							
F	需求量								200		
LT=1	订单量							200			

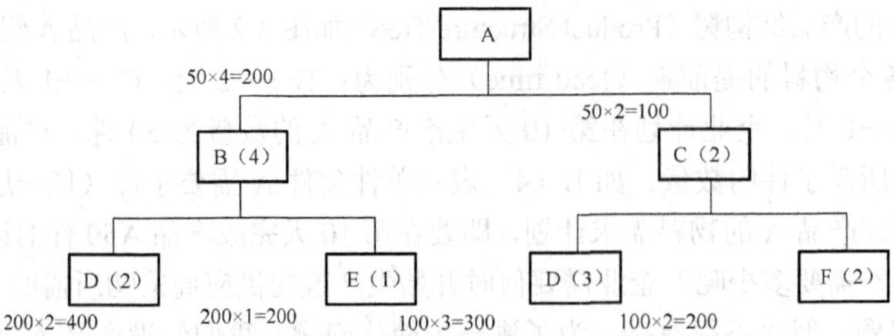

图 2-3　产品 A 的及其组件的需求数量

可见，物料需求计划 MRP 系统从产品的最终项目（例中的 A）的计划完成日期（第 10 天）开始，在时间轴上向后倒推计算，考虑各个物料需要的提前期，确定组成最终项目的每一物料项目的订单数量与订单行动日期。

2.1.2 MRP II

计算机在制造领域的应用范围不断扩大，很快超出了制造领域的界限。1977 年 9 月，由美国著名生产管理专家奥列弗·怀特（Oliver W-Wight）提出了一个新概念——制造资源计划（Manufacturing Resource Planning，MRP II）。它是在 MRP 系统中，集成了当时已有的财务系统而形成的第二代 MRP 系统，习惯上称之为 MRP II 系统。因为到了 20 世纪 70 年代末，美国人发现要度量企业的整体经营目标，仅靠控制企业内物料的流动是不够的，必须要把独立于企业内的财务系统集中到 MRP 中来，实现物流与资金流的结合以同步提供企业所需要的信息，实现企业内部信息的高度集中，才能达到进一步提高企业效率并在市场上赢得竞争优势的目的。

MRP II 是对 MRP 的一种扩展，以 MRP 为核心，以闭环方式实现对制造公司中所有资源的计划与控制。它将 MRP 的信息共享程度扩大，使生产、财务、销售、工程技术、采购等各个子系统集成为一个一体化的系统，共享有关数据，采用公用的集中数据库，组成一个整合的信息系统。有些软件包加入了制造系统仿真。MRP II 系统引入了西方标准成本制度的思想和方法，不但加强了产品成本管理，更重要的是，它被用来有效地规划控制企业的生产经营目标。

制造资源计划是对制造业企业的生产资源进行有效计划的一整套生产经营管理计划体系，是一种计划主导型的管理模式。MRP II 是闭环 MRP 的直接延伸和扩充，是在全面继承 MRP 和闭环 MRP 的基础上，把企业宏观决策的经营规划、销售/分销、采购、制造、财务、成本、模拟功能和适应国际化业务需要的多语言、多币制、多税务及计算机辅助设计（CAD）技术接口等功能纳入，形成的一个全面生产管理集成化系统。MRP II 的基本思想就是把企业作为一个有机整体，从整体最优的角度出发，通过运用科学方法对企业各种制造资源和产、供、销、财各个环节进行有效的计划、组织和控制，使它们得以协调发展，并充分地发挥作用。MRP II 是由相互集成的许多功能组成，包括经营计划、销售和生产计划、主生产计划、物料需求计划 、能力需求计划及有关能力和物料的执行支持系统，由这些系统的输出和财务报告集成在一起，形成如经营计划、采购申请报告、发货预算、库存计划等用金额表示的报表。

从 MRP 到 MRP II 的发展过程可以看出，MRP II 系统在企业中的应用有以下趋势：资源概念的内涵不断扩大，企业计划的闭环逐渐形成。MRP II 系统已比较完善，应用也已相当普及，但其资源的概念始终局限于企业内部，在决策支持上主要集中在结构化决策问题上。随着计算机网络技术的迅猛发展，20 世纪 90 年代以来，统一的国际市场逐渐形成，面对国际化的市场环境，供应链管理成为企业生产经营管理的重要部分，MRP II 系统已无法满足企业对资源全面管理的要求，MRP II 逐渐发展成为新一代的企业资源计划系统——ERP 系统。

2.1.3 ERP 系统

ERP 已经成为全球各个行业企业的主流信息系统，已成为企业主要的运营管理基础，几乎所有的企业都需要借助于 ERP 进行企业的信息管理与业务运营。ERP 范围迅速扩大，已经成为企业经营的主干。ERP 蕴含着三个方面的内涵：ERP 管理思想（先进的管理模式）、ERP 系统（企业信息系统）、ERP 软件（商品化的软件），这三个方面是相互联系的。在不同场合、不同背景下，学术界、企业界、管理界人士有不同的表述方式，如企业软件提供商称ERP，可能指ERP软件，当然ERP软件也融合了一些现代管理思想，在具体企业应用时，肯定是将ERP作为系统来实施的。应用ERP的企业需要的是ERP系统，而不仅仅是ERP软件，因为ERP系统中蕴含着社会系统的要素。不管如何表达，这三者是有机统一体，大量的经验教训已经告诉我们，仅有软件产品，管理模式和企业信息系统没有跟上的话，必然会造成最终的失败。

2.1.4 ERP管理模式

ERP在MRP II原有功能的基础上向内、外两个方向延伸，向内主张以精益生产方式改造企业生产管理系统，提高生产率，加快企业核心业务的周转时间，降低成本，降低库存，企业可以实现准时化生产与采购，根据市场需求进行生产，帮助企业建立先进的生产管理模式；向外则增加战略决策功能和供应链管理功能，供应链管理带来了组织的变革、企业间关系的变革，企业与其供应商及顾客的关系更加紧密，跨组织的业务协作共同体、扩展的企业、虚拟企业、虚拟组织不断涌现。可以说ERP支持了企业的扩展战略。

ERP的广泛应用导致了企业竞争基础的改变，同一行业的企业都采用了ERP软件，各个企业必须在精益运作、扩大市场份额上下工夫，并使ERP服务于自己独特的经营战略。

（1）ERP是支持企业整体发展战略的经营管理系统。

系统的目标是实现基于Intranet/Internet环境的企业信息系统管理，完善决策支持服务体系，并为决策者提供全方位的信息支持。

（2）ERP包含了总体成本管理（Total Cost Management）系统。

系统的目标是建立和保持企业的成本优势，并由企业成本领先战略体系予以保障。

（3）ERP也覆盖了灵敏的物流管理（Agile Logistics Management）系统部分。

很多企业存在着供应链管理影响企业生产柔性的情况。ERP的一个重要目标就是在MRP的基础上建立灵敏的物流管理系统，以解决如供应柔性差、生产提前期长等制约柔性生产的瓶颈，增加与协作供应商之间的技术和生产信息的及时交互，缩短关键物料供应提前期。

2.1.5 ERP软件

很多企业管理软件商都称自己提供的软件是ERP，有些是名副其实，有的则是滥竽充数，企业应擦亮眼睛，辨别真伪。一般来讲，ERP软件至少应具备如下四个方面的功能。

（1）超越MRP II范围的集成功能。ERP与早期系统的区别在于将企业财务会计、人力资源、生产制造、物流管理、市场营销等多种功能的全局信息集成在一起。并对企业内部业务流程和管理过程进行了优化，主要业务流程实现了自动化。

（2）支持混合方式的制造环境，包括既可支持离散，又可支持流程的制造环境，按照面向对象的业务模型组合业务过程的能力和全球范围内的应用。

（3）支持能动的监控能力，提高业务绩效，包括在整个企业内采用控制和工程方法、模拟功能、决策支持和用于生产及分析的图形能力。ERP向用户提供了一个可以输入、处理、监控、统计汇总、分析所有业务信息的企业级数据库。

（4）采用了计算机最新的主流技术和体系结构：B/S架构、互联网/内联网技术，Windows图形用户界面（GUI）；计算机辅助设计工程（CASE），面向对象技术；使用SQL对关系数据库查询；内部集成的工程系统、业务系统、数据采集和外部集成。

上述四个方面分别是从软件功能范围、软件应用环境、软件功能增强和软件支持技术上对 ERP 软件进行了评价。不过上述标准已是十几年前的了，应该是最低的要求。现在许多世界级的优秀 ERP 软件商已经走在了前面。

企业部署这些优秀的 ERP 软件可以领略到行业的业务最佳实践，ERP 软件会对应用企业的业务流程产生巨大影响，ERP 应用企业面临着业务流程重组的挑战，ERP 软件供应商面临着满足用户不断变革的业务需求的挑战，ERP 软件应具有柔性、可重构性、规模可变、可扩展性、开放性、安全性等特点，并满足企业个性化的独特需求。

2.1.6　ERP 作用

ERP 已经成为中国企业转型的驱动力。ERP 发挥的作用大致可以分为以下三个层次。

（1）ERP 成为企业信息技术应用的驱动力。

（2）ERP 成为企业流程优化的驱动力，企业利用 ERP 来改进本企业的特定的业务流程。

（3）ERP 成为企业转型的驱动力。真正成功的 ERP 系统能够从战略、流程、人才和技术等多个方面营造企业的竞争优势，从效益和效率两个方面帮助企业提高收入、降低成本、优化资产配置，最终提升企业的财务绩效指标，确保企业转型成功。

2.2　ERP 功能模块

ERP 系统可以在企业的业务控制层、管理控制层和战略计划层三个层次上提供支持。

在业务控制层，ERP 系统可以实现业务处理自动化，降低业务处理成本。ERP 系统将跨越业务部门的业务流程集成到一个企业级业务流程的信息系统中。

在管理控制层，ERP 系统可以实现实时管理与监控。ERP 系统可实现对集中数据的更有效的访问，大大提高管理人员及时发现问题和及时解决问题的管理控制能力。ERP 系统提供了跟踪各项活动成本的功能。

在战略计划层，ERP 系统可以支持战略计划，主要是支持战略业务单元的业务规划。

ERP 系统需要为企业各种业务职能提供支持，如会计、销售、库存控制和生产等。ERP 供应商（包括 SAP、Oracle 和微软）提供的 ERP 模块都支持组织的主要业务功能，如表 2-2 所示。

现在简要介绍一下生产、采购、销售与分销、财务会计、人力资源与客户服务模块，有些模块的原理在后续章节还会介绍到。

表 2-2　三个 ERP 供应商 ERP 软件所支持的企业业务功能

企业的业务功能	SAP	Oracle	微软
销售	销售与分销、销售机会管理	市场营销、供应链管理	零售点管理、区域服务管理
采购	采购、供应商关系管理	采购、供应商关系管理	供应链管理
生产	制造与物流、产品生命周期管理	制造	制造
会计	财务会计	财务管理	财务管理
分销	仓库管理	供应链管理	分销管理
客户服务	客户关系管理（CRM）	客户关系管理（CRM）	客户关系管理（CRM）
公司绩效与管控	管控、风险和合规管理	公司绩效管理	分析
人力资源管理	人力资本管理	人力资本管理	人力资源管理

2.2.1 物料管理模块

物料在运营系统中的多个功能系统流动（如图 2-4 所示），从采购、生产加工与装配，到分销，且在运营过程中种类繁多，需要按照生产计划，对产品制造中的所有物料进行统一管理。

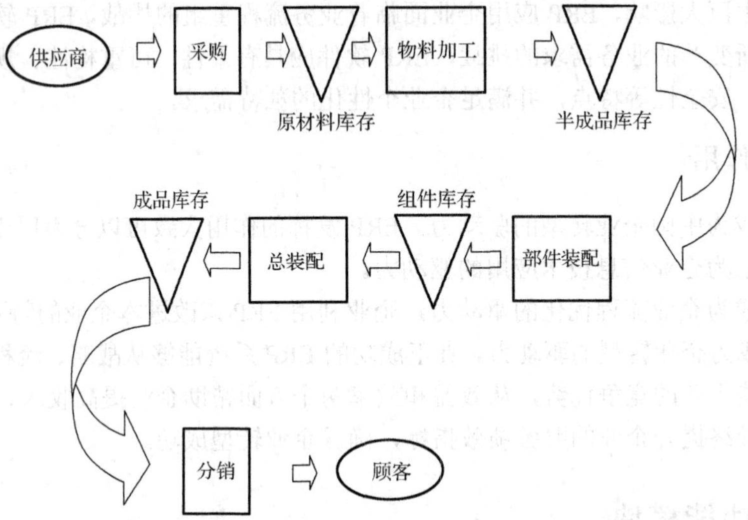

图 2-4 企业运营中的物料管理

生产模块通过生产方面的历史数据和销售预测，对生产能力及原材料、产品零部件等物料资源制订计划并进行优化调整。这里，首先对生产及物料管理中的基本概念与数据做一介绍。

1. 基本概念

1）物料主数据

物料（Material）是企业一切有形的采购、制造、销售对象的总称，如原材料、外购件、外协件、毛坯、零件、组合件、装配件、部件、产品等。物料通过它的基本属性、成本属性、计划属性、库存属性等来描述，通常用物料编码来唯一标识物料。物料编码是唯一标识物料的代码，通常用字符串（定长或不定长）或数字表示。

物料主数据包括了每一物料的信息，从原材料到采购件，从半成品到最终产品。物料标识的定义似乎是项简单的工作，但在 ERP 实施中却是项源头的基础工作，直接涉及 ERP 系统的设计问题。物料主数据模块包含了与物料有关的基本数据，如物料定义的设置、物料数据、替代物料、物料代码、带有转换因子的度量单位。在制造业公司中，物料有不同的物料项目（Item），如原材料、部件、子装配件、半制品、半成品、在制品、装配件、成品、外购产品等。

2）独立需求与相关需求

如果一个物料的需求与其他物料的需求无关，则这个物料的需求称为独立需求，如最终产品的需求、用于进行破坏性测试的零部件需求、随机备件需求等。

相关需求是直接与其他项目或最终产品的物料清单结构有关的需求。这个需求是计算得来的，不是预测值。一个库存项目可以包括相关需求和独立需求。例如，一个部件既可以是一个组装件，也可以是一个交付件。

3）物料清单（BOM）

物料清单（Bill Of Material，BOM）是定义产品结构的技术文件，又称为产品结构表或产品结构树，是构成父项装配件的所有子装配件、零件和原材料的清单，以及制造一个装配件所需每种零部件数量的清单。BOM 有多种表现形式，其信息被用于 MPS 编制、MRP 计算、成本计算、库存管理等，是 ERP 系统中重要的输入数据，也是财务部门核算成本、制造部门组织生产等的重要依据。典型的 BOM 包括单级物料清单、缩排物料清单、模块（计划）物料清单、临时物料清单、矩阵物料清单和成本物料清单等。根据 BOM 在产品设计制造中的用途，可以分为多种类型，即工程设计 BOM（EBOM）、工艺规划 BOM（PBOM）和生产制造 BOM（MBOM）。

物料清单 BOM 建立成品和其他部件之间的父子关系，这些部件需要首先在物料主数据中定义。BOM 是物料需求计划的基础。产品树结构可以从工程数据管理（EDM）模块中更新或生成，也可以定制所需的产品树结构。当使用成本会计（CPR）模块计算制造产品的成本价格时，BOM 用于决定物料成本。主生产计划（MPS）、物料需求计划（MRP）和库存控制（INV）模块将根据制造产品的物料清单来计划物料的需求。在车间作业控制（SFC）模块中，一个加工单所分配的预估物料是根据制造产品的物料清单确定的。当 BOM 链接到工艺路线的作业时，物料需求日期将由该作业和所有执行的作业的提前期来计算，物料需求时间就能准确确定。

4）工艺路线

国家标准对工艺的定义：使各种原材料、半成品成为产品的方法和过程。工艺水平反映了制造技术的优劣，制造中所要求的重要计划数据与制造方式有关。制造方式在控制一个产品生产之前必须被定义：先定义制造产品所需要的所有作业，然后确定与这些作业有关的加工和工作中心，确定各个作业的准备时间和加工时间。工艺路线用来表示企业产品在企业的一个加工路线（加工顺序）和在各个工序中的标准工时定额情况。

工作中心（Work Center，WC）是各种生产能力单元的统称，除设备外，还可以是人员等。工作中心和生产加工过程中使用的不同作业任务在工艺路线中被定义。许多产品共同使用的方式被定义为标准工艺路线，即在加工生产类似产品时，所使用的加工工艺基本相同，也就是具体的流程顺序、工艺步骤和加工制作的方法、要求都相同。生产日历需要定义，以方便计算加工订单的提前期和准确的工作中心的负荷。

工艺路线模块给生产管理的几乎每个计划系统提供输入。加工订单的提前期根据工艺路线数据计算出。不同工作中心负荷的计算考虑工艺路线数据，以获得一个可行的生产计划。产品的标准加工成本的估算也要考虑工艺路线数据。

根据工艺路线和公司日历信息，加工订单在物料需求计划（MRP）中安排，工作中心的负荷在能力需求计划（CPR）模块中计算。

5）工时核算

工时核算（HRA）模块的功能是记录和处理工作和非工作时间，它提供的数据用于计算实际工时。

6）工程数据管理（EDM）

自己设计产品的公司通常有一个工程设计部。计算机辅助设计（CAD）常用于设计过程。这个过程之后，设计数据记录在一个系统中，以便用于生产过程。在设计过程中，新产品的几种版本被定义。设计数据被传输到用于控制生产过程的数据中。EDM用于支持设计过程的记录，处理不同的产品版本。此外，这个模块还用于把设计数据传输到制造数据中。

在产品生命周期中，产品描述经常改变，需要保持最新的产品描述，EDM靠维护与物料链接的修正来执行。工程更改单用于控制产品变型的过程，以保持最新的产品描述。EDM中新修正的数据能复制到标准物料中，也可复制到定制化物料中。在EDM中产生的工程BOM能复制到BOM控制模块中的生产BOM，并做调整。

2. 采购管理

一个成功的采购决策要求有准确的供货商资料，需要了解哪个供货商可以提供所需规格的产品及在什么条件下供货。还要快速采集最新的市场发展变化、质量要求、供货商报价及发货时间等方面的要求变化，不断地对已有的和新的供货商做出评估。采购管理模块能够记录市场调查结果，并将来自不同供货商的比较询价结果作为采购决策的基础。

在全球化的制造环境中，企业家们试图通过运用供应链管理技术改善企业绩效和降低成本，保持适当的库存，运用准时化生产的原则来显著降低成本。在供应链管理方法论中，同顾客和供货商保持紧密关系成为基本的要素，管理这些关系并将其融合到公司的业务实践中成为迫切的需要。重视与供货商的长远关系，适宜的价格、快速的交货及灵活的付款条件等成为必要的考虑。与供货商的长期关系要求有一个灵活的、高效的采购流程。采购模块允许对单独的供货商或单独的物料建立指定的采购合同。为保证适时发运，就需要对未完成的发货单做适宜的处理，能够监视那些经常不按商定的交货时间交货的供货商的活动，也可以自动地生成指定订单的提醒信息。通过特定检查流程，能支持对错发货物或发运来不合要求货物的快速探查。ERP积累大量历史资料，有一份有关供货商的全部相应经验的记录，并持续监查供货商的可靠性，便于选择正确的长期合作伙伴。

采购模块用于管理标准化的或用户特定的物料及服务的采购。可以由采购询价、采购合同生成采购订单，也可以人工输入采购订单，采购订单也可能来自关联模块。利用来自产品数据管理模块的数据确定物料的采购条件，有关供货商的资料在伙伴关系数据管理模块中。主生产计划（MPS）、物料需求计划（MRP）及库存控制（INV）等模块生成建议采购单，在采购管理模块中，可以将这些计划订单处理为实际的采购订单。采购模块利用来自物料主数据，物料清单（BOM）及公用模块的数据，提取与订单数据和供货商数据相关的重要物料。通过采购模块也可以购买分包商的服务。在生产车间控制（SFC）模块的生产订单中的分包加工（属性）可生成一张对分包商服务的采购订单。对直接发运的物料，由销售模块的销售订单可生成采购订单。

在采购模块中，可以为指定项目购买标准物料，也可以购买为这个项目定义的用户特定物料。由库存控制（INV）模块登记所购货物的到货与库存，可运用库位控制（ILC）及批次控制（LTC）。利用采购统计模块，可以记录采购订单的统计数据，可以基于这些统计数据确定某个供货商的可靠性。在运输模块中，可以管理所订购货物的运输事项。与采购订单有关的财务事务登记在应付账（ACP）及总账（GLD）模块。

主要的采购管理模块包括以下方面。

（1）建立采购主数据。维护采购主数据，维护替代供应商，维护采购物料说明，维护动态采购数据，删除或/和终止采购合同，维护供应商与物料数据，更新和存档采购统计数据等。

（2）采购询价。采购询价单输入，采购询价单控制，更改采购询价单，下达采购询价单。

（3）生成采购订单。生成采购订单，下达采购订单，采购订单控制，检查/确认交货日期，提醒供应商，更改删除延期订单，下达采购订单。

（4）采购订单跟踪监控。检查订单回执，采取校正措施。

（5）采购订单执行。采购订单接收，接收采购物料，检验货物，分配收货，处理已交货的采购订单。

（6）生成采购合同。采购合同输入，维护供应商数据，维护采购合同，采购合同控制，更改采购合同，终止/删除采购合同，下达采购合同。

（7）控制物料采购订单。

（8）供应商管理。供应商选择，评价供应商数据，采购询价单，监视询价单，跟踪采购订单，供应商等级，供应商绩效。

3. 库存管理

适时取用存货对满足顾客、生产、现场服务及其他需求而言是必要的。另一方面，又要避免库存过量，因为库存过量会产生资产占用、周转慢或损耗等问题。库存控制（INV）模块应有保持高服务水平和低库存水平所需要的主要库存管理功能。在 INV 模块中，全部计划的及历史的库存事务都被记录下来。计划的库存事务由订单输入程序联机更新，由物料计划模块（MPS、MRP）使用，库存历史使得用户能够按日期、时间、用户标识跟踪全部的库存历史事务，并形成需求预报。INV 模块提供：洞察多级库存水平的工具；人工做库存订正、转移的一种库存事务功能；周期盘点、订正库存记录的支持工具；控制库存分析工具及基于订货点技术的订单生成功能。

有效的仓库安排和订单拣货是仓库管理的基本部分。库位控制（ILC）是按基本库位控制库存，考虑库位的可用容量，按库位入库。ILC 也提供拣货顺序建议，使用 ILC，也可以跟踪物料，物料在仓库中何时做了怎样的移动等。

批次控制（LTC）允许通过批次代码对物料做进一步的标识，批次控制的物料就可以追溯到供货商名称或生产订单号。LTC 提供全面的批次跟踪方法，以确定销售订单、服务订单或生产订单所用的批次。如果产品是装配件或递归合成的，批次代码跟踪可以是多级的。

库存管理主要包括以下方面。

（1）库存管理主数据。建立仓储业务主数据，维护动态库存数据。

（2）库存控制。维护库存事务处理，存档，维护通用存储主数据，库存调整和移动，周期盘点。

（3）物资入库。采购订单接收，采购订单收货，匹配采购订单，采购订单货物注册，采购订单货物检验，分配收货位置，处理已交货的采购订单，控制客户退货。

（4）物资出库。生产订单发料-取货，分包订单发料-取货，退货给供应商，销售订单发货，装箱控制，装运控制。

（5）库存分析。

2.2.2 生产计划与控制模块

1. 主生产计划

主生产计划（Master Production Schedule，MPS）是以物料的独立需求和非独立需求的大部件为对象的计划。主生产计划要考虑预测、生产计划和其他重要因素，如未交付订货、可利用材料、可利用能力、计划策略和目标等。主生产计划表示了客户订单、预测、未交付订货、预测库存和可签合同量（可获得量）等。

主生产计划对制造公司中的MRP II、物流计划的控制起着重要作用。主生产计划出现在MRP II顶层且也被认为是物流驱动者。主生产计划包含公司的短期和长期销售、生产和库存的计划。主生产计划过程的控制可用于按库存和按订单装配的生产模式。

2．物料需求计划

物料需求计划是根据物料清单数据、库存数据和主生产计划来模拟未来库存状况和预计未来缺件的一组技术。它按时间段下达补充材料订单，对于交货期和需求日期不在同一时间段的情况，可以建议重排下达订单。它是一种按零件提前期组织生产或采购的基本的计划技术，也是一个保证订单按期交货的有效方法。

物料需求计划模块有助于计划制造和采购配件。根据其他模块中的信息，ERP能决定哪个装配件必须生产和哪个部件必须在何时采购。MRP模块把高层装配的需求转换成低层装配的计划作业单和部件计划采购单。MRP模块可对当前库存不满足当前需求的订单产生重新计划信息。

3．能力需求计划

能力需求计划（Capacity Requirements Planning，CRP）是指为完成某生产任务确定需要多少劳动力和机器能力的过程，包括确定、测量和调节能力限度与负荷水平等功能。能力需求计划模块有助于制订物流计划。根据MPS、MRP和PCS模块的信息，ERP能决定整个公司或特定工作中心的利用率，CRP模块提供了有助于识别瓶颈情况的各种显示报表、图形和流程图，这类信息能以天或周为单位查询。CRP模块在产生MPS / MRP计划订单之后，在确认和传送订单到车间作业控制模块之前使用。考察计划能力需求和识别生产中潜在的瓶颈情况的有效能力之间的比较是很重要的，根据生产领域的知识，个别订单可通过改变加工中心和加工时间来处理。

2.2.3　定制化产品项目管理模块

为了对定制化产品进行管理，有些ERP软件公司采用了制造项目管理模块。该模块支持整个过程：从对客户物料需求的计算，计划后勤过程（有网络计划的能力），项目进度控制直到生产、交付货物给客户。每个客户的要求或订单可通过使用各自预算或项目代码来区分于其他客户的要求。

预算模块可进行一个或多个项目计算。预算生成过程可划分为两步：输入通用客户数据和定义计算部分的数量；建立不同的预算结构，即在不同的计算代码下定义物料清单和工艺路线，产生成本和销售价格。

项目模块为按订单制造的公司而设计。每个项目具有自己的物料，称为客户化物料。这些物料存储在和标准物料不同的数据库中，项目也能使用公司的标准物料。项目及其结构可由一个销售订单产生，或手工生成。项目控制模块通过使用项目资源计划产生生产、采购和仓库计划订单。

1．产品配置模块（PCF）

按订单装配的公司应该具备在标准产品交付期内交付客户特定产品的能力。按订单装配的公司需要处理产品的变化，在实际中提前定义所有成品的各种版本的产品结构是不可能的，有必要借助配置管理模块。在产品配置（PCF）模块中，需要定义客户期望的产品变型。产生物料数据，如一个物料的代码和描述。约束条件用于决定物料数据和物料的销售和采购价格。报价单可产生项目预算，以生成变型的产品结构（物料单和工艺路线）。把来自报价单的销售价格与预算进行比较，确保能够满足销售边际利润的要求。

2．产品配方管理（FRM）

生产过程存在两种不同的类型：工艺过程连续的流程生产型与工艺过程离散的加工装配型。化工、制药、冶金、饮料等属于流程型生产，而机械加工制造属于离散型生产。对于流程型生产企业，生产控制系统要遵循公司的制造工艺过程，以便系统的执行与生产车间的行为一致。执行批量生产的过程随制造环境的改变而改变。流程型生产企业依靠生产管理模块促进大批量生产的实施，这个模块处理所有涉及生产工艺路线的情况，包括新增适当的计划和涉及批量生产实施的过程。在工艺路线模块中定义作业、工序、工作中心、作业时间。

每个制造公司内部，被制造的产品必须按照产品的结构进行定义和组织。在流程制造行业，产品结构称为配方，配方用于建立主产品和配料及产品和其容器之间的关系。这些数据用于物料计划和物料需求计划的处理过程。FRM 模块用于定义生产流程物料的结构，是用于生产模块的一个基础模块。

2.2.4　销售与分销管理

销售管理应支持不同形式的销售活动，如现货销售、订货销售、代销等，可以将这些活动以订单形式直接在销售模块中输入，根据订单类型的不同，设定不同的处理流程，也可以定义特定流程。销售管理主要包括如下模块。

（1）销售主数据。销售部门做出的决定是基于正确的资料数据的。销售基本数据有通用的客户数据和产品数据；可获得的销售数据有客户统计数据、客户订单数据、与报价单相关的数据、销售统计主数据；销售动态数据有销售合同数据、销售订单历史记录、销售报价单历史记录、销售统计等。

（2）销售订单执行。从报价单自动生成或创建销售订单，确定销售订单明细，订单价格管理，检查销售订单，确认销售订单，按销售订单发货，发货（不按货位），发货装箱控制，交付发运。开票和结算销售订单，检查销售发票，结算销售发票等。

（3）销售合同管理。输入销售合同，控制销售合同，确认启动销售合同，终止/删除销售合同。

（4）报价单管理。输入销售报价单，报价单价格计算（成本价计算、销售价格计算、确认销售报价单），控制销售报价单，更改销售报价单，处理更改销售报价单。

（5）客户退货管理。退货审核处理，控制客户退货处理，退货库存处理和检验，库存处理，退货检验等。

分销需求计划（DRP）

DRP是通常在物流企业或公司内的仓库中的物流计划工具。一个公司往往有几个销售地点和一个中心仓库，在这样的环境中，货物被集中生产，在不同地点使用，它允许有效的库存使用，获取最大利益。DRP能够处理从本地仓库到中心仓库的需求。一个本地仓库可以是一个生产设备或销售代销店，或者一种在零售服务领域的流动服务点。

DRP 从本地仓库到中心级仓库积累的相关需求是通过供应制约条件和仓库相关系统等控制的，这些相关系统在货物分销清单中定义，同时依赖于库存存货单元（SKU）定义的订单参数。建议的补货订单是由实际需求产生的，这个订单在批准和公布之后完成，补货订单控制（RPL）按次序控制实际的物流。

2.2.5　财务子系统

1. 财务预算系统

在财务预算系统（FBS）中，用户可以建立会计科目、分账或二者的组合的预算。预算要确定会计科目和/或分账层次上的目标金额和/或数量。在一个预算期内，可以比较实际的金额和数量与预算的差异。

2. 总账模块

总账模块构成财务会计的基础。在这个模块中，可以定义所有会计科目和分账及不同的事务处理类型。财务事务被处理，并产生资产负债表和损益表，提供税务分析。另外，出于财务会计的目的，需要定期进行期末和年末结账处理。财务子系统中的所有模块都直接和总账模块有关系。如收、付款业务均在现金管理模块进行，产生的信息被输入到总账模块。从总账得到的数据被用于成本分摊（CAL）、财务报表（FST）和财务预算模块（FBS），从而达到相应成本分摊、报表和预算的目的。固定资产（FAS）模块完成定期折旧的计算，登记在总账模块的投资数据可以自动传递到FAS模块。

总账管理包括总账设置（设置财务系统表、设置基本表、总账基础数据设置、总账初始设置、总账主数据设置等）与总账事务处理（日记账处理、结算会计期/会计年、财务归档）。

3. 现金管理模块

现金管理（CMG）模块处理所有现金和所有与银行相关的业务，包括采购发票的付款、销售发票的收款、单独的付款、未分配的付款和收款。现金处理中的信息可以用于统计客户付款的信用度。提供的现金流预测用来分析企业现金流的来源和去向。这些预测分析用于决定短期资金能力是否满足业务需要。现金管理主要是日记账分录功能。

采购发票的历史数据和维护在应付款（ACP）模块处理。这些采购发票的付款（自动的或手工的）在CMG模块中处理。销售发票的维护在应收款（ACR）中被处理。最终，这些财务事务在现金管理（CMG）模块中执行并过账至总账（GLD）模块。

4．应付账模块

应付账模块（ACP）用于供应商付款的审核及入账、采购发票的审核及入账、供应商往来的对账、清账及月结等相关账务处理。采购发票可以为一个特定的项目、采购或运输订单甚至一般费用。如果收到的采购发票是一个外包加工活动，那么，根据适当的税法，可以维护人工支出的税率。可以冻结供应商账户。供应商的事务和债务可被监视、提供详细报告和显示进程。这些进程对公司级和同一个集团公司下所有公司均有效。

应付账款模块包括应付账款系统设置、应付账款事务处理。采购发票财务事务处理流程包括了采购发票、采购发票预登记、采购发票登记、采购发票匹配。

5．应收账模块

应收账模块（ACR）用于管理销售发票，销售开票及入账、收款确认及核销、应收对账、账龄分析及超期欠款跟踪、月结等工作。销售发票来自几个企业物流子系统或被 ACR 模块自身所生成。至今仍未付款的公司的销售发票被监视，提醒送达客户。ACR 模块是总账的明细账。随之发生的所有和 ACR 有关的记录被过账至总账（GLD）模块。

应收账主数据包括利息发票主数据、维护税务代码、维护客户报表、维护付款条件、维护催单主数据、维护客户资料、更改客户主文件数据、输入/更改客户地址、输入/更改销售数据。销售发票处理流程：信用控制、应收账款-付款差额、问题发票/可疑客户、提醒客户、客户报表、客户贷项发票、催款日记、人工销售发票、结束事务处理。

有些 ERP 软件的财务子系统提供用采购发票抵销销售发票的能力。如果一个客户也是一个供应商，未结的销售发票金额在现金管理（CMG）模块应用于来自应付账模块（ACP）的采购发票上。

固定资产的销售能被输入应收账（ACR）模块。生成的销售发票用在固定资产（FAS）模块作为固定资产处置的输入。

6．成本分摊模块（CAL）

为了跟踪成本中心或其他分账的真实成本，显示分摊成本不仅有益于本分账自己的成本，而且有益于指明产生于代表特定分账的其他分账的成本。在成本分摊（CAL）模块中，成本可以在几个分账之间分摊。分摊成本的基本程序是先归集来自会计科目的成本到成本类别，在分摊程序起点，过账到成本类别的成本要求一个特定的分账，过账到一个特定分账的成本可以被分摊到其他分账上。分摊可使用几种方法来完成，最简单的方法是按固定金额分摊，各种费用用人工输入到各种目标分账。其他方法如基于活动的成本会计。CAL 模块和总账（GLD）模块相关联，这是成本分摊的来源。在成本分摊被处理后，分摊结果被过账到总账。成本分摊的结果可用于财务预算系统（FBS）模块中的预算，用于定义一个新预算。CAL 模块也和分销、制造子系统所关联的字段有关系，这些字段用来鉴别从制造、分销和子系统输入的数据。

7．固定资产模块（FAS）

固定资产（FAS）模块用来登记和处理一个公司中所有的固定资产。这些固定资产可能是公司的厂房、机器或运输车队等。和固定资产有关的财务事务被处理，如固定资产折旧、再估价、处置和利息的计算。在 FAS 模块中被计算的金额被过账至总账。

使用应付账（ACP）模块为一项固定资产输入采购发票，这张发票的采购原值被用于计算固定资产的折旧结果和净值。和固定资产有关的采购订单也能被输入。

在应收账（ACR）模块中，一项固定资产的处置可通过一张销售发票来处理。在处置时，固定资产处置科目被清除，销售收入将记录到总账（GLD）模块用于登记盈亏。

8．财务集成模块

ERP财务会计模块完全融入到企业整体的流程中，图2-5描述了在集成环境下的财务会计模块。财务集成模块用来建立分销、制造模块和财务模块的集成。从分销、制造模块到财务模块的会计科目和分账的事务过账，通过财务集成模块而受控。过账可以通过设置以实时或批命令方式来做。

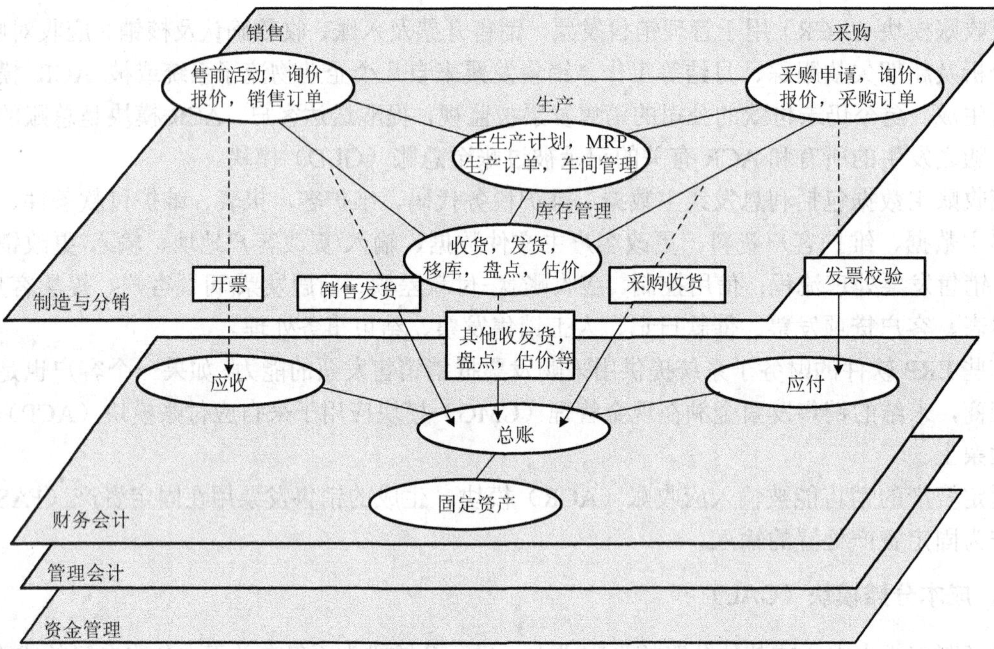

图2-5　财务会计和制造、采购、销售系统的集成

图2-5中，销售模块的销售订单生成发货单和发票，并确保订单被执行。可自动生成应收款单；采购模块处理申购单，生成采购订单，供方由采购订单或发货单直接创建（并匹配）发票。当收到发票和发货单的同时，可自动创建收货单。收货无误后根据规则可自动生成应付款单。物料管理的活动包括在组织内，以及与供应商及客户之间的库存收货、发货、移库和盘存。基于目标库存水平，生成物料的补货清单。

9．财务报表模块（FST）

财务报表（FST）模块用来建立有益于分析财务状况的财务报表。财务报表可以在一个特定的时间上，包含实际的、预算的和历史数据。那些在财务报表中给出的实际和历史的数据来自总账（GLD）模块，而预算数据来自财务预算系统（FBS）模块。财务系统各模块报表有：应付账款报表、现金管理报表、分销报表、制造报表、应收账款报表与总账报表。

2.2.6　人力资本管理

为了保持竞争优势，必须将所有企业资源（包括员工在内）与业务目标看齐。需要将传统的人力资源功能转变为人力资本管理（HCM），最大化每位员工的价值并将员工的技能、行为和激励与业务目标和战略看齐。利用员工的详细信息、联系信息和各种状态报表支持员工的管理，为企业提供了管理员工信息的实用工具，还提供对个人和团队贡献进行管理、衡量和奖励的工具。通过充分发挥整合 HCM 工具的功能，将对虚拟人力有一个不断深入的了解和控制，快速而轻松地对人力资源进行调配。由于员工将更多时间投入到以价值增值为目标的行为上来，因此，效率大大提高。ERP HCM 支持整个招聘、部署、潜能开发、激励并最终留下有价值员工的过程，从头到尾对这些流程进行改善。ERP HCM 主要功能应包括以下方面。

（1）优化 HCM 流程并将它们在全球业务范围内无缝集成。

（2）提供实时信息访问，加快人力决策过程。

（3）在最佳时间将最佳人选分配给最佳项目。

（4）在员工任职周期内支持员工和管理人员。

（5）授权员工在合作环境下对流程进行管理。

1. 自助服务

员工主数据：用户可以记录每个员工的重要信息，包括姓名、职位、技能、部门、所属经理、出勤记录、工资、团队和地址等。

通过自助服务，员工和管理人员可对他们自己的个人信息进行维护并对许多以前由人力资源部来处理的事务和流程进行控制。

管理人员自助服务——为管理人员提供快速而有效地完成预算和员工安置任务所需的资料和应用。该应用程序包括支持与业务目标看齐的管理决策的目录、服务内容和服务流程。授权管理人员在预算制定、招聘、补偿和成本管理方面制定与战略业务目标一致的部门决策。支持两个关键管理领域：预算（支持管理人员履行成本和预算责任，包括年度预算计划编制、预算监控、成本分析和记录修正）、员工安置（支持管理人员完成与人力相关的管理和计划编制任务。支持与管理人员特殊任务相关的人力流程，从招聘到年度员工考察与补偿计划编制）。

员工自助服务——可以为员工提供与他们职业相关的信息与应用程序的访问服务。该应用程序允许员工创建、查看并修改个人资料，随时随地对日常人力资源任务进行管理。具有支持下列业务活动的特色与功能。

（1）时间管理——记录已工作的时间，显示工作日程安排，提交请假申请并接收批准。

（2）业务出差和开支管理——对与业务出差和开支有关的所有方面进行管理，包括从旅程计划制订到费用报告提交。

（3）付款管理——处理有关薪水的问题，如工资核实和补偿声明。

（4）技术/评估维护——访问人物资质概评、维护技术数据库、显示需要进行技术提升的员工。

（5）企业学习——显示培训日程安排、培训签到、接收培训审批。

（6）内部招聘——查看公司职位空缺、准备申请资料、申请某个职位、检查未决申请所处的状态。

（7）个人信息管理——查看、输入并更新个人信息，如地址、家属信息、紧急联络人、代扣税和银行开户信息。

（8）企业信息管理——管理与日常工作活动相关的项目，如公司名录。

（9）采购——采购货物和服务用于维护、修理和运营（MRO）。制定要求、确认收到货物和服务、批准开具付款发票。

2．人力资源分析

人力分析功能支持人力资本管理（HCM）政策的制定与决策。可以对企业战略进行设计、实施并监督，对人力数据进行分析，并评估各种情形是如何影响业务目标的，包括支持下列业务活动的特色与功能。

（1）战略人力计划编制与调整——保证所有业务活动都与组织战略目标保持一致。该解决方案包括一个平衡记分卡框架，带有预定义的人力记分卡，可集成到部门和个人的目标管理（MBO）文件中，使员工目标与业务战略保持一致。

（2）人力分析——为运营和分析报告提供报告和分析工具。通过对关键绩效指示器的跟踪，对关键成功因素进行设计并监控。分析因果连锁关系，在全企业范围对流程进行优化，为客户和股东创造价值。

（3）生产报告——提供各种标准报告并对与生产有关的细节信息进行分析。

（4）人力成本计划编制与模拟——支持人力专家完成各种人力成本编制计划，授权人力资源高级管理人员制定有效的战略。该解决方案提供对一系列有关人力数据的访问，使得计划制订准确，有利于计划编制情形模拟，可对实际绩效按照计划进行持续监控。

2.2.7　客户关系管理

客户关系管理（CRM）的内容可用“7P”描述，即客户概况分析（Profiling），包括客户的层次、信用、爱好、习惯等方面的分析；客户忠诚度分析（Persistency），包括对某个客户或商业机构的忠实程度、持久性、变动情况等方面的分析；获利能力分析（Profitability），包括对不同客户所消费的产品的边缘利润、总利润、净利润等情况的分析；客户绩效分析（Performance）则是对不同客户所消费的产品按种类、渠道、销售地点等指标划分的销售额的分析；客户未来分析（Prospecting），是对客户数量、类别等情况的未来发展趋势、潜在客户的管理及争取潜在客户的手段等情况的分析；客户产品分析（Product），是对产品设计、关联性、供应链等情况的分析；客户促销分析（Promotion）则是对广告、宣传等促销活动的管理情况的分析。

CRM体现了以客户为中心的管理理念，CRM应用首先注重以下四个阶段，即客户的识别、客户的差异化分析、客户的互动接触、客户的定制化服务。

（1）客户的识别。客户识别包括客户细分、目标客户定位、客户价值识别、客户预测等内容。银行在数据仓库的基础上，可以通过分析型CRM的导入，完成客户识别的内容。在与客户接触过程中，必须深入了解客户的各种信息，特别是那些“金牌客户”的信息，并建立客户档案和数据库。其中客户信息的收集必须准确、及时、全面，这样才能保证客户识别的有效性。

（2）客户的差异化分析。客户的差异化分析是指对客户的阶段管理和服务差异化，也就是对于不同阶段、不同购买价值的客户提供的服务也是有差异的。CRM 可对所有数据库的客户信息进行分析，根据客户的需求模式和赢利价值对其进行分类，找出对组织最大价值和最有赢利潜力的客户群及潜在客户群、客户最需要的服务，通过数据库营销模式，更好地进行组织资源的配置。

（3）客户的互动接触。与客户的互动接触是指同客户保持良好的接触，了解客户不断变化的需求，并不断地分析、提炼新的客户信息。定期与客户交流，通过关系营销、一对一营销等营销模式，预测客户未来的消费行为，分析客户的潜在需求，并完善数据库的信息。

（4）客户的定制化服务（Customize）。客户的定制化服务是指针对不同客户设计不同的产品和服务模式，适应客户的个性化需求，延长客户的服务周期，通过客户体验服务，产生交叉销售业务，从而提高客户的忠诚度，实现组织的可持续发展目标。

CRM 系统具备如下基本功能模块。

（1）客户管理模块：客户的基本信息、与此相关的基本数据和历史数据、客户经理的选择、业务的开办情况、客户开发的跟踪。

（2）客户挖掘模块：客户线索的记录、升级和分配；营销机会的升级和分配；潜在客户的跟踪；行业客户的评估；查看潜在客户和业务可能带来的收入；进行潜在客户和业务的传递途径的分析。

（3）客户关怀管理模块：呼叫中心作为企业与客户交流的窗口、可以方便有效地为客户提供多种服务，如每周 7×24 小时不间断服务、多种方式交流，实现了解客户信息以安排合适的业务代表访问客户，将客户的各种信息存入业务数据仓库以便共享，并且随时为客户排忧解难。

（4）营销管理模块：在进行营销活动时，能及时获得客户、产品的信息支持，做到将合适的产品、服务在合适的时间、以合适的方式给合适的人，真正实现“一对一”的营销；把营销活动与业务、客户、客户经理建立关联；显示任务完成进度。

（5）业务分析模块：对办理的业务进行分析与处理，进行价值分析；对产品的营销情况和所带来的利润进行分析；对客户的行业、业务行为的分析。

（6）客户经理管理模块：客户经理的基本信息；工作记录；任务管理；跟踪同客户的联系，活动计划；还可以进行团队事件安排；查看团队中其他人的安排，以免发生冲突；把团队负责人的安排通知相关的人员。

2.3　ERP 体系结构

建立 ERP 系统，推进企业管理的信息化，是一个复杂的过程，有人将此过程称为 ERP 化。ERP 化需要了解组织的现实世界，将现实世界抽象为业务模型；确定组织业务运作的最佳模式，以获得优化的业务模型；还需要将业务模型转换为逻辑模型，并建立数据模型，基于开放企业体系架构，将逻辑模型转换为程序代码。商品化的 ERP 软件系统已经向用户呈现了反映企业最佳实践的业务模式与软件模块，用户需要做的是根据企业具体的业务（现实世界）来选择需要的软件模块，通过参数配置满足企业的需求。但是，在最佳业务运营模式及满足企业不断变化的业务需求方面等，商品化 ERP 软件包存在较大差异。

这里给出一个企业 ERP 化的体系框架（如图 2-6 所示），包括了企业战略、企业信息化战略、ERP 业务过程与功能、信息结构、竞争优势要素构成的组合能力、信息化基础结构。通过竞争能力的有机集成形成高度信息化的网络企业。下面就 ERP 化体系框架中的关键要素做简单说明。

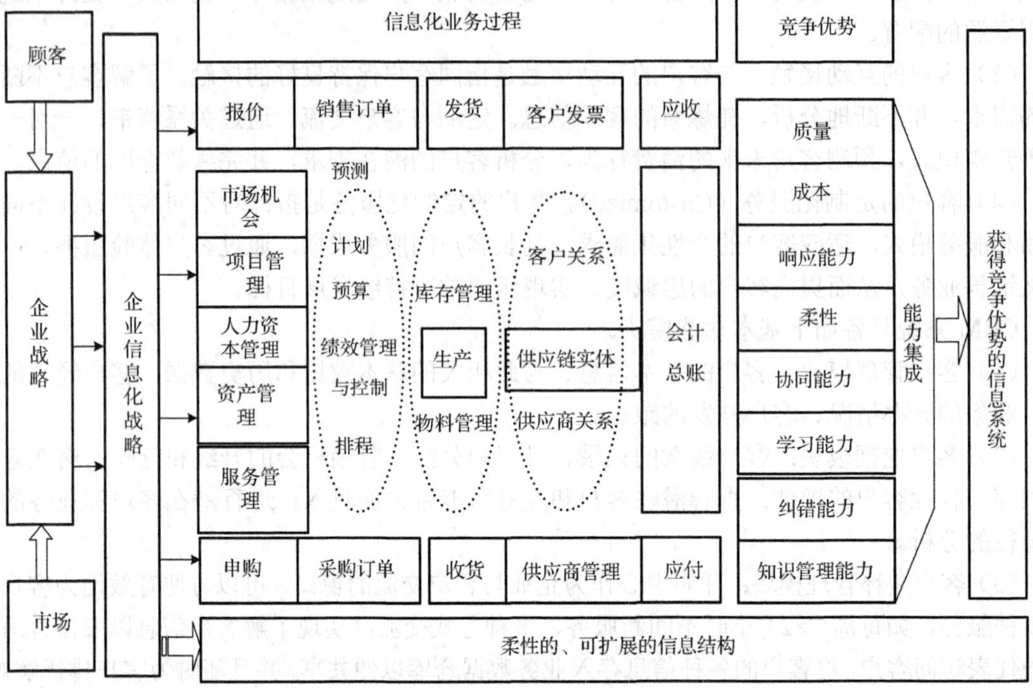

图 2-6 ERP 化的体系框架

2.3.1 企业信息化战略

企业战略与远景目标的确定基于对内外环境的智能理解和新经济时代企业面临的全球动态环境，如行业竞争压力、竞争者威胁、市场的变化与不确定性、产品的复杂性、客户的个性化需求与严格的交货期及技术、社会方面的因素，以及企业现有的可利用的供应链资源、资产与战略人力资本。企业必须有效运用知识，智能理解众多因素，以超前的意识“先发制人”，做出先于竞争者的战略。

为了实现企业战略目标，必须制定超前的集成的信息化战略。信息化战略既可支持现有（as is）企业战略，更要支持将来（to be）企业战略，信息化战略要求运用先进的、具有柔性的、可扩展的、敏捷化信息结构支持业务的变革、支持市场机会的实现；信息化战略能够驱动企业业务战略，为企业带来新的利润增长点，新的业务以及对客户服务、客户满意度的根本改善，可全面提高业务绩效，使企业能积累知识与竞争能力，以实现企业业务的信息化。

从企业的发展战略和经营管理需求出发，结合当前信息化建设的状况，明确企业管理提升和信息化应用的方向。客观分析当前所处的位置，分析当前战略和未来战略之间的差距，将先进信息技术与企业发展战略和管理控制手段有机地结合起来，集成信息化业务对象与结构，就能根据具体企业的具体需求，确定具体企业的信息系统建设的总体方案，建立全局一致的信息架构。

2.3.2 ERP 业务过程与功能

在 ERP 系统的模型框架中，多场所结构模型描述了全球化运营企业的多场所地理位置分布概况及其主要功能；业务模型表示了对企业业务现实世界抽象、优化的模型，业务过程模型是业务模型的重要部分。业务模型包括业务过程模型、功能模型。

企业 ERP 化业务过程包括具有拉动功能的市场机会管理过程，具有支持功能的项目管理、资产 MRO 管理、人力资本管理、服务管理等，具有战略意义的客户关系管理与供应商关系管理，具有集成功能的财务会计管理，还包括处于核心地位的运营过程。

（1）“报价-销售-发货-应收账”主流程，覆盖了为潜在客户或客户创建报价单、订单管理、开具发票、现金收据、应收账的业务过程。

（2）“申购-采购-收货-应付账”主流程，覆盖了创建申购单、采购订单、收货、应付账的业务过程。

（3）生产与物流管理过程，包括物料管理、多级库存管理、生产管理等过程。

（4）计划、预算、排程，绩效评价、管理与控制过程。

在先进的信息结构支持下，以面向流程的方式组织业务过程与功能，支持业务流程管理（BPM），遵循 WFMC（工作流管理协会）和 OMG（对象管理组织）的标准，支持不同类型工作流的创建与修改。

2.3.3 信息结构

企业信息结构描述了企业（这里指扩展的企业）中的对象及其关系。建立信息模型的方法有很多，如实体-关系图、IDEF1（信息建模）、IDEF1x（数据建模）、IDEF5（获取本体论）及语义网络、UML 对象建模等。业务应用随时间推移会发生变化，柔性的信息结构应支持这种变革、扩展或进化，支持敏捷化的企业工程。提供相应的软件框架以管理复杂的衍变是至关重要的。

先进的信息结构可实现实施过程及系统运行中随时变更的需求。在实际开发过程中，我们提出了企业信息化体系的三维信息结构：一维表示了信息化中的主体对象，即供应商（包括原材料供应商、MRO 供应商、工程供应商等）、合作伙伴（技术合作伙伴、项目合作伙伴、第三方物流服务商等）、主导企业（即信息化的主导企业）、销售商、最终顾客；二维表示了存在于各主体中的产品/服务、管理与控制功能、制造单元或服务单元、资产、员工充当的角色、提供产品/服务的主要活动、仓库位置等；三维允许对二维中的诸要素进行树型结构的扩展定义。

信息结构基于数据模型与通信基础结构。数据模型表示企业的共享数据及其结构。信息通信技术（ICT）基础结构包括 ICT 组件一般描述及规则，企业集成的使能标准（EDI、CORBA/IIOP、STEP、HTML/ HTTP、TCP/IP 等）。

在敏捷的信息化战略下，利用新的技术、先进的管理方法，构建企业信息化的使能器，在市场机会管理、业务过程、利益共同体中的组织、员工技能/协同团队、技术与信息系统/CIMS、集成价值链的创新等方面，获得竞争优势，造就核心能力。

2.3.4 竞争优势要素

通过企业信息化积累起来的竞争优势要素可以涵盖质量、成本、速度、柔性等诸要素。

这些竞争优势可以形成企业的竞争力，可以采用竞争能力集表示，包括高质量能力、低成本能力、响应能力、柔性、协同能力、学习能力、纠错能力、知识管理能力等。

信息化造就规范运营的可靠系统，从而具有长期高质量、低成本运营的能力。响应能力是指一个实体从业务活动中收集信息，发现及预测变化的能力，从而产生快捷性，缩短过程执行时间等。柔性（可变性）指产品配置的柔性、产品批量的柔性、制造单元设备的柔性、组织的柔性、人员的柔性等。柔性与响应能力使企业实施变革管理的熟练程度提高。协同能力指分布的组织/组织单元在计算机支持的协同工作环境下共同工作的能力，如并行工作、协调、冲突解决、信息互换等。学习能力主要指协同学习能力，通过学习、模仿合作企业的卓越运营能力，改善自身过程的能力。纠错能力指系统/实体自己检测错误并纠正的能力。知识管理能力指对企业各个方面知识的存储、访问、共享、加工、组织、运用的能力。竞争能力的组合与集成，就能够产生具有竞争力的信息化企业。

2.4　本章小结

按照 ERP 模型框架建立企业的 ERP 系统，需要考虑企业在 ERP 化过程中信息需求源的扩大，不仅本企业相关部门及经理需要信息，而且供应链上的合作企业也有相关信息的需求；还要考虑协同与关联的关系广泛，不仅要考虑企业中部门间、工厂间的协同关系，而且还要考虑企业间的协同关系、产品间的关联、各类项目（如生产项目、技改项目与工程项目）间的关联等；供应链上的企业、企业内部各工厂、分公司在信息技术上的应用需求有较大差异。企业 ERP 化需要从顾客与市场变化环境出发，需要考虑企业的竞争优势要素，来进行信息系统建设。企业实施 ERP，将先进信息技术应用于企业管理系统的改善，从组织、人、技术、信息系统、创新方面帮助企业获得竞争能力。

思考题与习题

（1）从 ERP 系统的发展历程，谈谈你对 ERP 的理解。

（2）ERP 的发展趋势对 ERP 软件供应商提出了哪些挑战？

（3）调查一下，ERP 在某行业的应用普及程度如何？该行业应用的 ERP 软件有哪些主要功能模块？

（4）就某一企业说明其 ERP 系统中的主要的业务流程主线。

（5）应该如何定义企业的信息化战略？

第二篇　实干——原理诠释

案例：北方车辆集团的 ERP 系统组成[1]

北京北方车辆集团有限公司是中国兵器工业集团公司控股的国有大型企业。公司始建于1946年，是新中国成立后建立的第一个坦克修理厂。经过几代人的拼搏奋斗，终于将一个小小的修理厂发展成为占地113万平方米，员工5000余人，资产12.6亿多元的大型军民结合型企业集团，在中国的国防现代化建设和国民经济发展中发挥着重要的战略地位和作用。作为一家成功的军民结合型企业，北方车辆集团已形成以军用特种车辆和豪华大客车“两车”为龙头，以特种防护车、ZF变速箱、前后桥、高档航空座椅、高压重型液压缸、观光索道等产品为两翼，同时广泛开展旅游客运、工程机械等业务的多元化的经营格局。集团下设12个生产分厂，控股或参股13个子公司，主体结构优化，管理团队精干，严格按照母子公司管理体制和现代企业制度的要求高效、规范运作。如今，北京北方车辆集团有限公司按照现代企业管理制度的要求，已经策划和建立了一套较为规范的内部管理制度和科学的管理体系，并成功实施ERP系统。

公司ERP系统的基本需求是为各级管理人员提供产品设计、供应、生产、库存、质量等环节信息，在数据存储、传输和处理方面做到更及时、准确和方便；加强物资供应管理，降低采购成本；加强生产管理，提高生产绩效；实现信息共享，把企业管理人员从繁重、重复的记录、统计、查阅、核算等程序化工作中解脱出来，使他们有时间和精力从事更为重要的管理工作，提高管理效率和效益。

ERP 模块配置

从整体、长远的角度考虑，ERP系统分为客户关系管理、供应链管理、物料管理、生产管理、制造资源管理、质量管理、财务管理、企业信息门户等部分，每个部分都由若干个子系统构成。在整体规划、近期目标和长远目标的统一考虑下，确定了组成ERP系统的子系统清单（制造数据管理、库存管理、物资供应管理、主需求计划、主生产计划、能力需求计划、物料需求计划、车间任务管理、车间作业管理、成本管理、质量管理、企业信息门户、系统管理）。根据分阶段实施的原则，通过几个阶段的实施，逐步建立起一个电子商务环境下功能齐全的ERP系统。

ERP 与其他分系统的集成

（1）办公自动化系统和ERP的集成：ERP系统所涉及的各个业务部门都需要通过OA进行工作流传递，将办公文件，ERP系统中的报表、生产经营数据、决策指令传递到相关部门，如有必要，还可以将ERP相应的功能模块嵌入到办公自动化的系统界面中，供用户统一调用。

---

① 出自http://smb.pcworld.com.cn及北方车辆集团资料。

（2）产品数据管理与 ERP 的集成：PDM 作为 CAD/CAM/CAPP 的设计平台，其生成的结果（项目数据、工艺路线数据及产品结构数据等）可作为 ERP 分系统的输入，即 PDM 可以作为 CAD/CAM/CAPP 与 ERP 分系统的接口。为实现该项功能，应在 PDM 中编制一数据接口程序，将上述数据转换为 ERP 分系统所需的结构及格式，置于约定的数据库文件，以便于 ERP 分系统读取进行处理。或是在 PDM 数据结构开放的基础上，由 ERP 分系统编制读取 PDM 数据的接口。ERP 系统取自 PDM 分系统的数据集合及数据项主要有以下几方面。

物料数据：物料代码（项目是指产品、部件、外购件、原材料等）、物料名称、型号、规格、计量单位（双计量单位）、参考号、统计分类号、项目类型、制造/采购标识等。

工艺路线数据：工艺路线号、工艺路线描述、加工工序号、工序描述、工作中心代码、工种代码、同时加工机床数、准备时间、加工时间、其他时间等。

物料清单数据（制造 BOM，即产品结构）：父项代码、子项代码、消耗定额、损失系数、有效日期、替换件标识、工程改变号等。

实施基础情况

公司本身基础数据的管理相对较好，但是由于大量的基础数据没有电子化和数据库化，导致项目在基础数据准备上花费了大量的时间和精力。再者，由于习惯势力的影响，在项目启动初期，少数部门由于不理解 ERP 原理和逻辑，并由此产生了恐惧和抵触心理，导致部门的配合一般。在项目实施过程中，通过对各业务部门的培训、软件实际操作，逐步使各业务部门打消了疑虑，从而使各业务部门由被动转向了主动，由消极转向了积极，为 ERP 的实施和进展提供了一个前提条件。

项目实施进展情况

ERP 系统基础数据应用已经完成了所有在产的 9 个车型的全部数据，包括物料编码、物料清单 BOM、工艺路线数据。采购业务与库存业务已经全部投入使用，能够及时反映实时的业务数据。车间在制也通过 ERP 系统对物流的转移进行了全程的监控，为计划系统的应用提供了数据基础。

项目实施经验和教训

图号作为自制件物料编码：由于兵总所属企业的产品图纸都是统一图纸，具有严格的图号规定，并能够保证一物一号，所以将图号作为 ERP 系统的物料编码就能够适应 ERP 的要求，避免了重新制定规则的过程。从公司实施的情况看来，采用图号作为物料编码比较适合兵总所属企业。不足之处在于新产品试制，由于新产品试制有一个图号，在设计定型时，又会重新给定一个新图号，所以对于同一个库存物料，可能有两个编码。

采购库存先上线、自制件库存后上线：由于公司外购物资相对易于管理，涉及部门只有物资公司，所以项目实施时，先启动了采购物资的库存管理系统；而自制件涉及的范围广、车间/部门多，物资品种也相对量大，所以等采购库存上线后，各部门有了参照标准，信息中心也有了库存实施经验，自制件库存相继上线。

车间系统先上线，计划系统后上线：库存管理系统实施完成后，公司先实施了车间管理系统，把车间在制先管理起来，即采用了先“搞清家底”的策略；管理人员先把库存和在制品种、数量从ERP系统先行管理起来，然后再根据实际情况，实施计划管理。公司计划管理首先启动了“短线计划”，ERP系统首先根据整车产量和定额，考虑可用库存、车间在制、车间领料、采购在途等信息，分析缺件情况，用以指导调度缺件和生产任务。

加强培训：在项目实施过程中，针对厂不同管理层次进行了不同的培训，包括ERP概念、ERP原理、各子系统处理逻辑、系统操作培训，并且取得了较好的效果。实施顾问培训公司的信息中心，信息中心培训操作人员：充分考虑企业“少花钱，多办事”的原则，自动化所在培训操作人员方面，采取了实施顾问先培训信息中心的技术人员，包括系统原理、处理逻辑、业务操作等，使信息中心成为各子系统的专家，然后，再由信息中心培训各部门的操作人员。

ERP项目实施不仅有经验，也取得了一些教训。一是，对基础数据准备过于乐观，数据准备时间较长。虽然公司编码方案制定时间不长，管理基础也相对较好，但是还是过高估计了数据准备的周期。由于基础数据准备时间的拖期，从而影响了项目实施的实施周期。二是，没有充分估计习惯势力的影响。由于手工管理与计算机管理的差异，改变了管理人员和业务人员的行为习惯，在项目实施初期，对企业操作人员要求过于急躁，虽然实施顾问、信息中心、业务人员都花费了很大的工夫，但是结果仍然是“事倍功半”。所以，项目实施应该遵循客观发展规律，给业务人员和管理人员一个认识过程，要戒骄戒躁，逐步导入ERP的行为习惯和管理理念。三是，沟通不够，部门之间的协调工作欠佳。由于项目初期基础数据的整理，需要大量的人力、物力，同时又不能停止手头的业务工作，造成部分部门业务人员工作量加大，需要经常加班加点，由于与各部门的沟通欠佳，导致部门协调和配合工作出现问题。在实施后期过程中，软件实施顾问与ERP项目负责人、信息中心技术人员一起同ERP项目相关各部门进行了良好的沟通，讲清了利弊，取得了各部门的支持和认可，各部门都从企业的全局出发开展工作，最终从整体上提高企业的经济效益。

由北方车辆集团的ERP组成与实施看，ERP系统需要公司上下扎实实干的工作。ERP各个模块都涉及专业化的知识，ERP实施来不得半点马虎，必须采取科学有效的方法，真抓实干，在总体计划的基础上，步步推进。

本篇将分5章来展开阐述。第3～7章将从制造企业价值链的核心活动出发，阐述企业ERP系统中重要的增值功能模块的原理与应用。

第 3 章　生产方式与成本流

3.1　概述

针对企业的实际生产特点，ERP 系统提供相应的生产制造解决方案，以优化生产计划，加强生产流程控制，建立先进的成本核算体制。

对于不同类型制造行业在生产制造领域的需求，ERP 系统应该具有以下功能。

（1）支持多种生产模式，如面向订单生产、面向库存生产等生产模式以及它们的组合。

（2）提供集成销售预测、采购、成本控制、利润分析的生产计划策略。

（3）结合批次管理、自动控制集成、质量管理、存货控制多重手段，实现精细生产控制。

ERP 系统支持离散生产和流程生产的多种生产方式。生产方式根据制造环境的变化可分为面向库存生产（MTS）、面向订单生产（MTO）、面向订单设计（DTO）、面向订单工程（ETO）、面向订单装配（ATO）及重复式生产。其中面向库存生产仅适用于标准化产品，其他生产方式既适合标准化产品，也适合定制化产品，如图 3-1 所示。

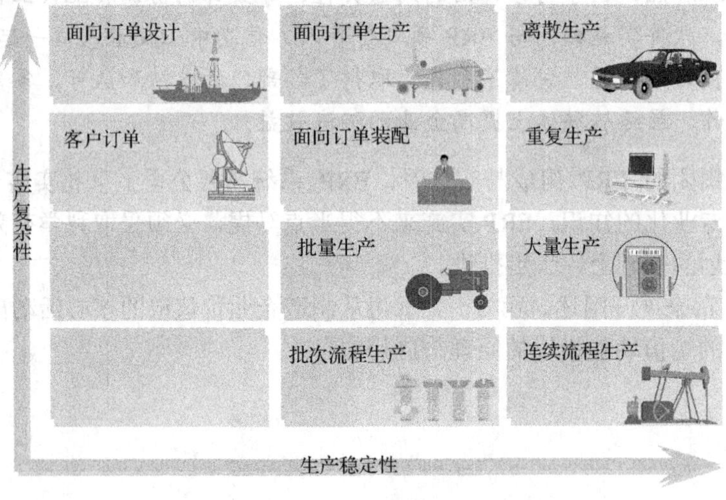

图 3-1　ERP 系统支持的制造业生产方式

标准化的产品具有一个预先定义好的物料清单及自制件的工艺路线。标准化产品适宜于有重复需求和库存的物料。

定制化产品需要在标准化产品的物料清单基础上定制产生个性化的物料清单，单独的物料主文件是确定产品配置的出发点，每种配置都需要根据销售订单明细内容确定。

3.1.1　面向库存生产

面向库存生产的企业在接到订单之前就已经开始生产，生产计划依赖于对市场的分析与预测。客户订单抵达时直接从仓库出货。这种产品往往是大众化的产品，顾客可以从零售商或分销商处购买相应的产品。预测准确性低，订单不稳定，交货期短，有明显的季节性（淡旺季），生产弹性大，材料存货和成品存货及车间库存偏大，是这种类型企业的特征。典型行业如啤酒、日用消费品行业。这类企业的采购周期和制造周期均较短，降低库存意义重大。

3.1.2　面向订单生产

这类企业只有在接受客户订单时才开始制订生产计划，安排物料采购，按照订单的设计要求进行生产准备。生产计划依赖于客户的订单。提供定制化产品的企业往往采用面向订单生产方式。面向订单生产有利于降低产品库存。客户相对少，预测准确性高，订单相对稳定，交货期一般，但是交货压力非常大，生产弹性完全由订单决定，材料存货和成品存货及车间库存合理，是这种类型企业的特征。典型行业如手机及其配套产品、完全贴牌生产企业，这类企业采购周期长，制造周期较短，缩短交货期意义重大。

3.1.3　面向订单设计

接到客户的订单后进行产品的设计，如裁缝店根据特定顾客的需求进行服装的设计，提供定制化的产品。

以工程项目来组织生产的又称为面向订单工程，适用于复杂结构产品的生产，接受订单以后首先要进行产品的工程设计，设计具有独特性或相当大程度的客户化定制特征，每一订单会产生一套新的工件号、BOM、工艺路线，如造船、大型锅炉、电梯等。一般可以按照项目/工程管理来处理客户需求，订单交货周期长，成本控制难度大，库存基本没有积压，但报废率高。BOM 并不固定，版本更新迅速。采购周期长短均有，制造周期相对较长，典型行业如锅炉、散热器、工程及个性化产品行业。

3.1.4　面向订单装配

面向订单装配的企业通常先设计、生产一种标准产品，当接到客户订单后，按照客户要求在标准产品上添加相应的插件。利用这一生产方式可减少按订单生产定制化产品的周期。客户相对少而稳定，预测准确性高，总装作业计划较为可控，但是变化非常频繁，同时配件作业计划和加工计划难度大，材料存货和车间库存偏高，是这种类型企业的特征。典型行业如汽车配件、机械和金属加工行业，一般采购周期长，制造周期较短。

3.1.5　重复式生产

重复式生产是一种按日生产能力来安排进度和执行生产的离散生产方式。通常，生产速度快，物料趋于同一个方向顺序流动，即按照流水线方式布置生产。其计划要求根据节拍，按照有限能力计划编制法编制日或小时出产计划，采用看板工具，实现拉式作业。通常装配型企业为了规模效益、降低成本、提高质量等原因向生产线（流水线）生产组织方式转变，随着标准化和协作的加强，大批量生产可以采用生产线生产组织方式，大批量定制生产、中小批量生产都可以采用生产线方式，这样，单一产品生产线发展成为产品组的混合生产线，从而提高了规模效益，降低了成本，提高了产品质量的一致性。

生产方式的变化反映了物料供应需要预知实际需求的程度，不同的生产方式会导致不同的交货提前期，如表 3-1 所示。

表 3-1 不同生产方式对应不同的流程联结点

产品类型		生产方式	提前期细分				
			设计	采购	生产	装配	装运
标准化产品		按库存生产					交付提前期
	定制产品	按订单装配				交付提前期	
		按订单生产			交付提前期		
		按订单生产		交付提前期			
		按订单设计/工程	交付提前期				

根据产品的生产特征。ERP 系统提供了不同的模式来适应不同的产品和生产要求，可在产品的不同层次，运用不同的计划策略，从而有效的加快订单的响应速度。例如，某产品的销售特征是客户要求快速供货，同时客户又有着个性化的包装需求，系统可以设计为按照预测先生产出半成品在仓库，接到客户订单后根据销售单再进行成品的包装和发运。这样，在半成品层采用按库存生产模式，成品层采用按订单生产模式。

3.2 基于生产订单的制造管理模式

3.2.1 生产订单

生产订单涵盖了生产过程控制需要的信息。生产订单是制造的主要过程控制指令，描述并监控生产相关的计划与实际数据。生产订单是生产模块的主要凭证之一，同时也是管理会计中的成本对象。

生产订单作为整个生产周期的主要生产控制数据载体，在一般的 ERP 系统中，系统依据生产订单完成如下主要业务。

（1）在计划确定后创建生产订单，记录生产的时间、数量、批次、工艺等有关信息。

（2）根据生产订单的信息进行产能情况的检查。在生产调度时对生产订单进行必要的调整，即重排。

（3）生产执行部门根据生产订单传递生产控制指令，安排原料投料，确认生产报工，检查在线质量，跟踪产品入库。

（4）进行订单成本结算。

ERP 系统提供了基于生产订单的制造管理模式，在制造行业的应用中，该模式有如下的特点。

（1）接受来自生产计划排程的信息，实现优化排产。

（2）实现过程中和过程后的质量控制，与质量管理模块紧密联系。

（3）实现生产基础数据（物料数据、产品结构或生产配方、生产指令）的集中统一管理。

（4）与自动化生产控制系统（PCS/DCS）实现信息集成。系统依据生产订单中的生产控制参数，把生产过程控制需要的信息传递到不同的生产线或自动控制系统。

（5）自动实现产品标准成本和生产实际成本核算。支持精细化的成本管理，实行分段核算，细化成本中心机构，同时为生产分析提供科学的依据。

3.2.2　批次管理

ERP 系统可在物料的采购、生产、销售等各个环节对物料批次进行追踪和记录，并利用批次相关的物料特征、属性信息，实现库存管理、生产制造、销售定价等环节各批次质量指标的控制，并实现对产品生产批次的自动追溯。ERP 系统记录了每一批次的相关信息和采购、生产、销售过程中不同物料批次的关联，通过批次信息控制和批次使用清单，可以对批次属性信息进行查询，并根据需要，对不同批次的产品追溯其原料和中间产品批次号，如图 3-2 所示（图中 F 为产成品，S 为半成品，R 为原材料），帮助企业发现生产或供应中存在的问题。

产品批次及相关参数（如过期日）的信息可以广泛用于生产的备料、质检、回收、统计等各个环节。

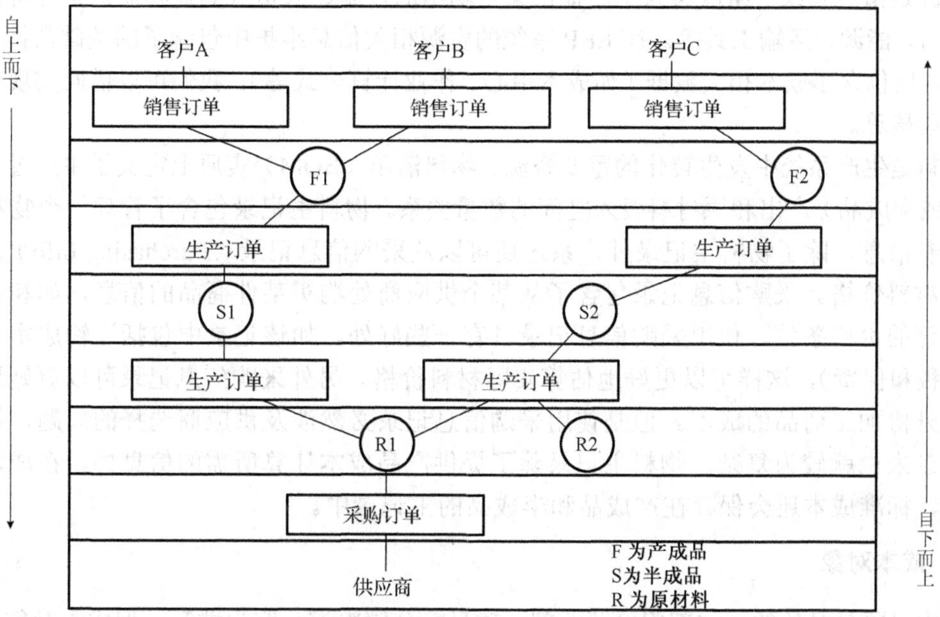

图 3-2　ERP 系统中产品批次的跟踪与追溯

3.2.3　基本数据管理

ERP 系统对产品数据的创建、修改、分类、领用、存放、归档清理都有详细的管理流程及其技术实现，其中包括以下方面。

（1）资源数据管理：对物料（工业用水，油）、人力、能源、运输工具、设备等的基础数据（如可用时间）和关联数据（如相关成本数据）的管理。

（2）文档管理：对技术文件、产品文档、工艺图纸、扫描图像等文档资料的存放和分发。

（3）物料清单/工艺配方管理：ERP 系统可以控制物料清单（BOM）和工艺配方的创建、复制、修改、分发，能够有效地保证生产过程中生产数据的一致性。同时也可以利用工程变更单管理系统，确定对生产数据的详细权限划分和操作记录。

（4）基本特征参数管理：通过属性描述物料的基本特征值（如凝固点、含量、水分、等级、纯度等），并将这些属性应用在物料分类、批次管理、库存统计、生产计划等生产环节。

3.3 生产成本控制

生产成本控制模块是生产和管理会计的交叉部分。管理会计包括成本会计和管理控制系统两大组成部分。管理会计是管理与会计相结合的企业内部会计，与财务会计有所区别，主要为企业管理者们提供战略、战术、日常业务运营决策支持服务与绩效管理等。

3.3.1 基本概念

1. 资源

资源是指一套或一组能够为生产提供某种功用的设施、人员或其他物质。资源可以是设备、人力、能源、运输工具等。在 ERP 系统的资源相关信息维护中包含了的基础数据，如可用时间，也包含了成本相关数据（如成本中心、作业计算公式等）。我们可以借此实现生产设施的分段核算。

物料是生产系统中发生转化的重要资源。物料清单（BOM）实质上定义了生产过程中产成品（或半成品）产出和原材料投入之间的数量关系。物料主记录包含了管理一个物料所需要的所有信息。除了物料主记录外，系统还可以从采购信息记录（Purchasing Info Record）中获取材料价格。采购信息记录包含了从某个供应商处购买某件商品的信息，如和供应商之间签订的价格条款。使用采购信息记录具有一些好处，如该记录中包括运输成本（如运费、关税和保费），这样可以更好地估算实际材料价格。另外采购信息记录可以更好地估算转包和外协加工商品的成本。但是使用采购信息记录必然涉及供应商选择的问题，相对物料主记录来说就较为复杂。物料主记录除了提供产品成本计算所需的信息外，在成本计算完成后，标准成本还会保存在产成品和半成品的主记录中。

2. 成本对象

成本对象是具体的，如部门、营业部、项目、分销渠道、客户群等。把成本对象分成若干大类。这些大类的成本对象性质和特征有一定的规律。可以根据本行业、本企业的情况依据这些大类的成本对象设计具体的成本对象类别。

2. 成本中心和作业

成本中心类似于企业内部“部门”的概念，但在管理会计中它主要用于成本控制的目的。将公司按照成本中心分割，可以实现对于责任区域的成本计划、认定、控制和分摊。从组织结构的角度，将所有成本中心按树状层次有序地组织起来，构成了成本中心组织结构。例如，某公司的成本中心组织结构中既有归集间接费用的成本中心（如董事会、财务部），也有归集各种流程成本的成本中心（如核保、核赔等）。每个成本中心都有一个成本中心负责人员。成本中心是 ERP 系统中归集和控制成本的组织机构。任何一个资源都必须明确地隶属于一个成本中心。几个资源可以同时属于一个成本中心，在实际中资源和成本中心的隶属关系通常应遵循能明确成本控制责任和方便成本核算的原则。

成本中心有投入也有产出。如图 3-3 所示，左侧的箭头表示投入固定资产，人员，水、电、煤等企业的资源到成本中心 CC01。与此同时成本中心 CC01 的产出表现为各项作业 ACT101、ACT102、ACT103，这些作业体现在产品主配方的各道工序中，同时也将价值转移到了产品中，如图 3-3 中右侧的箭头。

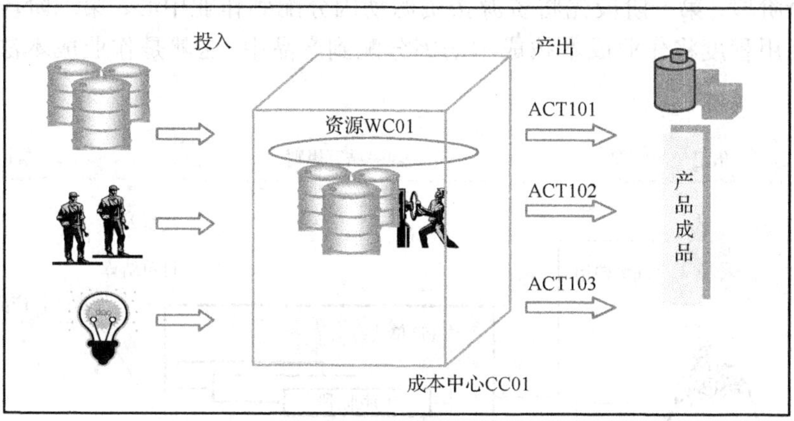

图 3-3　成本中心和作业

4．内部订单（Internal Order）

和成本中心类似，内部订单也是一种成本对象，我们可以对内部订单进行成本的计划、认定、控制和分摊。和成本中心不同的是内部订单有明确的开始和结束，它不是一种组织机构，而是一个个小的项目（Project）。在 ERP 中可以定义不同的内部订单类别（Internal Order Type）。一次市场促销活动、一次公司聚餐或一次内部培训都可以是一个内部订单。内部订单就是专用于控制成本会计中对象的费用单（如广告费用单或交易会费用单）和具有附加值的生产费用单，即可以进行资本化的费用单（如内部构建流水线）。内部订单可以按层次结构组合到不同的内部订单组中，这对于阅读报表和分摊成本很有用。

5．间接费用法（Overhead Costing）

间接费用法通过基于百分比或基于数量的间接费用率将间接费用附加到适当的成本对象上，叫做间接费用法。计算的基数通常是那些能直接认定到订单上的初级成本要素。在制造业，基数往往是人工和材料成本。间接费用法的计算规则和成本流规则都在成本核算单（Costing Sheet）中维护。通过间接费用法，间接费用从发生这些费用的成本中心或内部订单结转到了适当的成本对象上（如内部订单）。

3.3.2　标准成本计算

产品标准成本，又称为定额成本。和实际成本不同，标准成本的作用主要有以下几点。

（1）计算每种产品标准的产品制造成本和产品销售成本。

（2）决定每种产品的成本构成，并计算生产过程中每一步的附加价值。

（3）通过成本比较优化产品制造成本。

（4）给 ERP 系统的其他模块提供信息，比如：为和实际成本进行差异分析及生产效率控制建立比较基准；更新物料主记录中的产品成本；为获利能力分析和企业预算提供产品成本信息；为销售模块设定价格底线，等等。

3.3.3 生产成本计算方法

生产成本的核算应细化，分段核算，支持精细化成本管理。如图 3-4 所示，成本分配可划分为两个阶段：第一阶段先将资源按资源动因分配到作业中心；第二阶段再依成本对象对作业的耗用程度将作业成本按成本动因分配到产品中。这就是作业成本法的二阶段分配原理。

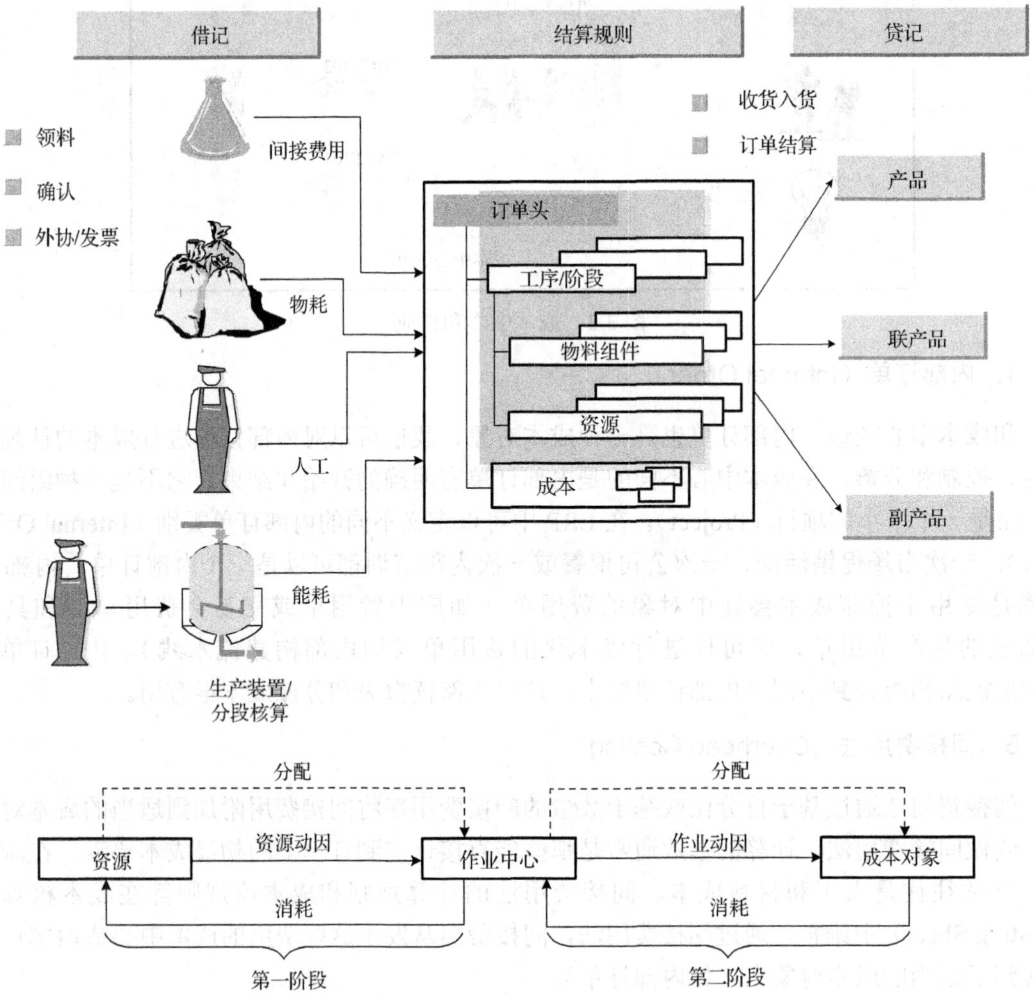

图 3-4 生产作业成本的分段分配原理

成本流记录某种性质的成本的流向，借用“借/贷”的概念，“借”是成本的流入，“贷”是成本的流出。作业描述了一个成本中心对于其他成本中心或成本对象提供的工作和服务，这种工作和服务是该成本中心的产出，在耗用了企业的各项资源后，成本中心通过提供作业实现了其存在的意义，也将价值转移到企业价值链的下一环。

根据物料清单和材料价格计算成品的材料成本，根据工序作业量和作业单价来计算作业成本（包括工和费），如表 3-2 所示。这种分析按工序的顺序，将各道工序的成本反映出来，从中可以分析企业内部生产的增值过程。

表 3-2 产品 A 的作业成本

产品 A 组成	作业/原材料	用 量	单 价	成本（万元）
1、半成品（颗粒）	原材料 D	2 吨	30000 元/吨	6
	原材料 E	4 吨	5000 元/吨	2
	挤压作业	1 批	10000 元/批	1
	混合作业	50 小时	2000 元/小时	10
	喷淋作业	100 小时	500 元/小时	5
				24
2、包装	原材料 B	80000 个	0.3 元/个	2.4
	包装作业	1000 人小时	50 元/人小时	5
				7.4
总计				31.4

成本计算的结果有各种表现形式。表 3-2 进一步分类汇总，可反映产品的成本构成，这里成本表现为原材料和作业成本。根据成本核算单中的附加比率可计算其他间接费用，即将作业成本还原为初始成本（资产折旧、工资、燃料电力等），形成另外的成本构成，表现为原材料成本、固定资产折旧费、工资福利费、燃料电力费及其他制造费用。成本构成分析在多道生产过程间是采用平行结转的方式结转的。这里不做详细介绍。

3.3.4 生产过程成本控制

对于工序和成本控制要求严格，需要精确跟踪。

1. 系统集成和成本流

以流程订单（生产订单）为例来说明生产过程的成本控制。

图 3-5 所示为生产工作场景。整个过程如何影响生产成本的控制，成本流如何流动呢？图中央箭头表示流程订单。

A. 流程订单（生产订单）下达

流程订单是生产模块的重要概念，流程订单定义了什么产品将在什么时候、什么地点被生产，使用多少资源，什么工序将被使用，以及订单的成本将被如何结算。

生产计划部门运行 MRP 等计划工具，系统结合产品需求和库存状况生成流程订单，流程订单下达后，生产部开始执行生产任务。订单的预估成本也被同时计算出来了。

B. 发料

发料数量是由工艺路线和物料清单决定的。实际发料数据的记录既可能是仓库手工做发货记录，也可能通过自动计量系统和 ERP 的接口记录发货数量。

C. 集成或手工录入费用

C1. 集成或手工录入间接制造费用；C2. 集成固定资产及人力资源等模块自动生成凭证，资产折旧费、工资福利费；C3. 手工录入燃料电力消耗费用。

每个月除了原材料成本之外，所发生的和生产相关的成本和费用通过系统集成或手工方式被记入财务会计模块和管理会计模块。

D. DCS 或操作指令单作业信息上载（作业量确认）

通过对各道工序的确认，系统可以获得各道作业的作业量。这项工作对财务会计没有任何影响，但是从管理会计的角度来看此时发生了成本的转移：作为一个生产成本中心 CC01 制粒车间为该流程订单提供了服务，如果在 C2、C3 中我们认为该成本中心正在耗用公司的资源——成本流入，那么此时它正在创造价值，而作业量就是这种价值的体现。因此成本从生产成本中心 CC01 流入了流程订单。对成本中心来说这是它的产出，而对生产订单来说这就是它的投入。

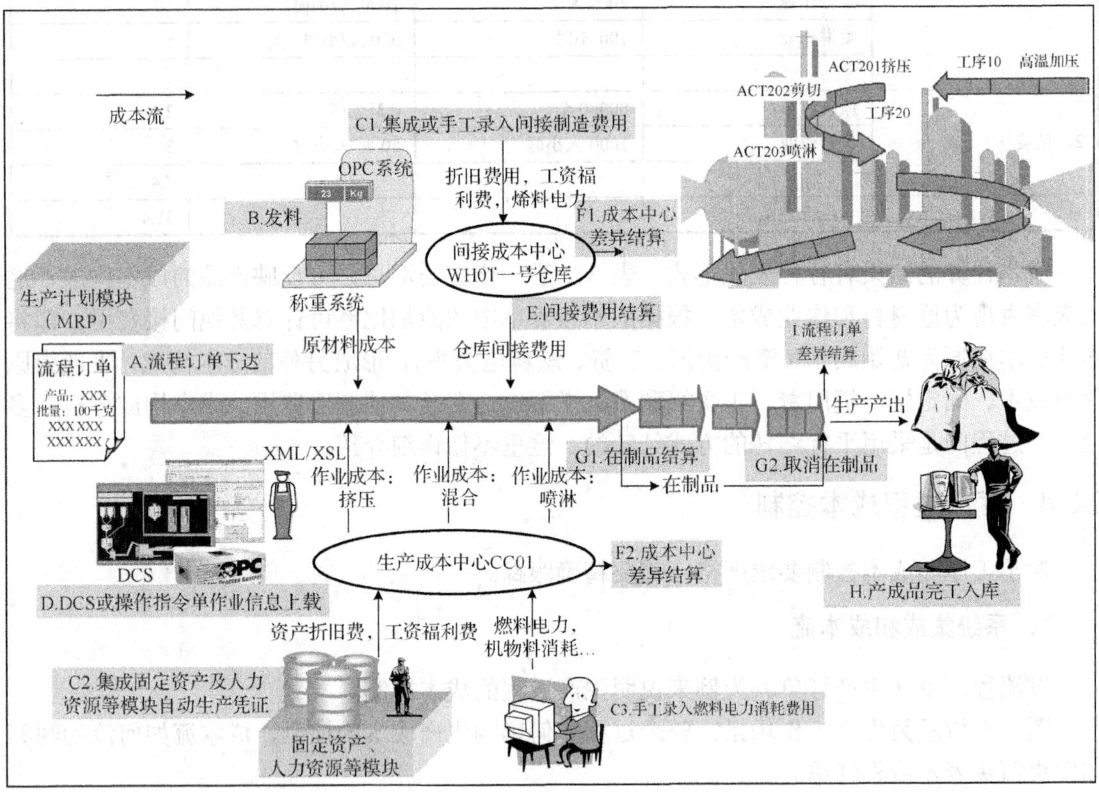

图 3-5 系统集成和成本流

E．间接费用结算

除了生产成本中心，还有一些成本中心也为生产提供了服务，如仓库，虽然仓库不直接参与生产，但是仓库的费用也应该是产品成本的一部分。只是和生产成本中心不同，这些成本中心是间接服务于生产的，所以应该采用和 D 不同的方法完成成本的转移，如通过间接费用结算来完成。间接费用结算是通过成本核算单（Costing Sheet）完成的。成本核算单实质上是在系统内预先设置的一套规则，它将间接的制造费用以附加费率的形式计算到流程订单上。比如，可以根据不同种类的原材料成本制定不同的附加费率，让流程订单各自承担仓库管理的费用。

F1、F2．成本中心差异结算

不论是生产成本中心还是间接成本中心都有成本的投入和产出，投入和产出是按各自不同的方式核算的，因此可以肯定在月末这些成本中心的投入和产出是不会相等的，这种差异可能是由开工率变化造成的，也可能是资源消耗超标造成的，也可能是资源价格变化造成的。因此月末系统将量化不同类别的差异。

G1、G2. 在制品结算

在制品（Work In Process）是指月末结账时仍在生产状态的产品，由于会计上按会计期间出报表的需要，因此需要将在制品的成本物化成存货，体现在资产负债表中。系统在月末将未完工的流程订单所累计的成本扣除部分已入库的产成品的价值作为在制品的价值。

H. 产成品完工入库

当各道生产工序都完成后，产成品将被验收入库。入库也可能有自动集成自 DCS 系统或手工收货两种可能。

I. 流程订单差异结算

和成本中心类似，流程订单的投入和产出也是不平衡的，差异的原因可能有返工、原材料消耗超标、原材料价格波动、生产效率降低、批量太大或太小等。系统同样也会量化这些不同类别的差异。

剥离生产的场景，我们就可以看到图 3-6 所示的成本流。

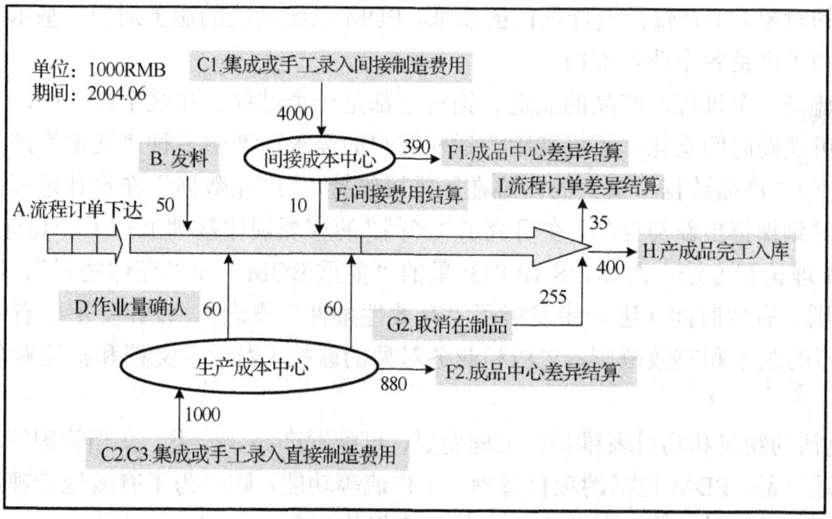

图 3-6 成本流

2. 差异分析

对于生产过程成本控制来说，重要的是做差异分析。也就是分析实际的生产情况和我们计划的情况发生了什么变化，都是由哪些原因造成的。ERP 系统应自动将成本中心和流程订单的总差异分解成明细差异。

明细差异按“差异种类”来分类，如订单差异可以分解为生产差异和计划差异。计划差异是指生产下达时对主配方进行更改所造成的成本增加或减少。而生产差异是指生产的过程中发生了异常情况，需要返工或增加某种材料而造成的差异。再比如，成本中心的差异可以分解成产能差异和投入差异，等等。产能差异是由于开工率超出或低于计划所造成的固定成本有效利用或利用不足造成的损益。而投入差异是由于费用发生超过目标所造成的损益。

3.4 产品生命周期管理 PLM

产品生命周期管理是与 ERP 系统紧密集成的一个系统。PLM 是在 PDM（产品数据管理）的基础上增加了协同设计、协同质量、企业门户（Enterprise Portal）等利用现代因特网技术发展的很多功能而发展起来的。PDM 是基础，意味着 PDM 包括的物料和物料表维护、工程变更、可配置产品、分类、文档管理、工作流、项目管理等功能，共同构建了一个企业的技术管理基础。在这个基础上，可以科学地和动态地管理一个产品的所有有关的描述数据。PDM 和传统手工管理业务最大的区别，是依赖计算机信息处理技术手段，对产品数据管理普遍的内在规律进行了抽象和深入的研究，将产品数据管理逻辑提升到科学的高度，用计算机程序的方式对业务流程进行了固化和自动化处理。

产品数据管理（PDM）是管理“产品数据”的。这里说的“产品数据”，泛指一切和产品相关的描述性数据，包括产品的设计描述、加工描述、原材料和半成品采购质量信息、工艺装备信息等。仅从“设计描述”，又可以引申到设计标准的描述、功能性描述、结构性描述、原理性描述等一系列信息。这些信息很多都是以非结构化数据的文档形式记载和传递的（无论是纸张为介质还是电子文件形式）。还有一些是管理数据库中的形成固定格式的数据，如描述产品结构关系的物料表等。无论结构化数据还是非结构化数据，在计划实施的 PDM 项目中都是管理的对象，不是仅指设计部门的图纸。PDM 系统功能的服务对象，基本涵盖了企业的工程技术和供产销各个业务部门。

产品设计是一个过程，产品的制造、销售也都是一个过程。在这个过程中，一切“产品数据”都有可能随时间变化，还可能因为适应客户的需求而产生多种“变型”产品。传统手工管理模式下，“产品数据”最大的困难在于难以维持 “产品数据”在设计过程向制造过程等的转变中时刻保持更新与变型。在研究了“产品”的客观规律基础上有了一套有效管理“产品”的 PDM 理论和方法。例如，SAP R/3 里的“多重 BOM”和“变体物料”、物料和物料表的适用范围、有效时间（进一步发展了“有效性条件”概念）、设计变更的有效时间和适用条件，文档的版本和有效范围、文档和业务对象的联接（表示了文档和描述对象的关系），等等。

PDM 包括的物料和物料表维护、工程变更、可配置产品、分类、文档管理等功能，目的是科学地描述产品。PDM 包括的项目管理、工作流等功能，则是为了有效地管理产品开发过程。权限管理功能目的是保证信息和企业知识产权的安全。

产品开发过程有阶段性管理控制措施，产品开发的不同阶段对产品描述具有不同要求，企业的不同部门和外部协作参加开发过程的单位对产品描述有不同需要和授权，PDM 中的“配置管理”就是为了适应这个需要而产生的。“配置管理”模块是直接面向“产品生命周期”管理的具体功能。采用项目管理功能只能实现产品生命周期管理需求的一部分，“配置管理”可以提供从概念设计到生产设计，直到售后服务，甚至多年后产品完全退出使用的全部产品生命周期数据管理的功能。“配置管理”支持把企业内部、外部协作单位和个人组织在一个虚拟的项目小组中共同工作。原来需要用纸张、邮件或磁盘复制传递的协作信息，如设计方案图、模具设计要求等，存放在适当的公共文件夹中就可以供得到授权的企业内外协同工作人员使用，满足企业内部和外部的协同工作需求。

产品生命周期管理，在产品数据管理、产品研发过程管理功能的基础上，可以管理产品从研究开发、设计、试制、检验到大批量定货投产的全过程，也管理着产品从开发到销售、生产、服务，一直到产品的市场寿命结束的全过程。产品生命周期管理还有其他用途，如资产设备生命周期管理、环境保护和安全管理等。

SAP ERP 系统中，产品生命周期管理包括的基本功能模块如下：

（1）物料和物料表维护；
（2）分类；
（3）工程变更；
（4）可配置产品；
（5）文档管理；
（6）工作流；
（7）项目管理；
（8）协同设计；
（9）协同质量；
（10）企业门户。

产品数据管理的各项功能是有机地集成在一起的。物料和物料表维护是企业一切和物料有关的管理业务的基础。分类功能主要是为了协助用户查询物料和物料表；工程变更功能是为了处理随时间和产品系列等条件变化的物料和物料表；可配置产品功能模块是为了大幅度简化处理有大量变型产品的物料表；文档管理功能模块是为了使用文字和图形等非格式化的信息描述产品零件或总成的一切结构信息、加工信息、描述信息、标准信息、几何形体描述信息、技术要求信息等；项目管理功能是为了管理产品开发过程；设计接口是为了在协同设计工作环境下更方便地维护上述信息。

上述各项功能的信息在 ERP / PLM / PDM 系统中是集中、统一并唯一存放的。各有关业务人员在向 ERP / PLM / PDM 系统存储和调出信息时，都在使用其他人负责建立的信息。任何记载一定意义信息的数据，在系统中只有唯一的一份，并且由指定并授权的责任人员负责建立和维护。

3.4.1　工程变更

工程变更管理可用来控制、监督和改变生产物流的基本数据（如 BOM、作业表）。工程变更功能辅助描述物料和物料表，它将记载产品结构和制造要求上的详细变化情况。同时也是后续的成本核算、采购、生产等业务的工作依据。工程变更管理涵盖了工程设计部门和管理部门。

3.4.2　可配置物料

可配置物料管理功能适用于有大量变型产品的企业。它使用一套超级物料表，可以管理成千上万种可能的配置变型。因此对于工程变更、生产、采购等各方面业务都是大大减少工作量和简化业务的关键功能。当然可配置物料和基本的物料及物料表维护也是密切相关的，基本的物料和物料表维护是建立可配置物料的基础。

变体配置被用于制造复杂的产品。制造业企业总是需要增加新的变体。新的变体（以下大量使用“变体”这个词）常常在处理用户的订单时，修改已经存在产品的设计而产生。最重要的事情是快速响应客户的要求。客户的需求决定产品的特点。客户买一台空调，必须满足客户选择空调各种特性的需要。

产品配置改进销售、工程和生产之间的信息交换。变体配置帮助客户或销售职员指定产品的特征并确保产品可以被生产，也保证控制生产成本。

变体配置物料，不需要给一个产品的每个变体分别建立独立的物料，可以使用一个可配置物料覆盖所有的变体。给这个物料建立一个超级 BOM 和一个超级工艺流程，包含生产这个产品所有变体的所有的元件和操作。给一个可配置物料定义特征，使用特征描述和配置一个物料，由于技术和市场的原因，只有有限的特征的组合是必要的。如实际工程项目中不需要组合所有的类型的发动机和所有类型的变速箱。每个可配置对象必须具有一个配置参数。

对于频繁使用的变体，可以建立物料变体，这个物料变体可以在没有销售订单时生产并存储在仓库里。当接受一个销售订单，可以检查在仓库里是否有这个需要的变体，如有就可立即提交。图 3-7 所示为一泵体的变体配置（变量配置）示意图。

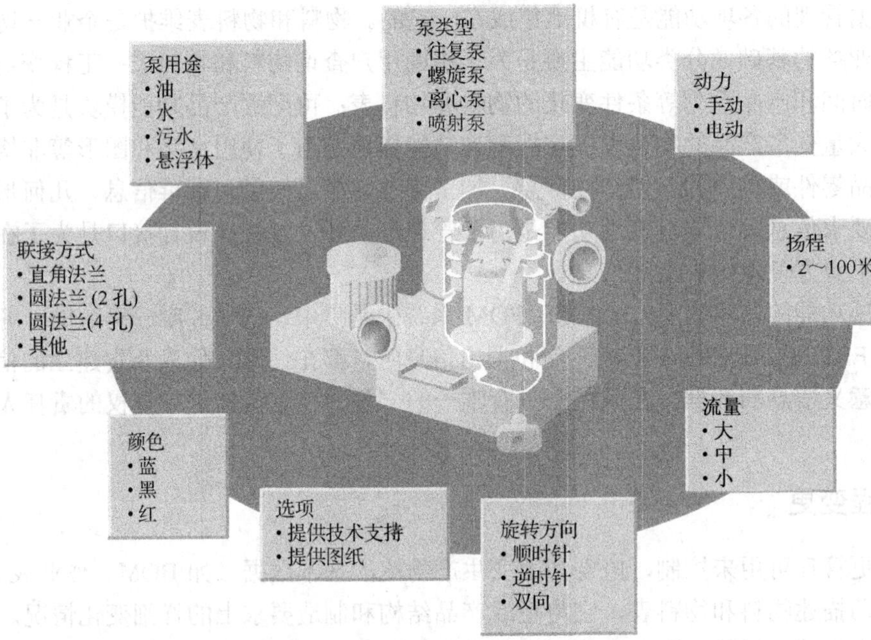

图 3-7　ERP 系统产品的变型配置

SAP PDM 的可配置物料功能直接支持销售和生产计划功能。也就是说，可以由销售部门直接销售可配置物料并完成可配置物料的定价业务，可以支持按可配置物料的特征安排生产计划。

3.5　本章小结

企业管理中存在多种生产模式，反映了企业生产的不同风格。ERP 系统应该支持多种生产模式。对于面向生产订单的制造管理模式，实现批次的追踪是重要的，有助于及时发现订单执行中的问题。

生产成本控制模块是生产和管理会计的交叉部分。

产品生命周期管理（PLM）是生产管理模块的前提，通常将它看作是与 ERP 系统紧密集成的一个系统。PLM 是在 PDM（产品数据管理）的基础上增加了协同设计、协同质量、企业门户等基于信息技术发展起来的一些功能。PLM 是柔性生产的需要，利用它可配置系列化的产品变型，从设计阶段保证生产的多样化，满足个性化顾客的需要。

思考题与习题

（1）随着制造环境的不同，有哪些不同的生产方式？举例说明。
（2）探讨生产模式对 ERP 软件设计的影响。
（3）理解不同生产模式下 ERP 软件功能的差异。
（4）什么是生产订单？基于生产订单的制造管理如何进行？
（5）理解成本中心、内部订单、成本对象的概念。
（6）如何控制生产过程的成本？
（7）通过实例说明：产品生命周期管理如何与 ERP 系统相集成？

第 4 章　资源计划框架

4.1　制造业计划与控制框架

制造业计划与控制通用架构如图 4-1 所示，这一框架贯穿产品计划、销售、制造、采购的整个过程，构建了从产品设计到产品完工、收货的制造业 ERP 整体方案。

ERP 提供的计划框架涵盖长期、中期、短期计划，涉及产品结构的各个层次，关联销售、财务、采购、生产等各个业务部门，包括手工计划、半自动计划、优选计划等计划手段，为企业运营计划提供了全面的支持。

根据运营计划计划期的长度可分为长期计划、中期计划与短期计划。

（1）长期计划：一年以上计划期，通常以年为时间段。

（2）中期计划：6～18 个月计划期，以月或季度为时间段。

（3）短期计划：1 天～6 个月计划期，以周为时间段。

制造业管理方法与制度需要建立在通用的运营计划与控制架构基础上，不同的企业需要在通用架构基础上建立适合自己的管理模式，不断缩短任务的提前期，并根据实际可用的资源制订计划。需求管理、综合计划、主生产计划与物料需求计划、产能计划是计划的主要部分。

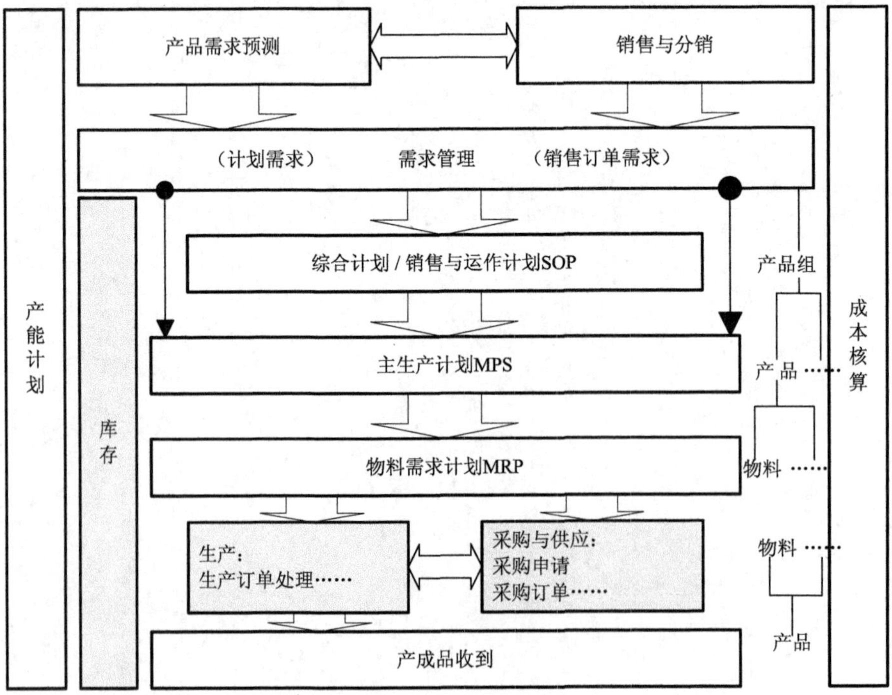

图 4-1　制造业 ERP 整体方案

ERP总体方案主要包括以下内容。

（1）通过需求管理功能，将来自销售、计划等各部门的产品需求信息统一管理。

（2）利用MRP逻辑，将产品的需求通过物料清单传递到原料需求，形成物料的计划订单。

（3）通过将计划订单转换成为生产订单或采购申请，确定外购物料的供应计划和自产物料的生产安排。

（4）利用生产订单控制生产过程，记录生产相关的时间、物料、成本、工艺等信息。

（5）仓管部门根据生产订单进行物料收发，质检部门记录相关质量信息。

4.2 需求管理

需求管理是对顾客订单管理和销售预测管理的统称。需求管理活动包括需求预测、订购、交货期承诺、分销、顾客服务、影响需求的促销、定价等。促销时机取决于促销收入与促销引起的需求变动的成本，旺季促销可以增加市场份额、销售收入，但促销成本与生产成本会增加；淡季促销可以使需求保持稳定。降价促销可以促进市场增长，抢占市场份额，从而刺激整体的需求；降价促销也可以引导顾客提前消费，使原来买不起的消费者产生消费动机，将其未来的需求转为当前需求。需求管理需要考虑所有潜在的需求。

4.2.1 独立需求与依赖需求

20世纪60年代，IBM公司的约瑟夫·奥利佛博士提出了把对物料的需求分为独立需求与相关需求的概念：产品结构中物料的需求量是相关的。

产品及其零部件各有不同的需求来源，某些项目的需求来自顾客的指定，而另一些项目的需求则取决于其他项目的需求，会间接地受到顾客需求的影响。可以区分这两种需求为独立需求与依赖需求（如图4-2所示）。

独立需求：这一项目的需求与其他项目的需求无关，不受其他项目需求的影响。例如，产成品的需求、备品或备件的需求等，这类需求通常需要做需求预测。

依赖需求：这一项目（子件）的需求来自其父件的需求。物料清单（BOM）定义了父件与子件的关系，一个产品的所有物料清单（BOM）表明了产品的结构。依赖需求可以由产品结构与物料清单（BOM）推导计算出来。

需要注意：一个特定的存货项目在特定的时间内可能同时为独立需求和依赖需求。如汽车制造厂轮胎的需求是由计划生产的汽车数量决定的，属于依赖需求；而用于更换轮胎服务的轮胎的需求属于独立需求，很大程度上由随机因素决定。

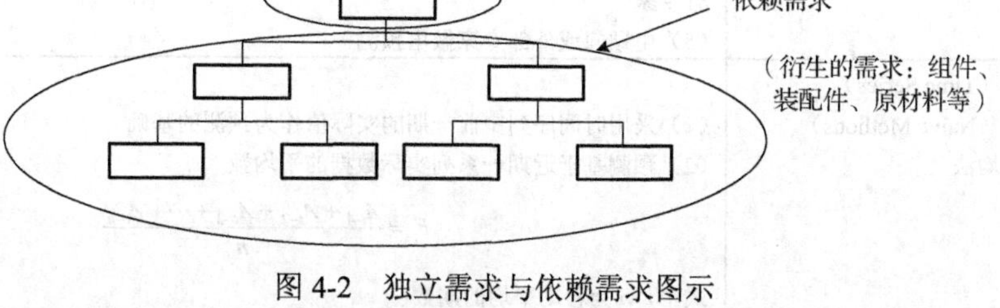

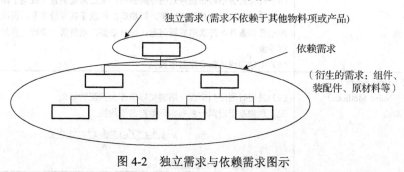

图4-2 独立需求与依赖需求图示

ERP的需求管理功能，可以做到以下几点。

（1）手工更改需求量，也可以从前面所说的预测功能将需求量复制过来。

（2）把需求作为独立需求量来管理。

（3）版本的管理。

（4）跟踪需求变化的历史。

（5）在一个需求程序中组合各月、周或日需求量。

4.2.2 需求预测方法

预测在组织运营中有许多重要的应用，如销售预测、经济趋势预测、需求预测等。西班牙一电力企业开发并采用了一套管理科学模型来辅助管理水力发电水库系统，采用统计预测模型预测能源的短期和长期需求，利用水文预测模型提供对水库流入量的预测。美洲航空公司的RAPS（Rotatable Allocation and Planning System）能够对各个机场飞机备件的需求进行预测，并将需要的部件分配到各个机场。统计预测使用了18个月的部件及飞行小时数据，以计划飞行小时为基础提前进行项目编制。

采用的预测方法很多，这些方法存在很多不同之处。不过，预测具有许多共同的特征。

（1）假设将来存在过去发生某一事件的状态。经理人员必须进行详尽的分析，必须对未来可能发生的突发事件予以足够重视，并做好重新进行预测的准备。

（2）预测极少是准确的，实际情况总与预测存在差异。随机因素影响着预测的准确性，没有人能够准确地判断这些因素对预测的影响程度。因此，在做预测时必须考虑预测与实际的差异。

（3）当预测的时间跨度比较长时，预测的准确性就会降低。一般地，短期预测更为准确。预测遵循如下步骤：确定预测的目的；建立时间期间；选择预测技术；收集与分析数据；预测；监控预测精度。

预测分为定性预测与定量预测。定性预测属于基于估计和评价的主观判断，定量预测的方法主要有时间序列分析、因果分析与仿真。时间序列预测模型是基于历史数据预测未来的。常用的时间序列分析方法有移动平均、加权移动平均与指数平滑；因果分析方法主要有线性回归模型等。预测方法如表4-1所示。

表4-1 预测方法概述

预测方法	简要描述
主观判断预测（Judgment/Opinion） （1）消费者调查 （2）销售人员的意见 （3）经理的意见 （4）德尔菲法 （5）外部专家意见	（1）询问消费者未来的购买计划 （2）来自营销人员和售后服务人员的综合意见 （3）金融、市场和制造部门经理相互结合做出预测 （4）选择具有不同知识背景的专家参与，通过问卷调查（或电子邮件）从专家处获得预测信息；汇总调查结果，附加新的问题重新发给专家；再次汇总，提炼预测结果和条件，再次形成新问题；如有必要，重复前一步骤，将最终结果发给所有专家 （5）由顾问或外部专家做出预测
时间序列预测法（Time Series） （1）初级预测法（Naive Methods） （2）简单移动平均法	（1）采用时间序列中前一期的实际值作为预测的基础 （2）预测基于近期一系列实际数据的平均数 $F_t=\frac{A_{t-1}+A_{t-2}+A_{t-3}+\cdots+A_{t-n}}{n}$ 式中，n为移动平均的期数

续表

预测方法	简要描述
（3）加权移动平均法	（3）预测基于近期一系列实际数据的加权平均数 $$F_t = w_1A_{t-1} + w_2A_{t-2} + w_3A_{t-3} + \cdots + w_nA_{t-n}$$ 式中，n 为移动平均的期数
（4）指数平滑法	（4）上期预测值加上上期实际值与预测值差额的百分比，即得到新预测值 $$F_t = F_{t-1} + \alpha(A_{t-1} - F_{t-1})$$ 式中，$\alpha<1$；F_t 为对下一期的预测值；A_{t-i} 为前 i 期的实际值
相关模型（Associative Models） （1）简单回归分析方法	（1）用一个变量的值来预测另一个相关变量的值 回归直线方程为：$Y_t = a + bx$ $a = \overline{y} + b\overline{x}$ 其中　$b = \dfrac{\sum xy - n(\overline{y})(\overline{x})}{\sum x^2 - n(x)}$
（2）多元回归分析方法	（2）用两个或多个的变量的值来预测另一相关变量的值

有些公司在有些时候采用主观判断的方法进行预测，主要是考虑执行主管建议、销售人员的建议、消费者调查、外部专家的建议、管理者及员工通过讨论形成的小组共识等。另外，历史类比与德尔菲法也是经常采用的定性预测方法。

企业选用哪一种预测模型取决于预测的时间范围、能否获得相关数据、所需的预测精度、预测预算的规模、合适的预测人员及企业的柔性程度。

预测的偏移误差来源于变量有误、变量间关系定义错误、趋势曲线不正确、季节性需求偏离正常轨道、存在某些未知趋势；随机误差是无法由现有预测模型解释的误差项。

$$\text{平均绝对误差（MAD）} = \frac{\sum_{t=1}^{n}|A_t - F_t|}{n}$$

4.3 综合计划

企业在综合计划（Aggregate Planning，AP）的制订过程中需要根据组织战略，根据产品或服务的市场需求预测，根据企业面对的政治、经济、市场、竞争、社会和技术等因素，协调运营与人力资本、营销、财务等其他职能的关系，制定具体的计划策略，与企业长期目标和长期战略框架相一致，并符合企业战略生产能力决策和资金预算决策。

综合计划是着眼于整体生产水平，依赖于综合需求预测的产品组的产量计划。考虑总体资源的需求，考虑如何调整资源利用以满足需求波动。综合生产计划的目标是要确定生产率（单位时间完成的数量）、劳动力水平（工人数量）与当前存货 （上期期末库存）的最优组合。计划期一般为4～18个月。

综合需求指产品组的需求；产品组表示具有相似工艺路线、部件和工时，需要相同资源的产品系列。

4.3.1 综合计划平衡

综合生产计划的制订应考虑如下外部因素与内部因素，平衡综合需求与生产能力，使之匹配。

（1）外部因素主要指经济状况、市场需求量、竞争者行为、外部能力（如分包商）、现有原材料等。对有些外部因素，生产计划人员是不能直接控制的，只能尽量利用掌握的信息，利用可预测的需求量变化，做出恰当的反应；对某些因素，有些公司只能利用短期价格折扣、促销、服务手段、客户关系等调节、控制有限的需求。

（2）内部因素指当前生产能力（受弹性工作时间、临时工、转包合同及柔性生产线的影响）、现有劳动力、库存水平、生产中的活动等。

4.3.2 综合计划的相关成本

大多数综合计划方法是确定成本最小化的计划，假设需求固定；当需求与供应同时修改时，也采用利润最大化的方法，因为需求变化影响收入与成本。

与综合计划相关的成本主要有以下几方面。

（1）基本生产成本：计划期内生产某种产品的固定成本与变动成本。

（2）与生产率相关的成本：雇用与培训成本（将新雇员培养成技能型人才所必需的）、解雇成本（与解雇相关的成本）。

（3）库存成本：对库存产品进行维护所发生的成本，包括库存占用资金的成本、存储费用、弃置费用与产品腐烂变质所发生的成本。

（4）缺货或延期交货成本：估计这项成本相当困难。延期交货会引起赶工生产成本、企业信誉丧失、销售收入下降等。延期交货的可能性取决于产品的竞争力、稀缺性及良好的客户关系。

（5）转包成本：是付给次承包商的生产产品的费用。转包成本可高于或低于自制的成本。

4.3.3 销售运作计划

在 SAP ERP 系统中，综合计划采用销售与运作计划（SOP）的方式，从销售预测和运作预算开始为公司的运作层编制现实和协调一致的计划。SOP 输出信息包括了生产、工程、人力及财务资源的数量，以支持销售计划的需要。

年度计划及定期修订的目标计划都要根据准确的销售预测信息。SAP ERP 系统可以主动地把来自各种来源的信息集成到一套计划中。可以均衡供应与需求，调整服务水平并优化经营绩效。销售与运作计划还有助于促进公司计划人员之间的交流与合作。

4.4 主生产计划

主生产计划（Master Production Schedule）：对每个对公司利润有极大影响的产成品（即最终物料项）或使用关键资源的物料，必须准备一个主生产计划。主生产计划通常是滚动的生产计划。主生产计划是要确定订货所需的产成品数量和交货日期，一般按周制订。产成品具有独立需求的特征。主生产计划也可能针对关键部件或模块，如当最终物料项非常庞大或昂贵时或面向订单装配系列产品时。

图 4-3 所示为产品 T 系列的综合计划与 T 系列具体规格产品的主生产计划。

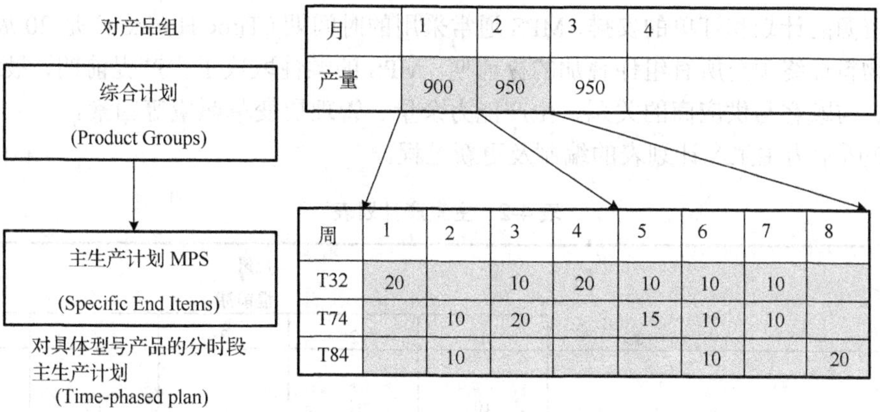

图 4-3 综合计划与主生产计划

4.4.1 主生产计划制订原则

主生产计划的制订考虑以下三个原则。

1．均衡计划

运营系统在不同时段上生产的产品数量与品种组合保持不变，保持有节奏、有规律的生产：简化工序的计划与控制工作；逐渐降低准备时间；增加工人熟练度；稳定的计划传递给上游的供应商工序；节省劳动力成本、降低管理费用。

2．混合式生产

将均衡计划继续向前推进，可得到不同零件重复性混合生产模式。降低加工批量，提高柔性，形成稳定连续的输出流。

3．同步化

许多公司都要同时生产许多不同的产品和零件，但并非所有的产品与零件都具备实行均衡生产所需的那些规则性。同步生产就是要协调各个工序的加工速度，保证物料以相同的流动特征通过各个工序，提高输出的稳定性与可预测性。以固定的间隔期生产，减慢作业速度较快的工序，使物流运动的“鼓点节奏”统一化。

同步生产需要对物料按照其需求频率进行分类：

（1）频繁生产的物料，如每周一次；

（2）经常生产的物料，间隔期比频繁生产的物料更长一些；

（3）稀有物料：不经常生产，甚至偶尔才生产。

4.4.2 可用量（ATP）

综合计划全部基于预测；主生产计划考虑实际的客户订单。主生产计划面向生产，又联结销售。可用量/可签约量 ATP（Available To Promise）是指在一段时间中，生产数量多于客户订单的数量，是可以做出承诺的可用量。

ATP 告诉销售人员有多少数量的产品尚未被客户订购。在 ATP 数量内，可向新的客户承诺。如果再来的订单不能消化掉 ATP，销售部可折价销售，或要求生产部减少产量。

为了资源的计划和订单的安排，MPS 通常采用的时间期（Time Horizon）是 20 周或更多，取决于从物料最终项至所有组件叠加的提前期。MPS 的柔性取决于生产提前期、最终物料项所需组件、与顾客与供应商的关系、生产能力余量、管理层变革愿望等因素。

表 4-2 所示为主生产计划表的编制及更新过程。

表 4-2 主生产计划表

				批量		15
				提前期		1
当前在库量	23	1	2	3	4	5
预测量		10	12	8	14	20
确定的客户订单 Customer Orders（Booked）		8	5	4	2	0
预计期末库存量 Projected On-Hand Inventory		13	1	8	9	4
主生产计划收到量 MPS Quantity		0	0	15	15	15
主生产计划量 MPS Start		0	15	15	15	0
可用量 Available-to-Promise Inventory（ATP）		10	0	11	13	15

4.4.3 时界（Time Fences）

对 MPS 计划期间中的不同部分所允许的变化予以限制，常设定时界（如在第 4、8 周设定），确定允许的变化程度。时界产生了 4 个时区或状态。

冻结状态（Frozen）：计划不允许有任何的改变。

稳定状态（Moderately Firm）：允许产品族内部一些特殊的微小变化（只要所需部件可获得）。

灵活状态（Flexible）：允许某种程度较大的变化（只要总体能力需求水平基本保持不变）。

开放状态（Open）：允许任何的改变。

需求时界（Demand Time Fence，DTF）：在该计划点之后仅允许少许重要的改变（需主计划员批准的特殊客户订单）。

计划时界（Planning Time Fence，PTF）：在该计划点之后，MPS 允许变化（由主计划员手工输入）。

4.5 物料需求计划

4.5.1 物料清单及其表示

物料清单 BOM 作用于计算机识别物料、接受客户订单、编制计划、配套（装配）和领料、加工过程跟踪、采购和外协、成本计算、报价参考、物料追溯、改进产品设计等。系统可以采用多种方法描述物料清单，如单层法、缩进法、模块法、暂停法、矩阵法及成本法等。

产品树结构反映产品结构比较直观，通常树根部表示最终产品项目（0 层），以后依次是组成产品的部件与组件（1 层、2 层、3 层……）。层次码反映了某项物料相对于最终项目的位置。在树结构中存在着同一物料项同时出现于不同层次的情况，这种项目称为多层次通用件。多层次通用件出现在同一产品的不同层次，为了有利于 MRP 高效地计算每一物料的需求数量，引入“低层编码”，使同一物料有较低的相同层次码，如图 4-4 右图所示。

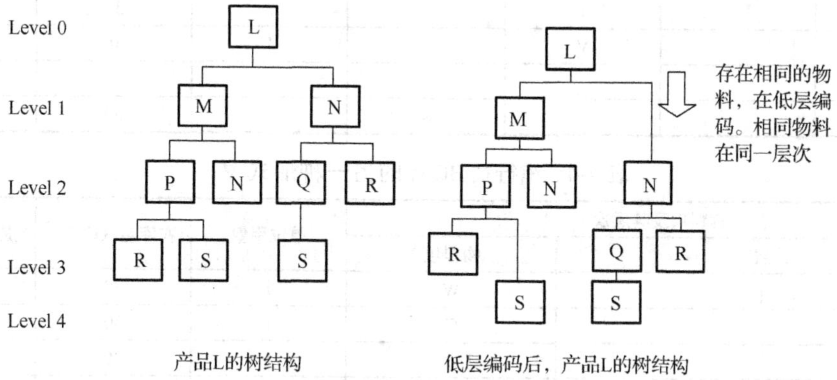

图 4-4 产品树结构与低层编码

想一想，在图 4-5 中，产品 W 的树结构是否符合低层编码原则？

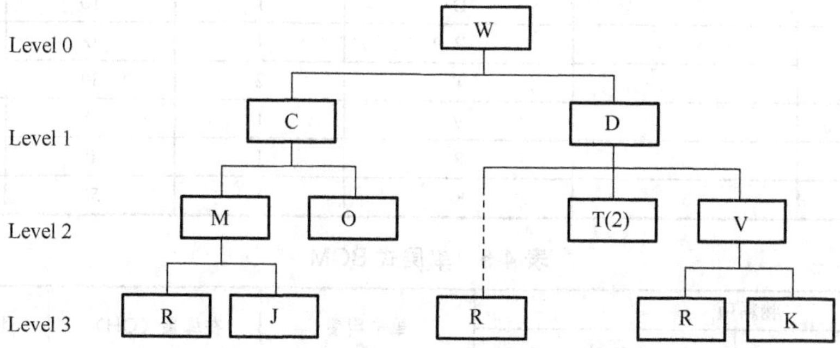

图 4-5 产品 W 的树结构

显然，应该将 D 的子件 R 放低一层，以便与 V、M 的子件 R 在同一层次。BOM 的形式有缩行式与单层式，表 4-3、表 4-4、表 4-5 表示了图 4-5 的产品结构。表中在库量（OH）指在一指定的时间段初某项目的在库量。在产品的不同地点使用时需进行分配决策，上表中 R 的量都分给了 M 件。提前期指某项目订单发布至接收到该项目的正常时间（即订单发出至订单完成的时间）。

表 4-3 缩行式 BOM

物料项				单位用量	在库量 OH	提前期（LT）
0 层	1	2	3			
W				1	30	1
	C			1	30	1
		O		1	20	1
		M		1	0	2
			R	1	15	1

续表

物料项				单位用量	在库量 OH	提前期（LT）
0层	1	2	3			
			J	1	0	1
	D			1	10	1
		R		1	0	1
		T		2	30	2
		V		1	0	1
			R	1	0	1
			K	1	50	2

表 4-4　缩行式 BOM 的另一种形式 V

物料项及其层次			单位用量	在库量（OH）	提前期（LT）
层		物料项			
0		W	1	30	1
1		C	1	30	1
2		O	1	20	1
2		M	1	0	2
	3	R	1	15	1
	3	J	1	0	1
1		D	1	10	1
2		R	1	0	1
2		T	2	30	2
2		V	1	0	1
	3	R	1	0	1
	3	K	1	50	2

表 4-5　单层式 BOM

物料项		单位用量	在库量（OH）	提前期（LT）
父件	子件			
	W		30	1
W	C	1	30	1
W	D	1	10	1
C	O	1	20	1
C	M	1	0	2
D	R	1	0	1
D	T	2	30	2
D	V	1	0	1
M	R	1	15	1
M	J	1	0	1
V	R	1	0	1
V	K	1	50	2

4.5.2　MRP 计算逻辑

1．记录项目

每个库存项目作为一独立文件。每个组件的现有库存状态记录在一数据文件中进行维护，根据 MPS 中时间段的大小，可分为周或日的时间段（Time Buckets），每一时间段中的信息包括所需物料项的数量、预计在库量（OH）及物料项现有订单的计划接收量等。

保留量（已分配量）AL（Allocated）：表示该物料已被指定用于某张已发出的订单，预定从仓库中领出但实际尚未领出的数量。（制造订单/采购订单已发出，尚未领料。）

毛需求量 GR：MRP 的起点，在一特定时间内完成的总数量或项目需要的总数量。约定：该数量要在每期的开始完成。如在第 6 周需要 120 件，则第 6 周周一的早上要完成 120 件。

计划收单（在途量）SR：已经发出，且已计划好在一确定日期到达或完成的订单。

在库量 OH：在一指定的时间段，某物料项的在库量。在产品的不同地点使用时，需进行分配决策。

净需求量 NR：毛需求量中扣除可利用库存量。

$$NR=GR-OH-SR+AL+SS$$

式中，GR、OH 为未来的期望数量；SS 为安全库存量。

计划订单收料 PORC：考虑计划订单的批量经济性，满足净需求的计划订单收到的数量。

计划订单发出 POR：考虑订单提前期，发出订单以满足未来的需求。

2. 批量规则

介绍三种批量方法：逐批法 LFL、固定批量法 FOQ 与定期订货量 POQ。

（1）逐批法 LFL（Lot-For-Lot）采用逐批法：PORC=NR，降低了库存持有成本，但当 NR 很小时，订货会量小且频繁，增加准备费用。

（2）固定批量法 FOQ（Fixed Order Quantity）对每笔订单确定一个固定的数量。可根据实际考虑或简单的成本分析设定任何数量，如采用 EOQ 标准。这一方法克服了逐批订货的高额准备费用。但当需求高度不确定时，固定订货量与需求不能匹配，且容易引起低层物料项需求的急剧扩大。

（3）定期订货量 POQ（Period Order Quantity）确定一个不变的订货间隔期。每隔 T 期就发出一个订单，每次订单下达的数量为下一 T 期净需求量的总和。

当 T=1 时，POQ 批量大小与 LFL 批量相同。订货间隔期 T 的确定：

- 实际中 T 经常为方便而定；
- 确定 T 的系统方法是基于历史记录或平均经济订货量，如

$$\text{年订货次数}N=\frac{\text{年需求量}}{\text{平均订货量}}$$

所以

$$T=\frac{\text{每年期数}}{\text{年订货次数}N}$$

MRP 采取分期订货，每一订单有提前期，订单数量至少满足净需求。采用逐批法，使 POR 批量与分期的 NR 数量相同。实际上 POR 的批量设定可获得潜在的经济性：减少准备费用；减少订货费用；减少库存持有成本。

3. 库存事务

库存状态文件通过及时传递库存事务保持更新，变化是由于入库、出库、残料损失、部件损坏、订单取消等引起的。

4.5.3 MRP 步骤

MRP 步骤如下。

（1）最终物料项计划确定，独立需求的时间及数量与主生产计划 MPS 相对应。

（2）从 GR 到 POR：由 GR 的“净化”确定净需求量 NR，POR 考虑提前期“前置”，满足 NR。

（3）较低层次物料项计划确定，依赖需求物料项的 GR“继承”其父项的 POR，以保证上层的承诺实现，按期交付。

（4）再从物料项的 GR 到 POR，经过第（2）步的“净化”与“前置”。

（5）本层的所有物料项的 POR 都确定后，再传承至下一子层的 GR，由 GR 到 POR。

MRP 程序举例

产品 W 的结构树如图 4-5 所示，假定第 1 周的 OH 与 SR 数量、各物料项目提前期已给定（如表 4-6 所示）。又假定 W 的第 6 周毛需求量为 120 件，试开发其 MRP。

表 4-6 单层式 BOM

物料项		单位用量	OH	SR	LT
父件	子件				
	W		30	40	1
W	C	1	30	10	1
W	D	1	10	0	1
C	O	1	20	0	1
C	M	1	0	5	2
D	R	1	0	0	1
D	T	2	30	20	2
D	V	1	0	10	1
M	R	1	15	0	1
M	J	1	0	0	1
V	R	1	0	0	1
V	K	1	50	10	2

表 4-7 表示了 MRP 开发的全过程。从产品结构树的第 0 层 W 开始，经过需求的“净化”（120–70=50）、提前期前置（第 6 周有需求提出，第 5 周就要开始生产，因为生产提前期为 1 周），获得发布的计划订单（第 5 周计划生产 50 个）；然后确定产品结构树的第 1 层物料 C、D 的计划订单：生产 50 个 W，需要多少个子件 C、D 呢？根据 1 个 W 对 C、D 的需求量即可确定，此为 C、D 的毛需求量，这叫做子件“继承”父件；分别对 C、D 按照 W 计划订单的相同方式（需求量净化、提前期前置）即可确定其计划订单。按照相同的方法，进入结构树的第 2 层，逐一确定 O、T、M、V 的计划订单；最后进入结构树的最后一层，即第 3 层，分别按照“继承—净化—前置”三步骤确定 J、K、R 的计划订单。

表 4-7 产品 W 的 MRP 运算表格

Item W（LT=1）		0	安全库存	0		批量 L4L	
	1	2	3	4	5	6	7
毛需求 GR						120	0
在库量 OH（期初）	30	70	70	70	70	70	0
在途量 SR	40						

续表

Item W（LT=1）		0	安全库存	0		批量 L4L	
	1	2	3	4	5	6	7
净需求量 NR	0	0	0	0	0	50	0
计划订单收料 PORC	0	0	0	0	0	50	
计划订单发布 POR	0	0	0	0	50	0	
Item C（LT=1）		0	安全库存	0		批量 L4L	
	1	2	3	4	5	6	7
毛需求 GR	0	0	0	0	50	0	0
在库量 OH	30	40	40	40	40	0	0
在途量 SR	10						
净需求量 NR	0	0	0	0	10	0	0
计划订单收料 PORC	0	0	0	0	10	0	0
计划订单发布 POR	0	0	0	10	0	0	
Item D（LT=1）		0	安全库存	0		批量 L4L	
	1	2	3	4	5	6	7
毛需求 GR	0	0	0	0	50	0	0
在库量 OH	10	10	10	10	10	0	0
在途量 SR	0						
净需求量 NR	0	0	0	0	40	0	0
计划订单收料 PORC	0	0	0	0	40	0	0
计划订单发布 POR	0	0	0	40	0	0	
Item O（LT=1）		0	安全库存	0		批量 L4L	
	1	2	3	4	5	6	7
毛需求 GR	0	0	0	10	0	0	0
在库量 OH	20	20	20	20	10	10	10
在途量 SR	0						
净需求量 NR	0	0	0	0	0	0	0
计划订单收料 PORC	0	0	0	0	0	0	0
计划订单发布 POR	0	0	0	0	0	0	
Item T（LT=2）		0	安全库存	0		批量 L4L	
	1	2	3	4	5	6	7
毛需求 GR	0	0	0	80	0	0	0
在库量 OH	30	50	50	50	0	0	0
在途量 SR	20						
净需求量 NR	0	0	0	30	0	0	0
计划订单收料 PORC	0	0	0	30	0	0	0
计划订单发布 POR	0	30	0	0	0	0	0
Item M（LT=2）		0	安全库存	0		批量 L4L	
	1	2	3	4	5	6	7
毛需求 GR	0	0	0	10	0	0	0
在库量 OH	0	5	5	5	0	0	0
在途量 SR	5						
净需求量 NR	0	0	0	5	0	0	0
计划订单收料 PORC	0	0	0	5	0	0	0
计划订单发布 POR	0	5	0	0	0	0	0

续表

Item V（LT=1）		0	安全库存	0		批量 L4L	
	1	2	3	4	5	6	7
毛需求 GR	0	0	0	40	0	0	0
在库量 OH	0	10	10	10	0	0	0
在途量 SR	10						
净需求量 NR	0	0	0	30	0	0	0
计划订单收料 PORC	0	0	0	30	0	0	0
计划订单发布 POR	0	0	30	0	0	0	
Item J（LT=1）		0	安全库存	0		批量 L4L	
	1	2	3	4	5	6	7
毛需求 GR	0	5	0	0	0	0	0
在库量 OH	0	0	0	0	0	0	0
在途量 SR	0						
净需求量 NR	0	5	0	0	0	0	0
计划订单收料 PORC	0	5	0	0	0	0	0
计划订单发布 POR	5	0	0	0	0	0	
Item K（LT=2）		0	安全库存	0		批量 L4L	
	1	2	3	4	5	6	7
毛需求 GR	0	0	30	0	0	0	0
在库量 OH	50	60	60	30	30	30	30
在途量 SR	10						
净需求量 NR	0	0	0	0	0	0	0
计划订单收料 PORC	0	0	0	0	0	0	0
计划订单发布 POR	0	0	0	0	0	0	
Item R（LT=1）		0	安全库存	0		批量 L4L	
	1	2	3	4	5	6	7
毛需求 GR	0	5	30	40	0	0	0
在库量 OH	15	15	10	0	0	0	0
在途量 SR	0						
净需求量 NR	0	0	20	40	0	0	0
计划订单收料 PORC	0	0	20	40	0	0	0
计划订单发布 POR	0	20	40	0	0	0	

4.5.4 MRP 的更新

MRP 的更新包括以下内容。

（1）重新生成（Regeneration），以固定的周期（每周）检查全部文件。即使仅需要很小的改变，所有物料项的记录被重新生成。重新生成法成本大、记录精度差（变化的发生与文件更新时间不同步，有较长的滞后期）。很多公司使用该方法，运行频率加快（如每天跑一次）。

（2）净改变（Net-change），仅改变需更新的记录，只重新评估受事务处理和订单重新发布影响的物料项。MRP 系统是在线的，任何事务处理可实现输入，订单可实时发布。需要授权某人频繁地输入变化的参数。

一般而言，最终项目需求稳定，变化较小时用重新生成法；最终项目需求不稳定，变化频繁时用净改变法。净改变法易导致系统潜在的不安定性。

MRP 报告

MRP 主要报告包括以下内容。

（1）计划订单（Planned Order）：未来的采购及制造计划订单安排，满足所有物料需求。

（2）订单发布通知（Order Release Notices）：计划订单的时间期到来时，建立订单并发出，对于自制部件发至内部生产工厂/车间，采购件就发至外部供应商。订单一旦发出，计划订单就变成计划收单（在途量）。

（3）开放订单的预期变化。

（4）开放状态订单的取消/中止。

（5）库存状态数据。

MRP 次要报告包括以下内容。

（6）计划报告，如某段时期内库存需求预测报告。

（7）绩效报告。

（8）例外报告，指出计划中重要的偏差，如订单延迟。

物料需求计划提供订单的基本日期，生产作业计划根据它确定订单和工序的开始日期和完成日期。

4.6　资源需求计划与产能计划

4.6.1　资源需求计划 RRP

资源需求计划考虑满足综合需求所需的资源数量。资源需求计划检查满足预测需求所需的生产能力与现有资源能力。资源以能力水平（Capacity Level）度量。能力水平指最大的输出率或可获得的最大时间数。

长期计划与瓶颈运作要考虑关键资源，关键资源是指短缺或难以获得的资源，包括特殊的工作中心、设备、劳动力技能等，关键资源限制了整个过程的能力。

组织可获得能力依赖于轮班数量、每周工作天数、加时策略、现有劳动力、工人效能、设备水平等因素。可获得能力基于可行的情况，而不是理论情况。昂贵的设备可以以高的利用率运行，将最大能力视为 21 班/周（3 班/天，7 天/周），而一般计划将最大能力设为 15 班/周，正常能力设为 5～10 班/周。实行准时化生产（JIT）与全面质量管理（TQM）的公司从不基于最大能力安排计划，而是考虑设备的故障、维修、工艺变化及紧急情况。基于最大能力安排计划的公司没有时间进行过程的改善与工人的培训等活动。

明确以下两个概念。

资源表（Bill of Resource，BOR）：生产单件产品所需资源（工作中心或机器）与标准总时间列表，包括产品生产所有阶段的部件生产及装配时间。

人力表（Bill of Labor，BOL）：资源表的一种。资源为人力资源。

案例：已知表 4-8、表 4-9 的数据，以产品 X（由部件 A 与 B 装配而成）作为产品族 K 的代表，估计产品族 K 未来四年资源需求。

按工作中心汇总时间，得到资源表 BOR。根据资源表与产品族产量预测，可估计产品族未来的资源需求（产量 X 每一资源的单件标准小时），如表 4-10 所示。假定铣床现有能力为 9500 小时/年，则未来 1、2 年就需要考虑增加能力。

表 4-8 产品 X 的工艺路线与工时

项目	工作中心	标准总工时（Hrs/Unit）
X	装配	0.6
A	切	0.33
	绞	0.86
	磨	0.31
B	切	0.45
	铣	0.72
	钻	0.56
	磨	0.41

表 4-9 产品族 K 未来四年年产量预测

年度	1	2	3	4
产量	12000	13000	13500	14000

表 4-10 产品族 K 未来四年资源需求

工作中心	年度	1	2	3	4
	产量 标准小时	12000	13000	13500	14000
绞汇总	0.86	10320	11180	11610	12040
磨汇总	0.72	8640	9360	9720	10080
切汇总	0.78	9360	10140	10530	10920
铣汇总	0.72	8640	9360	9720	10080
装配汇总	0.6	7200	7800	8100	8400
钻汇总	0.56	6720	7280	7560	7840

4.6.2 粗略产能计划 RCCP

粗略产能计划（Rough-Cut Capacity Planning）检查主生产计划的可行性，在每个时间段，比较工作负荷（与 MPS 数量联系）与现有资源能力，以保证短缺资源、关键资源不超负荷。RCCP 通常用于最终项目。

负荷表（Load Profile）：生产单件最终项目所需的每项资源的标准总工时列表（考虑提前期的资源列表）。

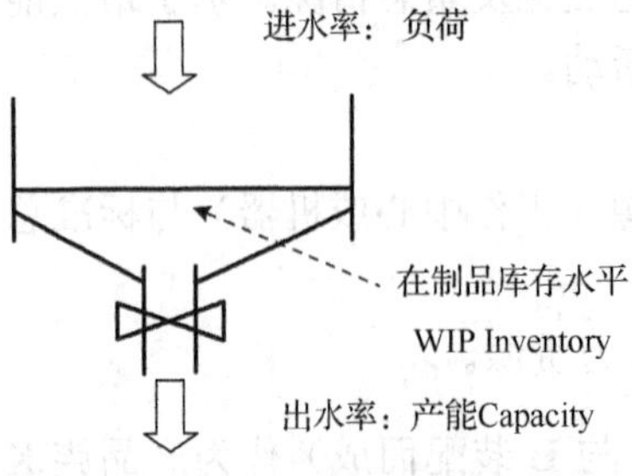

图 4-6 负荷与产能概念的区别

资源负荷表（Resource Profile）：特定时段内，生产给定数量的最终项目所需某项资源的标准总工时数。

图 4-6 所示为负荷与产能概念的区别。

案例：产品 X 由部件 A 与 B 装配而成，已知表 4-8、表 4-11 中的数据，假定：每一批量 X 组装的提前期为 1 周，部件 A 提前期为 1 周，部件 B 提前期为 2 周。求该产品的分时段负荷表与各工作中心的资源负荷表。

为了安排产品 X 和组件 A、B 的生产，必须考虑提前期，从完成日期开始向后确定开始日期的排程过程，称为后推排程或分时段排程。

表 4-11　产品 X 的 MPS

周	4	5	6	7
MPS	300	400	200	500

针对 4～7 周的 MPS 数量，得到考虑提前期的生产数量，如表 4-12 所示。

产品产量与对应的工作中心所需标准小时相乘得到分时段负荷表，如表 4-13 所示。按工作中心进行分类汇总，则得到汇总的资源负荷表，如表 4-14 所示。

表 4-12　考虑提前期的产品 X 的生产数量

周	1	2	3	4	5	6	7
产品 X 的 MPS				300	400	200	500
装配			300	400	200	500	
绞 A		300	400	200	500		
磨 A		300	400	200	500		
磨 B	300	400	200	500			
切 A		300	400	200	500		
切 B	300	400	200	500			
铣 B	300	400	200	500			
钻 B	300	400	200	500			

表 4-13　产品 X 的分时段负荷表

周	1	2	3	4	5	6	7
装配			180	240	120	300	
绞 A		258	344	172	430		
磨 A		93	124	62	155		
磨 B	123	164	82	205			
切 A		99	132	66	165		
切 B	135	180	90	225			
铣 B	216	288	144	360			
钻 B	168	224	112	280			

表 4-14　各工作中心的资源负荷表

周 工作中心	1	2	3	4	5	6	7
装配汇总			180	240	120	300	
绞汇总		258	344	172	430		
磨汇总	123	257	206	267	155		
切汇总	135	279	222	291	165		
铣汇总	216	288	144	360			
钻汇总	168	224	112	280			

资源表与资源的现有能力比较决定 MPS 或资源能力是否需改变。若资源表超出了现有能力，MPS 须要调整，将超负荷时间段内的数量移向其他时间段，或在该时间段内增加能力（如加班等）。

4.6.3 能力需求计划 CRP

CRP 使用与 MRP 系统相连的 CRP 模块完成对 MPS 近期能力可行性的检查，CRP 与 RCCP 类似，使用 BOM、工艺路线顺序、作业标准时间计算资源负荷，但是 CRP 更加详细与精确，不再使用产品族的 MPS 计划，也不用毛需求量估计能力需求，而是利用 MRP 程序生成的 POR，考虑了在途量与在库量，能力的精确度比 RCCP 好得多。

CRP 主要关注 MPS 的近期部分，以决定这部分是否可行，是否可以冻结，MPS 的近期部分一旦被冻结，该部分遍及产品树的 GR、POR 也就确定下来了，将当前时间段的 POR 予以发布。在计算整体需求能力时，CRP 假定无限能力负载，累计每一时间段内所有订单的标准工时，而不考虑能力限制，传送到给定资源。所有订单的整体资源负荷计算出来后，CRP 模块考虑这些资源的最大可利用能力，如果发现超过能力，标识出该资源。

重排程与溯源（Rescheduling & Pegging）

多数 CRP 模块的局限性：虽然标识了过载的资源，但不能指出过载的源处，而等待计划员确定。简单的解决方案可能是推迟排程或大大超载，延长工作时间也不能满足需要。

通过溯源程序确定过载源或评估行动的潜在原因。溯源将组件的 GR 与产品树中与其向上连接的所有父件物料项的 POR 连接起来，按照这种方式再向上找，直到最终项。过载状态一旦标识，溯源就可以确定对这一过载有贡献的源。

满足能力约束的方法主要有增加能力、重排程及减少生产提前期。通常提前期的小部分时间（20%～30%）是准备与处理订单，大部分时间是工序间的运输、检验或工序前后的等待。采取以下三种方式减少提前期。

（1）交叉工序：工序全部完成之前就开始向下一工序交运。交运批量小于工艺批量。

（2）分割工序：使用多个并行的工作站完成同一工序。

（3）分割批：分解订单，快速执行一部分订单，然后再执行另一部分。

4.6.4 闭环 MRP（Closed Loop MRP）

闭环 MRP 理论认为主生产计划与物料需求计划（MRP）应该是可行的，即考虑能力的约束，或者对能力提出需求计划，在满足能力需求的前提下，才能保证物料需求计划的执行和实现。在这种思想要求下，企业必须对投入与产出进行控制，也就是对企业的能力进行校验、执行和控制。

将包含反馈回路的 MRP 系统，称为闭环 MRP，它可以根据系统生产能力考察生产计划的可行性（如图 4-7 所示）。闭环 MRP 在制订主生产计划后进行产能负荷分析（粗能力平衡），以决定主生产计划的可行性；物料需求计划计算出制造订单与采购订单后，进行生产能力的平衡；根据能力调整计划，还要搜集生产（采购）活动执行的结果及外部环境变化的反馈信息，作为制订下一周期计划或调整计划的依据。形成“计划-执行-反馈”的生产管理闭环，以有效地对生产过程进行计划与控制。

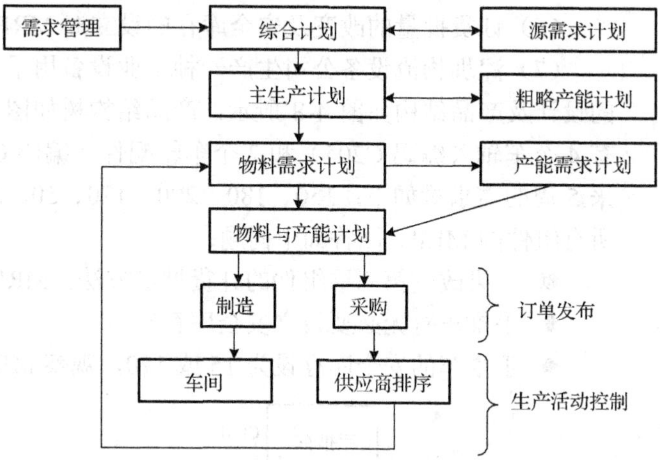

图 4-7　闭环 MRP

4.7　本章小结

在企业资源计划框架中，从面向企业战略目标的战略业务单元计划，到面向市场需求的综合计划 AP，到联结销售与生产的主生产计划 MPS，又到实现主生产计划的物料需求计划 MRP，最后形成产品生产所需的采购计划与生产作业计划。这个过程下来并未考虑企业的产能。因此，为了保证计划的可执行性，在相应计划层次就有了相应的约束：资源需求计划、粗略产能计划、详细产能需求计划。这样，当产能不能满足需求时势必要做出计划的调整。当需求或生产或供应出现了变化时，计划也要做出相应的调整，生产单元也需要重排计划。

无疑，MRP 计划体系适合大批量的平稳生产方式。采用 MRP 的计划方式，通过按产品 BOM 和工艺流程逐级推演，得到均衡生产条件下的生产计划，MRP 方法尚存在以下不足之处。

（1）提前期的变化对 MRP 的计划方式影响大。

（2）系统要求固定的工艺路线，工艺路线一旦变化对计划影响大。

（3）生产计划的过程在假定无限能力的条件下进行。

（4）仅考虑产品交付日期来安排生产计划，且对计划变动的反应能力有限。

近年来，APS（Advanced Planning & Scheduling，也称 Advanced Planning Systems）作为一种基于供应链管理和约束理论的先进计划与排程工具出现了，它包含了大量的数学模型、优化及模拟技术，APS 是一种在资源约束前提下的优化技术，既可用于单个企业内部的短期的计划与排产，又可跨越整个供应链进行计划协调。

思考题与习题

（1）说明基于 MRP 的生产计划与控制框架。

（2）什么是综合计划？区分综合计划与主生产计划。

（3）解释可承诺量 ATP。

（4）说明 MRP 程序的主要输入与输出。

（5）什么叫溯源？

图 4-8 手推车的设计

（6）订货批量的改变及安全库存的设立对 MRP 有何影响？

（7）深圳物流设备公司生产一种工业设备用手推车，这种手推车的设计及产品结构如图 4-8 所示，产品结构树如图 4-9 所示。企业现有 4 个车轴（编码 C205）和 2 个车轮配件（编码 C206）的存货。未来 5 周的需求量如下：150、180、200、120、50。运用逐批法，开发所有组件的 MRP。回答如下问题：

- 如果改变第三层组件的订货批量方法，MRP 会有何变化？
- 手推车有无必要设立安全库存？
- 手推车的安全库存设为 15 或 120，观察 MRP 的变化。

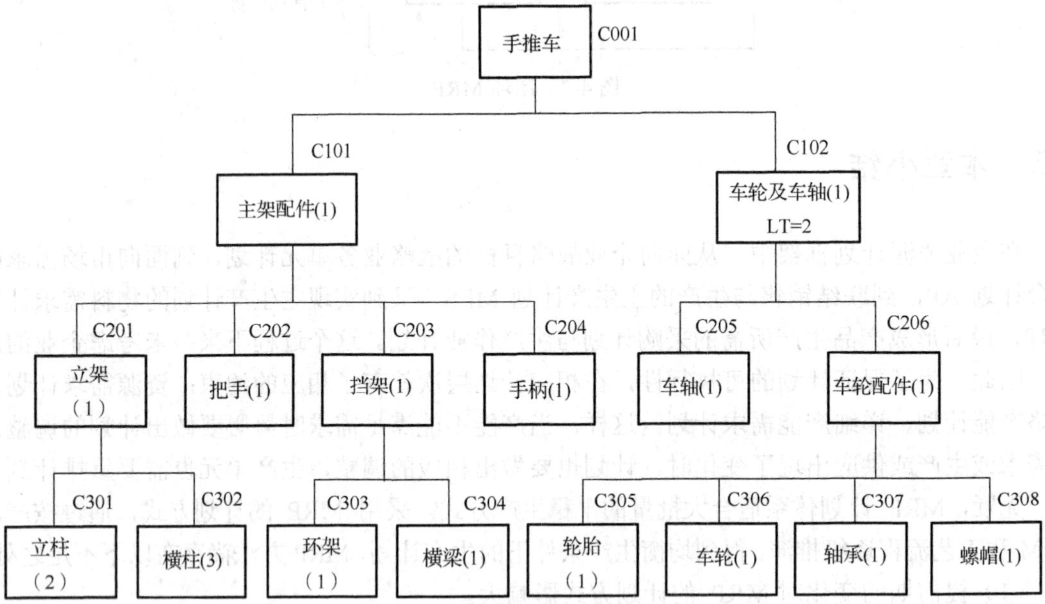

图 4-9 手推车产品结构树

（8）福特汽车公司的一系统供应商生产 X、Y 两种部件，福特公司对 X 的需求量：第五周为 300 台，第六周为 200 台，第八周为 250 台；Y 的需求量为第七周 400 台。该供应商的现有库存：X 为 100，Y 为 30，A 为 70，B 为 0，C 为 200，D 为 800。供应商确定的安全库存：X 为 50，Y 为 30。现已知：1 单位 X 由 1 单位 A、2 单位 B 组装而成，1 单位 B 由 1 单位 C 与 1 单位 D 装配而成；1 单位 Y 由 1 单位 C 与 4 单位 D 装配成。只有 X 存在在途量，预计第 2 周收到 250 台。各物料提前期如表 4-15 所示。试写出 BOM 表，并使用 MRP 表格开发 X、Y 的 MRP 计划。

表 4-15 物料项目的提前期

物料项目	X	Y	A	B	C	D
提前期	1	1	1	2	1	2

第5章　销售管理

5.1　概述

营销管理是为了实现各种组织目标，创造、建立和保持与目标市场之间的有益交换和联系而设计的方案的分析、计划、执行和控制。通过计划、执行及控制企业的销售活动，以达到企业的销售目标。销售管理从市场营销计划的制订开始，销售管理工作是市场营销战略计划中的一个组成部分，其目的是执行企业的市场营销战略计划，其工作的重点是制定和执行企业的销售策略，对销售活动进行管理。销售管理的重点在于对销售队伍的管理，需要对销售队伍的目标、策略、结构、规模和报酬等进行设计和控制。

销售管理的过程大致包括：制定销售计划及相应的销售策略；建立销售组织并对销售人员进行管理；制定销售人员的个人销售指标，将销售计划转化为销售业绩；对销售计划的成效及销售人员的工作表现进行评估。

销售管理系统应支持公司的产品销售与服务，本章将从如下几个部分介绍：

- 销售组织结构设计；
- 客户信息管理；
- 销售流程管理，包括售前服务活动、询价与报价合同管理、价格管理、销售订单处理提货发运、开票、退货处理；
- 查询、统计与分析。

5.2　销售组织结构设计

ERP 系统需要具有灵活设置销售组织机构的功能。销售机构由销售组织、分销渠道和产品组这些要素组成。

（1）销售组织：应设立一个或多个销售组织，代表企业管理中的销售单元。通过销售组织完成区域性的市场划分。销售事务是由某个销售组织完成的，包括用于管理销售业务的销售组织，内部销售管理机构及发货装运组织。销售组织下面可以划分分销渠道和销售的产品组。

（2）分销渠道：为了以最好的方式供应市场，销售和分销往往需要各种分销渠道。例如，典型的分销渠道有批发商、零售商、工业客户或来自工厂的直销。在某个销售组织内部，顾客可以通过多个分销渠道来获得产品。当然，与销售有关的产品数据，如价格、订单批量、交货批量及交货地点，依各销售组织和分销渠道的不同而有所区别。

（3）产品组：销售组织可以有特定的产品组。对于不同的产品组，可以规定不同的交货及支付条款。针对每个产品组，都可以执行统计功能。

（4）销售范围：销售组织、分销渠道及产品组的组合构成“销售范围”。例如，销售组织 1000、分销渠道 10 及产品组 01 的组合就组成了一个销售范围。通过销售范围，可以指明哪些产品系列能够通过某个分销渠道由哪个销售组织实现了销售。在销售范围内，可以进行销售分析工作，如某个销售范围的销售情况。“销售范围”的主要作用是为了有效地管理与销售有关的活动，包括定价、订单的分类处理和销售统计与分析。

（5）销售组织内部机构：销售组织机构由销售办公室、销售小组及销售代表构成。设置这些单元便于销售部门和人员的业绩考核和核算。

（6）装运机构：装运机构是独立的机构实体，装运机构需要做好装运计划、交货处理及仓库补货。产品装运需要指明交货的工厂、运输方式（如火车、卡车等），及装运所需的装载设备。系统通过发货装运地记录产品发货和装运的信息，其中包含发运产品、发运时间、发运数量，以及装运设备的使用、包装等信息。

图 5-1 所示为某制造企业的销售组织示例。

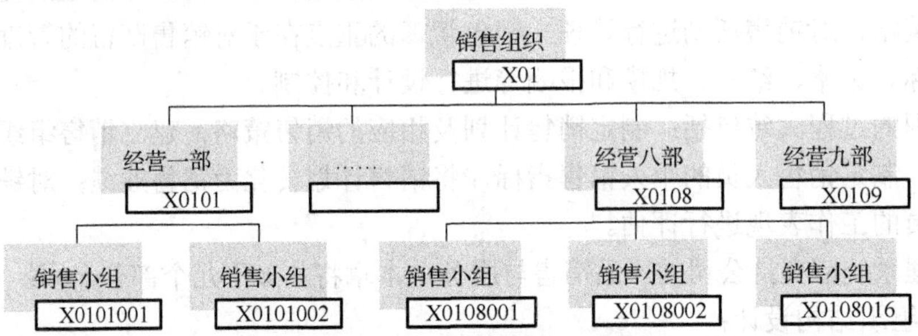

图 5-1 某制造企业的销售组织示例

在图 5-1 中，将销售公司设为销售组织，经营部设置为销售办公室，各经营部下设多个销售小组，每个小组内部多名销售员。图 5-2 所示为该制造企业的销售范围示例，按照面向客户的不同设置分销渠道，如大客户、代理商、最终用户等，产品组分为油品、定制设备、标准设备 1、设备 2 等。企业可以根据销售定价、权限管理、销售统计分析和业绩考核的业务需求来设计销售组织的结构。

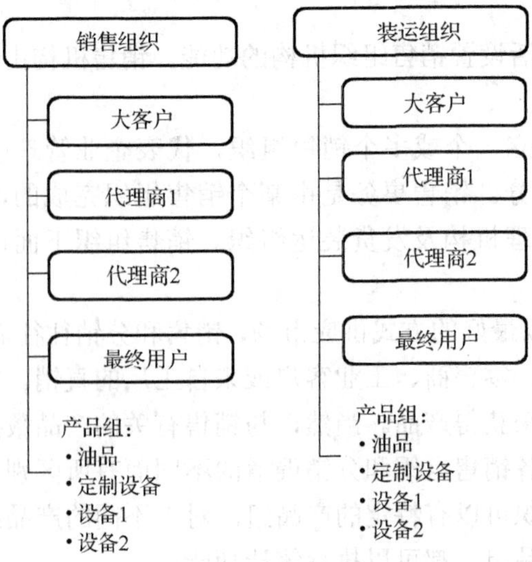

图 5-2 某制造企业的销售范围示例

5.3 客户信息管理

随着市场竞争的加剧，以及竞争模式越来越朝着“以客户为中心”的方向发展，只有强化客户信息管理，维持良好的客户关系，保持客户忠诚度，确保满意度，才能保证企业在市场上获取竞争优势。

5.3.1 客户信息

客户信息是指客户喜好、客户细分、客户需求、客户联系方式等一些关于客户的基本资料。客户信息主要分为描述类信息、行为类信息及其他关联的信息。

（1）描述类信息。客户描述类信息主要是用来理解客户的基本属性的信息，如个人客户的联系信息、地理信息和人口统计信息，企业客户的社会经济统计信息等。这类信息主要来自于客户的登记信息，以及通过企业的运营管理系统收集到的客户基本信息。这类信息的内容大多是描述客户基本属性的静态数据，其中一些信息往往涉及客户的隐私，如客户的住所、联络方式、收入等信息。在实际情况中，经常有一些企业知道为多少客户提供了服务，以及客户购买了什么，但是往往到了需要主动联络客户的时候，才发现缺乏能够描述客户特征的信息和与客户建立联系的方式，或是这些联络方式已经失效，这都是因为企业没有很好地规划和有意识地采集和维护这些客户描述类信息。

（2）行为类信息。客户的行为类信息一般包括客户购买服务或产品的记录、客户的服务或产品的消费记录、客户与企业的联络记录，以及客户的消费行为、客户偏好和生活方式等相关的信息。这类信息可帮助企业的市场营销人员和客户服务人员在客户分析中掌握和理解客户的行为。客户的行为信息反映了客户的消费意向或是决策过程。行为类数据一般都来源于企业内部事务处理系统的交易记录、企业呼叫中心的客户服务和客户接触记录，营销活动中采集到的客户响应数据，以及与客户接触的其他销售人员与服务人员收集到的数据信息。有时企业从外部采集或购买的客户数据，也会包括大量的客户行为类数据。客户偏好信息主要是描述客户的兴趣和爱好的信息，如有些客户喜欢户外运动，有些客户喜欢旅游，有些客户喜欢打网球，有些客户喜欢读书。这些数据有助于帮助企业了解客户的潜在消费需求。

与客户描述类信息不同，客户的行为类信息主要是客户在消费和服务过程中的动态交易数据和交易过程中的辅助信息，需要实时地记录和采集。如电子商务网站记录了网上客户购物的交易数据，如客户购买的商品、交易的时间、购物的频率等。对于电子商务网站来说，点击数据流记录了客户在不同页面之间的浏览和点击数据，这些数据能够很好地反映客户的浏览行为。在拥有完备客户信息采集与管理系统的企业里，客户的交易记录和服务记录是非常容易获得的，而且从交易记录的角度来观察往往是比较完备的。但是需要认识到的是，客户的行为信息并不完全等同于客户的交易和消费记录。要获得客户的行为特征往往需要对客户的交易记录和其他行为数据进行必要的处理和分析，然后将信息汇总和提炼。

客户信息的采集

客户信息采集指客户数据的采集、整理和加工。客户知识获取指客户信息的统计、分析和预测。不同的行业和企业定义客户的信息视图有所差别，企业需要通过客户的信息和行为来描述特征。从市场营销的角度，描述客户信息的变量可以分为人口信息、行为信息和价值信息三类。在每一类中又可以进行相应的细分。企业获取客户信息的来源主要来自企业内部已经登记的客户信息、客户销售记录、与客户服务接触过程中收集的信息，以及从外部获得的客户信息。很多企业也有意识地组织一些活动来采集客户信息，如经常采用的有奖登记活动，以各种方式对自愿登记的客户进行奖励，要求参加者填写他们的姓名、电话和地址等信息，这样的一些活动能够在短时间内收集到较大量的客户信息。这种收集客户资料的方法还包括：有奖登记卡和折扣券、会员俱乐部、赠送礼品、利用电子邮件或网站来收集等。

5.3.2 客户档案管理

客户信息管理系统需要针对不同客户细分种类，提供多样的客户管理功能，可以基于行为信息对客户进行全面的分析。

细分客户，可就其产品与客户进行更具针对性的沟通。可以根据销售领域、偏好的销售渠道、销售历史、文化观念、人口信息、产品喜欢等进行不同类别的细分，企业根据不同的客户制定相应的营销与服务策略。

客户名称、付款方式、付款期限等客户主数据是销售部门和财务会计部门业务运作的重要基础。客户的主数据管理，不但节省了数据输入量，节省了时间，提高了服务质量，而且客户订单的历史数据，通过销售信息系统的分析，可以作为生产计划的依据。

考虑到会计部门与不同的业务部门都对客户主数据进行存取。为了避免数据冗余，同时保证数据的一致性和集成性。客户主数据应分别在以下三个区域中保存。

（1）通用数据，包括客户地址和通信数据，这类数据通过客户编号来标识，在全公司范围内统一。

（2）公司级数据，包括银行账户、结算方式、付款条件等数据，主要是针对财务会计功能设计，这些数据在统一的客户编号下可以由会计部门维护和使用。

（3）销售数据，包括价格、交货和运输等信息，这些数据可以由销售组织确定，不同销售范围可以维护相应的数据。

将客户主数据分为这三部分，从数据管理角度分析可以减少数据冗余。从应用角度看有多方面的好处，首先在数据输入阶段能节省不必要的人力资源浪费，其次在管理层面可以建立统一的客户信息管理机制，避免同一客户多头管理，造成在制定针对客户的价格策略、信用风险控制时的混乱。

ERP系统可区分不同的客户功能类型，如代理商、经销商、付款方、购货方、发票方等。对于既是客户又是供货商的公司，ERP系统可以保存这些商业伙伴的记录：他们既是物料管理（MM）模块中的供货商，也是财务会计（FI）模块中的供货商、客户，又是销售模块的客户。ERP系统可在各模块间建立一体化连接。ERP系统还要提供适应不同要求的客户信息查询功能，并可提供相应标准报表，如对客户主数据依据相关共性进行统计分析。

5.3.3 客户信用管理

像SAP这样的ERP软件可以利用其财务会计模块的集成信息，来帮助企业执行信用管理政策，以最大限度地减少风险，加快销售合同处理。通过信用管理功能，可以根据不同的标准，进行客户信用检查；指定在销售周期中进行信用检查的时间点；通过指定方式将关键的信用状况及时通知信用管理人员。

在订单输入过程中，对客户的信用检查将会由系统自动执行，其中检查类型包括静态信用额度检查、过期未结项目、动态信用额度检查等，也可以根据具体的情况自行定义检查方式。在财务管理中定义信用额度，在销售管理中，执行信用检查；在结算和批准点，经过特殊的审批，也可以对超过信用额度的某些客户继续执行订单。

信用检查的类型可根据不同的信用额度控制区域、风险分类和信用等级的组合，定义信用检查的内容，如 SAP 可以提供多达 10 多种的检查内容，企业可以选择适合自己业务的内容，如最大的凭证值、过期的未结项目、动态信用额度检查、容许的最大催收限额等。SAP 的信用管理还可以提供一份信用额度的综合报表，全面介绍客户的信用状况。

5.4 销售流程管理

销售流程管理是一个完整的销售循环，从售前活动、订单处理、货源安排、发票处理到销售统计，如图 5-3 所示。

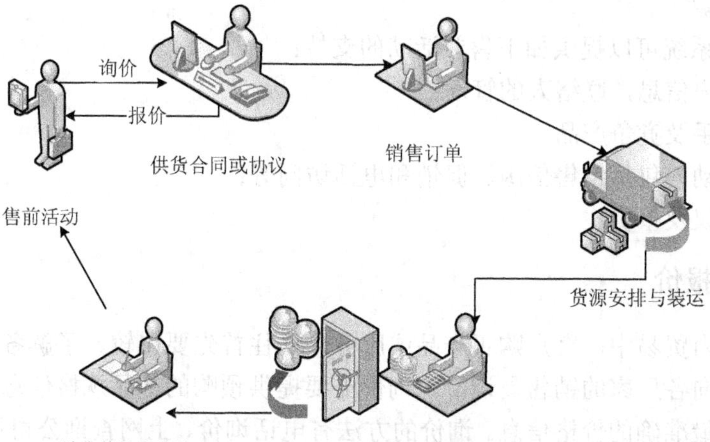

图 5-3 一般的销售流程环

公司的销售业务可能存在不同的模式，如内部销售模式、第三方销售。SAP 提供了多种销售模式，支持企业不同的销售业务。

（1）标准销售：货物发运后开票付款。

（2）现金销售：当即付款的销售。

（3）紧急订货：订货和发运同时进行，发票处理稍后。

（4）寄售：货物先发给分销商，当货物卖到最终客户后再结账。

（5）第三方销售：所销售的是第三方的产品，没有生产。

（6）包装物退还销售：客户在得到货之后，退还包装物。

（7）公司内部销售：公司内部子公司间的销售。

（8）退货换货处理：进行退货处理或生成一个信贷备忘录。

5.4.1 售前服务活动

企业要在剧烈的竞争中，不断开拓新的市场，吸引更多的顾客，就要在售前服务好顾客。顾客在决定购买某种产品而尚未决定购买某种品牌之前，在很大程度上取决于顾客对某种品牌熟悉的程度。顾客在购买决策做出之前，往往要搜集该品牌产品的性能、特长、技术、功能等信息，甚至要求掌握产品的操作使用规则或技巧。企业只有满足了顾客的需要，才能使他们从潜在顾客转化成现实的顾客。

另外，在产品竞争比较激烈的情况下，许多品牌只有细微的差别，消费者往往不易察觉。企业通过富有特色的一系列售前服务工作，一方面可以使自己的产品与竞争者的产品区别开来，树立自己产品或服务的独特形象；另一方面可以使消费者认识到本企业产品带给消费者的特殊价值，吸引更多的消费者。这样，就能创造销售机会，占领更多的市场份额。

售前服务是企业在顾客未接触产品之前所开展的一系列刺激顾客购买欲望的服务工作。售前服务的内容多种多样，主要是提供信息、市场预测、产品本地化、加工整理、提供咨询、接受电话订货和邮购、提供多种方便和财务服务等。售前服务的主要目的是协助客户做好规划和需求分析，使产品与服务能够最大限度地满足用户需要，同时也降低客户的总体拥有成本。

ERP的销售系统可以提供如下售前活动的支持：

（1）潜在客户信息，联络人的管理；

（2）竞争对手及竞争产品；

（3）销售活动，包括销售信函、促销和电话访问等；

（4）方案建议及报价。

5.4.2 询价与报价

在国际或国内贸易中，客户购买产品或服务，往往首先要比较、了解各厂家产品的价格等信息，就必然向各厂家的销售员询价。询价需要提供预购的产品规格信息及数量，询价的目的是从中获得最准确的价格信息。询价的方法有电话询价、上网查询公司报价、市场调查、获取厂家报价单等。

当收到客户的询价单时，卖方应考虑自己产品的成本、利润、市场竞争力等因素，报出可行的价格。一般报价的业务流程为：先进行成本核算，然后制作打印报价单，经审批后传真给客户。

投标报价则不同于贸易的报价，投标报价直接影响投标单位的投标成败。报价过高和过低都有其利弊，必须细化预算和成本、价格分析，从公司利益和长远战略目标出发，还应正确估计竞争对手的情况，有针对性地合理决定自己的报价。

5.4.3 合同管理

合同管理是指企业对以自身为当事人的合同依法进行订立、履行、变更、解除、转让、终止及审查、监督、控制等一系列行为的总称。其中订立、履行、变更、解除、转让、终止是合同管理的内容；审查、监督、控制是合同管理的手段。合同管理必须是全过程的、系统性的、动态性的。合同管理全过程就是由洽谈、草拟、签订、生效开始，直至合同失效为止。系统性就是凡涉及合同条款内容的各部门都要一起来管理。动态性就是注重履约全过程的情况变化，特别要掌握对自己不利的变化，及时对合同进行修改、变更、补充或中止和终止。

双方最后经过谈判、协商达成长期供货合同或协议，确定供货的产品价格、数量、包装、供货时间与地点、支付方式、有效期限等相关条款。SAP ERP 的合同管理支持数量合同、金额合同、服务合同、计划协议和内部合同等。执行发货的销售合同称为销售订单。

5.4.4 价格管理

1. 定价

产品或服务价格的确定需要充分研究产品或服务的价格制定和变更的策略，以求得营销效果和企业收益的最大化。影响定价决策的因素包括企业的营销目标、成本、顾客、竞争对手和其他外部因素。常见有六种定价策略：价格讯号、渗透定价、地区定价、形象定价、组合定价、互补定价。定价方法主要有竞争导向定价法、成本加成定价法、市场导向定价法等。

（1）竞争导向定价法。考虑需求价格弹性，通过研究竞争对手的生产条件、服务状况、价格水平等因素，依据自身的竞争实力，参考成本和供求状况来确定商品价格的定价方法。需求价格弹性指产品的需求对于价格的变动的反应。如果价格发生微小变动，需求量几乎不动，称为这种产品需求无弹性；如果价格的微小变动使需求量变化较大或很大，称为需求有弹性。

（2）成本加成定价法。以产品单位成本为基本依据，再加上预期利润来确定价格的定价方法。

（3）市场导向定价法。根据市场需求状况和消费者对产品的感知差异来确定价格的方法，也叫顾客导向定价法。因为，同样或者相差不大的产品或服务给不同的消费者带来的效用可以有很大的差别，不同的消费者价格敏感程度不一。考虑细分消费者的差异化、多样化定价对提高公司的收益至关重要。

另外，对于新产品初上市，有时定以高价格，在短期内获得厚利，尽快收回投资；有时也会定以较低价格，以获得销售量和市场占有率为目标。

为鼓励顾客及早付清货款，鼓励大量购买或淡季购买，企业可以采用价格折扣和价格折让的方式，酌情调整其基本价格。

ERP 提供销售定价功能，通过确定和应用有关的预先规定价格、附加费和折扣的办法对产品或产品系列（产品组）自动地实施定价，并且可以更改。根据与客户达成的协议，价格可取自于价格表，或取决于产品或产品的成本。价格一般只适用于规定的时间期限内，如价格表会周期性的变化，折价仅用于销售协议或促销期间。

2. 定价规则与程序

在规定的时间期限，定价规则考虑产品、客户、客户和产品的组合、客户组（即细分的消费者）和产品层次的组合。处理一项订单时，可以进行定价分析。该过程可通过 ERP 的自动程序实现可视化，因而有助于避免差错。

定价程序规定交易价格、附加费和折扣。定价程序需要确定系统是如何计算折扣率和附加费的，确定何种需求会触发定价程序的变动。

5.4.5　销售订单处理

ERP 系统所提供的销售订单处理包括了从询价——报价——订货，到最终销售订单输入完毕的全部活动。

（1）询报价处理。输入客户的询价请求之后，系统根据该客户档案的信息及价格策略和定价程序，生成相应的报价。其中包括了税计算、外币换算及成本核算。所有的询报价将限定在有效的期限中。

（2）销售订单输入。销售订单所需要的一些数据可以直接来自客户主数据。ERP 系统允许复制已有的询报价单作为销售订单的初稿，以减少订单的输入量，避免输入中的误差。

（3）客户信用检查。在输入订单时即自动进行信用检查。如果达到或超过信用额度，订单就被冻结。货物不能发出。信用控制负责人检查、联系，并决定是否批准放行，或者取消订单。

（4）货物可供量检查。输入产品种类和数量后，系统将自动检查该订货产品的当前可用量和交货期限。如果不能满足交货，系统则自动产生建议的交付期。

（5）发货点与运输路线的确定。根据事先的定义，系统能够自动为销售订单确定发运点和运输路线。同时也允许人工确定。

（6）订单完整性检查。当订单输入完毕，系统能够自动检查这张订单的所需要的信息是否全部包含在内。系统也会自动显示订单不完整的提示，以提示补充所缺少的数据。

（7）产品特殊配置处理。对于客户提出的对产品的特殊要求，如特殊的包装，能够为销售订单生成特定的产品配置清单。

5.4.6　提货发运

ERP 可审查订单期限，进行可用量检查，随即可创建与处理交货单据，仓库管理系统根据单据拣货、配货，创建发运凭证，即可发出货物。可以使用总览进行事务的控制，以发掘潜在的瓶颈，如图 5-4 所示。

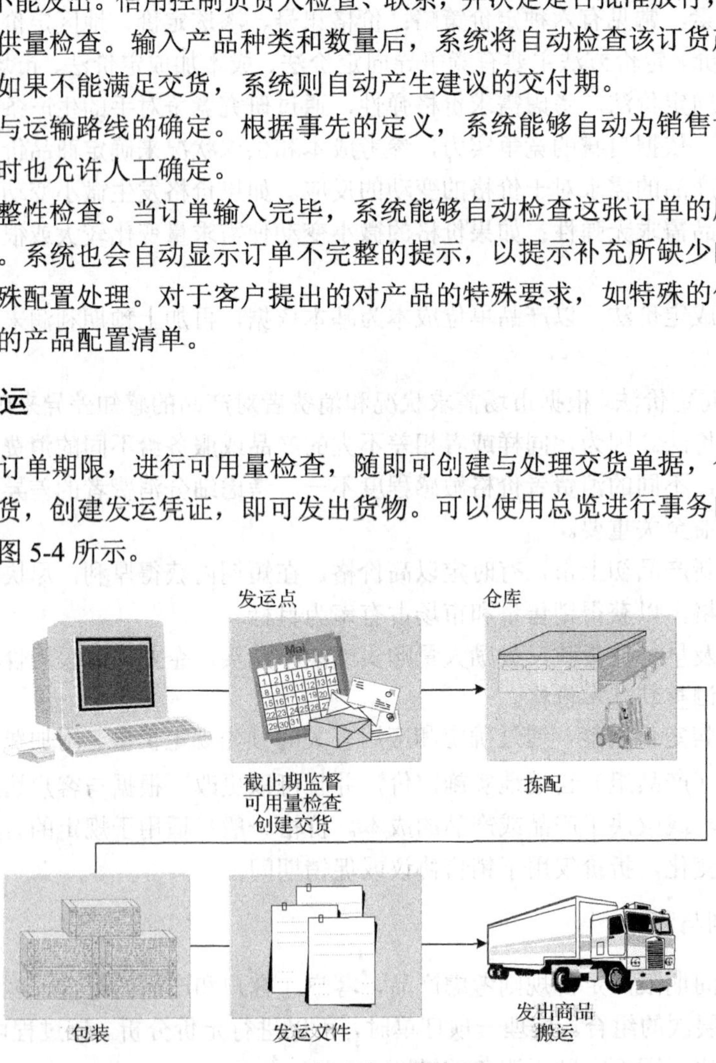

图 5-4　提货发运的流程

发货过账后，自动更新仓库库存，按照相应的金额更新库存科目，完成发运请求，更新有关销售和交付的文档，为发票创建项目清单。

5.4.7 开票

ERP 系统应支持以下三种开票的方法。

（1）单开：对每笔交货提供一张单独的发票。

（2）总开：对多笔交货提供一张汇总的发票。

（3）分开开：将一张销售订单分成多张发票。

另外，对分期付款发票、形式发票、发票清单等形式的管理也应有灵活的支持功能。对于公司业务处理的支持方面，应该能够定期开具发票、到期出具发票或根据完成进度出具发票。

5.4.8 退货处理

ERP 系统应提供退货退款和退换货（退货补货）的功能，图 5-5 所示为 SAP ERP 中的流程。

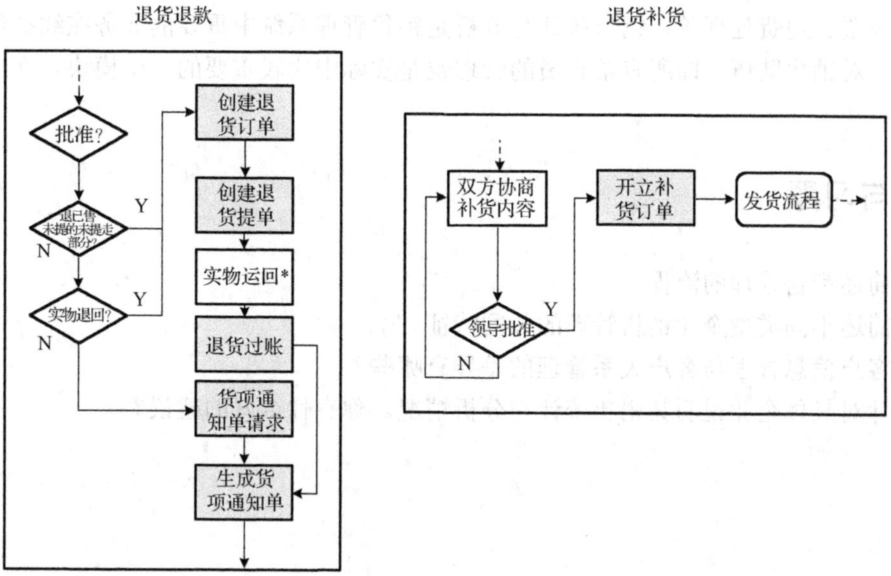

图 5-5 退货退款、退换货的流程

5.5 查询、统计与分析

销售管理中，记录各种销售活动的单据有很多，如询价单、报价单、订单、提货单、产品出库单、发票、退货单等。这些销售凭证能够按照处理流程步骤的顺序，一个连接一个，形成销售信息流。通过销售凭证流，能够监控销售状态，跟踪销售订单的进展情况。这些凭证的数据作为第一手数据保存下来，形成销售中的历史数据。

销售分析以销售历史数据为基础，对历史销售情况进行定量分析，以评价销售绩效，评估销售业务的潜力，发现销售不足及新的销售机会，进而改善销售战略。产品销售情况可以按照客户组、产品组、分销渠道、销售范围、销售机构等进行单项或组合分析。可进行同比分析、趋势分析、结构分析、排行榜分析、差异分析等。可以采用报表或图形分析工具，如柱状图、趋势图、排列图等。

ERP 的销售统计系统可以回答如下问题。

（1）谁是规模最大的客户？谁是增长最快的客户？可以进行排列。

（2）每个客户的利润贡献是多少？在最近期间，对每样产品，利润和销售是如何改变的？

（3）哪种产品效益最好？哪种最差？在每个区域市场，产品应如何组合？

（4）在每个销售渠道，利润和销售如何改变？

（5）针对市场的变化，如何调整产品结构，扩大市场占有率，提高利润？

5.6 本章小结

ERP 销售管理系统建立在一定的组织结构基础上，系统中组织结构及其人员的部署是系统运行的前提；客户信息管理是实现客户关系管理的基础，客户信息是销售管理系统的主数据；销售业务包括了售前服务活动、询价与报价、合同管理、价格管理、销售订单处理、提货发运、开票、退货处理等，销售统计与分析是销售管理系统中重要的业务在线智能分析功能。另外，对销售队伍，即所有销售员的管理也是实际中比较重要的一个模块，在此并未做专门介绍。

思考题与习题

（1）简述销售管理的流程。

（2）简述不同类型企业销售管理的共同特征。

（3）客户信息管理与客户关系管理的差异有哪些？

（4）针对具体企业说明其销售统计与分析情况。你有什么好的建议？

第 6 章　采购管理

6.1　概述

采购是指企业在一定条件下向供应商购买产品或服务的全过程。采购管理是从采购计划下达、采购单生成、采购单执行、到货接收、检验入库、采购发票的收集到采购结算的采购活动的全过程的管理，对采购过程中物流运动的各个环节状态进行严密的跟踪、监督，实现对企业采购活动执行过程的科学管理。

采购管理系统应支持多组织模式下采购的统一管理和规范，控制采购成本和资金占用，提高经济效益，发展供应链，为建立一体化供应链型公司战略提供支持。采购管理系统还应支持物资、工程、服务和办公用品等多类采购对象的采购业务管理。本章将从如下几个部分来介绍。

（1）采购组织结构。支持集团组织结构下的多级（二级或二级以上）采购管理体系。组织结构是整个采购系统的基础，也是系统岗位权限管理、定价制度、报表分析和财务集成的基石。

（2）物料主数据管理。主要包括集中化的物资/服务基本数据管理，旨在推进公司标准化工作，实现资源集中共享。

（3）供应商管理。

（4）可选择的采购方式。包括多种采办方式，如招投标采购、一次性采购、专一供应商或多供应商、战略协议采购等。

（5）采购流程管理。采购流程包括采购计划、采购申请、供应商管理、采购订单、货物接收、发票校验以及报表分析等环节，建立公司事前计划、事中控制和事后分析的采购管理体制。

6.2　采购组织结构

公司组织中的实体包括以下方面。

（1）集团公司：集团公司是组织单元的最高层。从系统角度来看，一个集团公司具有一个集中数据库，物料基本数据统一存放在集团级。

（2）公司：公司是在一个集团公司下的具有独立法人单位地位的实体，具有单独的公司代码。

（3）工厂：工厂是生产、计划或物流管理的基本组织，如某事业部的某工厂。

（4）采购组织或采购部门：负责采购物料或服务，与供应商协商采购条件。

（5）采购组：采购部门可分为若干个专业化的采购组，具有相关专业的采购员，采购组负责某些专业领域的采购，如原材料采购组、电子设备采购组等。

6.2.1 采购组织模式

采购组织模式主要有集中采购与分散采购，ERP 系统中细化为集中式的集团级采购、公司级集中采购、分散式工厂级采购，如图 6-1、图 6-2、图 6-3 所示。

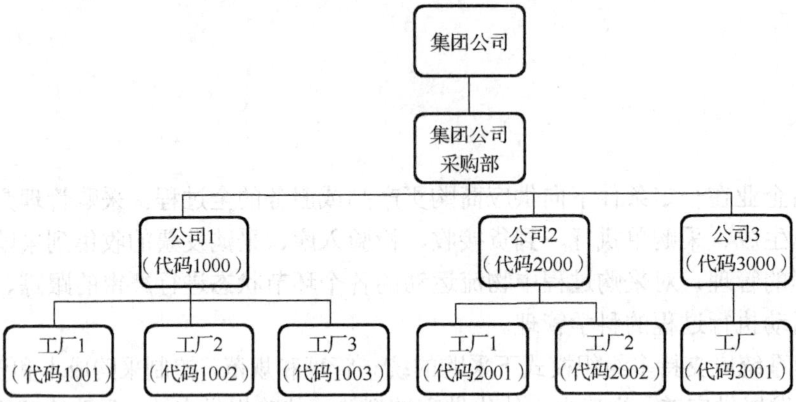

图 6-1　集中式的集团采购模式

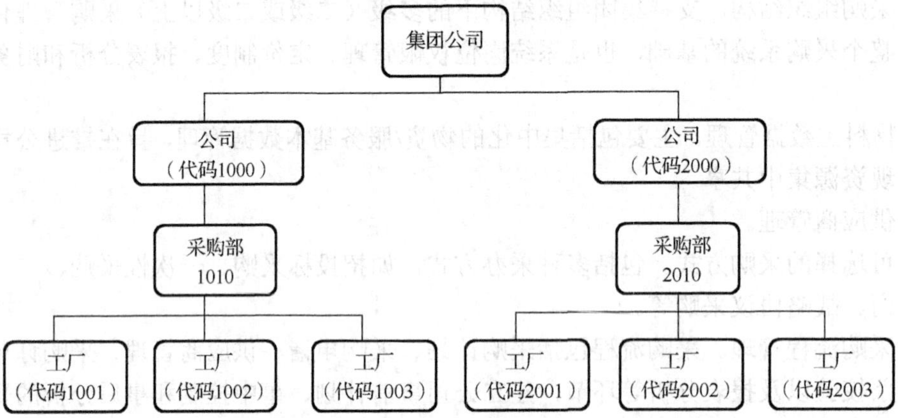

图 6-2　公司级集中采购模式

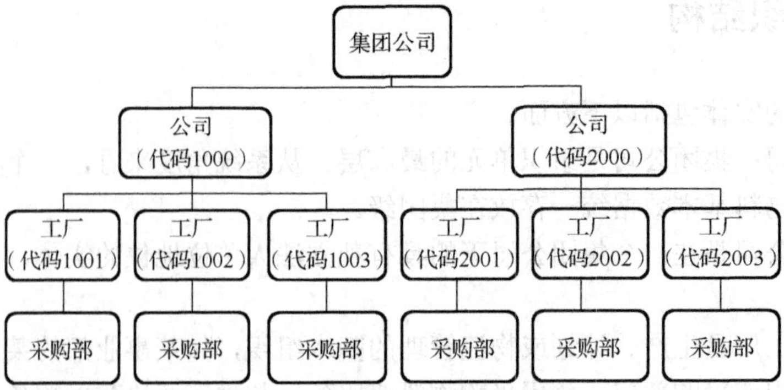

图 6-3　分散式工厂级采购模式

（1）集团级采购。集团公司设立集中的采购部门，负责集团内所有下属分子公司及其二三级单位的采购业务。分子公司负责提出采购需求，总公司汇总执行，采购物资可以直接送至需求单位或送至物流中心进行配送，进行库存协调平衡及对供应商资源集中管理。

（2）公司级采购。公司自行设立自属的采购组织，汇总公司范围内不同二三级单位的采购需求。

（3）工厂级采购。各个工厂自行设立单独的采购组织，只负责本工厂的采购。

实际中，企业可以根据管理制度需要，针对不同的采购对象及业务范围，灵活地设计采购组织形式，设计合适的组织结构。

集中采购是指企业在核心管理层建立专门的采购机构，统一组织企业所需物品的采购业务。通过采购量的集中来提高议价能力，降低单位采购成本，这是一种基本的战略采购方式。与分散采购相比，集中采购的益处主要体现在以下几个方面。

（1）有利于获得采购规模效益，降低采购成本和物流成本。

（2）有益于稳定企业和供应商之间的关系，得到供应商在技术开发、货款结算方式、售后服务等方面的支持与合作。

（3）集中采购责任重大，采购公开招标、集体决策的方式，可以有效地防止腐败。

（4）有利于采购决策中专业化分工和专业技能的发挥，同时也有利于提高工作效率。

（5）集中采购有利于所购物料的标准化。

ERP采购管理系统支持集中式的采购管理，主要体现在如下方面。

（1）集中式、分布式和混合式的采购组织架构。

（2）集中的物资基本数据及编码管理。

（3）集中的供应商及合同管理。

（4）集中化的业务流程管理。其中一个采购组织能够合并多个法人公司的采购申请，生成一张采购订单的能力是实现集中采购业务的关键。

（5）集中化的采购报表分析和供应商评估系统。

6.2.2 采购外包

由于现代企业经营所需要的物品越来越多，采购途径和体系也越来越复杂，使得企业的采购管理成本很高，影响了关键部件的采购管理绩效。因此，越来越多的企业开始将某些采购活动外包给主要合同商、承包商或第三方公司，这样与组织自己进行采购相比，利用承包商和第三方公司往往可以提供更多的经济利益和购买经验，从而使企业从目前与采购相关的繁重的日常事务管理及高成本中解脱出来。

从一般意义上讲，只有非战略性物品或非核心业务才有可能外包，这些物品和业务的外包不会给企业带来较大的负面影响，相反战略物品和业务活动无论多么复杂、成本多高都需要企业自己严格控制和运作。

6.3 物料主数据管理

采购的对象分为直接物料（BOM material）和间接物料（MRO material），直接物料将用于构成采购企业提供的产品或服务的全部或部分，间接物料将在企业的内部生产和经营活动中被使用和消耗。物料主数据管理是企业所有产品、原材料、备品备件、办公用品等物料的编码、描述和数据管理机制。公司采取集中的物料主数据管理方式有利于物料的统一，建立集中的采购模式。

6.3.1 物料分类

ERP系统提供了灵活的分类系统，用来分类产品、备件或材料，便于控制物料系列，是实现标准化的重要工具。不仅物料需要分类，而且供应商、客户、部门、工程等不同业务对象都需要分类。分类系统体系由以下四个层次组成。

（1）分类类型：确定分类对象基本类型，如“物料分类”、“供应商分类”、“设备分类”、“部门分类”等。

（2）分类：在类型内的分类原则，如物料类中的“油类”、“阀门类”、“泵类”、“电器类”等。

（3）对象：指具体的分类对象，如物料编号为“01”的润滑油（属于油类）。

（4）特征：用以描述对象的细节或选项，如“黏性”、“凝固点”、“厂家型号”、“材料”等，特征都有对应的特征值。特征值可用于用量的计算、批次确定、查询和统计分析。

可以对一个分类设置多个特征。当对特征分配数值时，系统将检查所输入的每个数值是数字型还是字符型，是否在允许的数值范围内，特征的数字是否正确等。

分类系统允许设置多层次的分类等级。可以用分类等级来建立一个系统的分类环境，以更容易找到每种分类。特征和特征值在等级内从一个高层分类继承给一个低层分类。

6.3.2 物料代码

物料由物料代码唯一确定。在实施管理信息系统所需进行的所有代码编制工作中，物料代码是最关键也是最重要的一环。因为很多其他信息或代码将会直接与物料代码发生关系。物料代码最基本的要求是物料号的唯一性及物料代码的字段长。目前经常使用的编码方法主要有以下三种：

（1）无赋意物料编码法；

（2）完整赋意物料编码法；

（3）简单赋意加特征属性物料编码法。

企业常见的编码方式是全意义编码，即编码的每个段都含有具体的意义，代码具有可读性且易于使用。但同时也会造成物料代码的数量变得很多，有时会造成海量的物料代码。另外，对于某些物料，很难事先确定所有可能的值，而造成事先无法完全进行穷举。物料的分类与完整赋意编码结构和示例如图6-4所示。

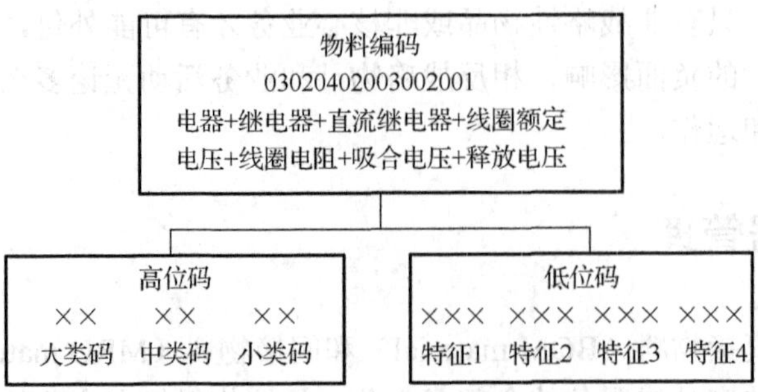

图6-4　物料的分类与完整赋意编码

当然，物料代码也可以不含有或只含有少量的意义，高位码采取有意义的编码，低位码采用流水号。这样只需要对特征进行设置和维护，产生编码时选择特征和特征值，物料代码可以按照流水号自动生成。维护过程当中，系统可以进行重码和错码的自动校验，极大提高编码的准确率。

采用这种分类进行编码，主要好处有以下几点：

（1）用户可以根据多维特征值进行编码的查询；

（2）支持任意多的特征定义；

（3）自动校验重码，强化遵守编码准则，减少重码和错误率；

（4）不同部门可以有不同的分类组合。

6.3.3 物料主数据视图

在分布式的ERP系统环境下，中央ERP系统的物料主数据需要和地方ERP系统的数据保持一致和实时的更新。分布式的主数据管理流程包括：物料及编码的本地查询、唯一性确认、本地申请编码、总公司集中审核、公司进行基本数据维护、本地与公司数据的同步更新及本地视图数据维护。

物料主数据的业务视图和企业的组织结构有关。例如，采购提前期和送货信息在每个工厂层定义，工程设计数据在集团层定义。ERP系统可以限制不同部门的用户只对业务范围内的数据负责。SAP的ERP系统用不同视图来区分不同业务范围的物料数据，如设计、销售及分销、采购、物料需求计划（MRP）、生产、质量控制、仓库管理、会计、成本等“拥有”相应的视图。用户可以修改主数据维护的视图选择及字段选择，并且可以增加公司特定的参数。同时可以规定必须输入的字段、字段内容检查、会计科目设置规则等。通过这种方式，也可以限制系统内的用户管理和访问权限。

6.4 供应商管理

供应商是指那些向买方提供产品或服务并相应收取货币作为报酬的实体，是可以为企业生产提供原材料、设备、工具及其他资源及服务的企业。有效的供应商管理是企业保持良好供应商关系，优化供应商队伍的基础，更是企业提高采购业务流程效率、采购质量，降低成本的关键因素。有效的供应商管理需要将供应商视作企业重要的资源来源与合作伙伴，建立集中的供应商资源库。供应商的信息可以来自于现有的采办信息系统、供应商关系管理系统、外部专业机构的供应商目录等。

6.4.1 供应商主数据管理

在公司的实际业务中，供应商主数据主要用于采购管理、运输管理和财务管理，不同的管理部门需要的供应商信息不同。公司主要供应商是由公司进行统一管理的，基本信息如编码和描述需要标准化。但是由于经营地区的广泛性和国际化，不同地区和公司的经营单位对同一供应商的管理信息可能不一致，如付款条件、供货日期等。

因此有必要采用分层的方法对供应商主数据进行管理，如图6-5所示，集团层的供应商信息，包括名称、地址、语言、电话等，对于每个分子公司来说都是统一的。在公司代码层各个公司可以根据与供应商的业务往来单独定义供应商信息，如付款条件、付款方式、开户银行、利息计算、统计科目。与采购相关的供应商信息，在“采购组织层”由采购部门统一维护。

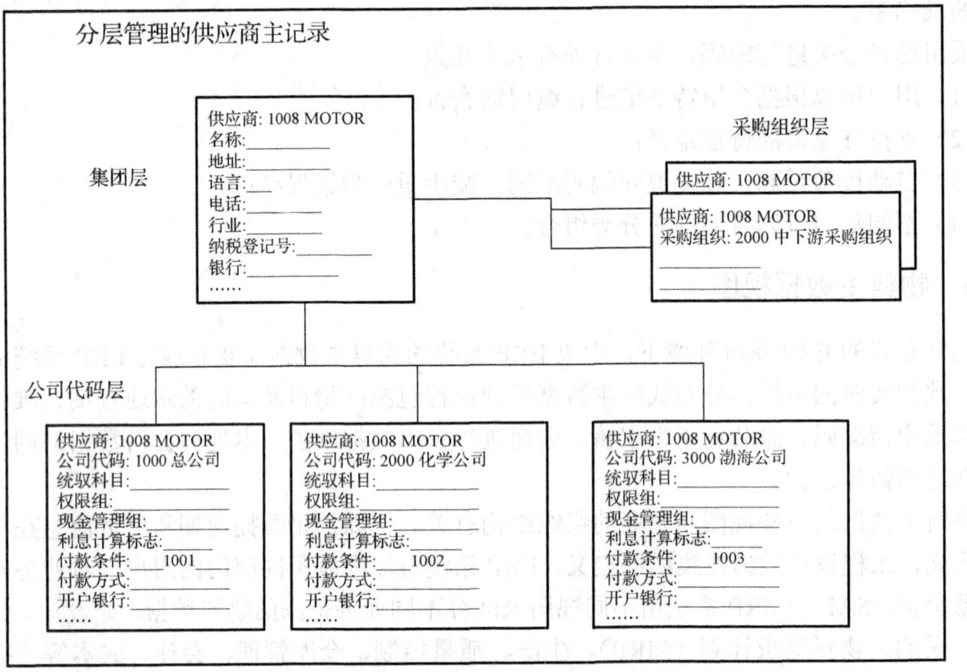

图 6-5 分层管理的供应商主记录

为了保证数据的一致性和集成性，同时满足不同组织和部门对信息的不同需求。SAP ERP 中的供应商主数据分别在以下三个区域中保存。

（1）通用信息。如供应商的名称，供应商的唯一编码、地址，增值税登记号，电话号码等。这类数据在全公司、全集团内统一。

（2）财务信息。财务部门关心的一些信息，如付款条件，结算方式等。同一供应商，在不同分子公司的情况可能不尽相同。这些数据在统一的供应商编号下可以按不同公司或工厂维护和使用。

（3）采购信息。不同工厂和法人公司采购部门对供应商数据也可能有不同的管理要求，如不同的交易货币，定价方式等，这些数据也需要在统一的供应商编号下按不同采购部门维护和使用。

很多情况下，公司与供应商只会发生一次业务。不必为每个单独的供应商建立一个主记录，而是建立“一次性供应商”主记录。

供应商往往是集团公司，公司需要和集团内不同的子公司发生业务往来。SAP ERP 的供应商主数据管理提供层次管理的功能，并且能够明确地区分供货方、合同方、开票方和付款方。

6.4.2　供应商名录和配额分配

供应商名录管理，包括某一物料的所有可能供应商及框架协议。如果该物料由两家或两家以上的供应商供货，那么可以在各供应商之间进行供应额度分配。公司需要制定合理的供应商采购计划，选择合适的供应商。

6.4.3 采购信息记录

采购信息记录是供应商的采购历史，详细记录了供应商的供货信息，包括价格条款、供货方式、交货期、结算方式。它既是供应商价格管理的有力工具，也是下次采购的重要参考。

在采购信息记录中，用户可以迅速获取以下信息：

（1）不同供应商提供物料的价格历史情况；

（2）供应商以前供应过的物料信息；

（3）供应过特定物料的供应商信息；

（4）当前和未来的价格及相应的价格条款。

公司不但可以在选择供应商、进行谈判时参考这些供货历史信息，更重要的是可以利用采购分析系统，对国内外供应商进行采购价格、批量、时机的分析，改善采购的策略，加强对供应商的全面了解。

在输入每次报价、框架协议、采购订单的时候，系统可以自动生成或更新采购信息记录。

6.4.4 供应商评估

供应商评估可以促进供应商做出更好的表现，也能够使企业科学客观地做出供应商的选择决策。一套供应商评估系统可以对所有供应商采用统一的标准进行考评，尽量减少个人主观印象的影响。通过供应商评估功能可以简化选择供应商的过程，及时为企业决策层提供决策参考。

ERP 系统中提供一些基本的评价指标，也允许用户根据需要自行定义其他指标，并按照这些指标在供应商绩效评价中的重要性给出其权重，如表 6-1 所示。为了使评估更加详细、具体，还可以将各个指标细分为若干个二级指标，并给定相应的权重，根据二级指标的得分再计算出其上层指标的得分。

表 6-1 供应商评估指标

一级指标	权重	二级指标	权重
价格 P	25%	价格水平 P1	%
		价格波动 P2	%
		成本管理 P3	%
质量 Q	45%	质量水平 Q1	%
		产品投诉 Q2	%
		质量审计结果 Q3	%
		抽检结果 Q4	%
交货 D	20%	交货准时 D1	%
		交货无差错 D2	%
		预先通知 D3	%
结算 A	5%	允许延期支付 A1	%
		无差错率 A2	%
服务 S	5%	响应时间 S1	%
		现场服务质量 S2	%

评分的方法可以有以下三种。

（1）自动计算：根据系统已有的数据确定分数。

（2）半自动计算：用户手工输入某些子标准的分值，然后系统计算总得分。

（3）手工输入：用户针对某个全局子标准直接输入某供应商的得分。

通过供应商评估系统，对所有的供应商进行客观的综合评分之后，ERP 系统可以将结果以各种形式输出以便进行分析。

（1）根据总分来显示供应商的排序。

（2）根据某个特定的指标进行排序，如质量、价格、服务、交货期等。

（3）根据某特定物料来显示供应商的排序。

系统能够对供应商评估的结果以日志的形式进行记录，以用于对供应商评估历史进行长期性的分析。

6.4.5 供应商关系管理

在确定供应商关系定位时，需要从物料类别出发，系统地分析影响关系定位的两大类因素：一类是公司对该类物料的需求特点，即该类物料对公司业务的影响；另一类是该类物料的供应特点，即该类物料的供应市场复杂程度。对这两类因素分别按高低两种因素水平考虑，就可以明了该类别供应商的重要性，并可以因此确定相互的合作关系的性质及相应的管理策略。

按照可供物料类别的供应商的具体情况，可以将其分为四类：战略型、利用型、瓶颈型和次要型。各类型的特点简述如下。

战略型：对业务影响较大，且供应市场复杂程度高，其价值占总采购额比例较大（通常为 6%～70%），供应商数量与规格数量较少（25%左右）。对这种类型的供应商由于公司业务对其依赖性较强，需要在管理上倾注较多的精力，适合于结成战略伙伴关系。

利用型：对业务影响较大，但供应市场复杂程度较低。其价值次于战略型（约 20%），而规格、供应商数量较多（70%）。对这类供应商应利用供应商对公司的依赖性，在管理上予以较多的控制，适合于保持骨干供应商，同时又引入其他供应商的竞争来增强采购地位。

瓶颈型：对业务影响较小，但供应市场复杂程度高，其价值较小（不到总额的 10%），技术要求复杂。因总需求量较少且技术复杂，对供应商吸引力小，常常成为制约供应商管理的瓶颈。对这类供应商需要公司对采购类别实施标准化以降低对供应商的依赖，或者寻找替代产品以改变不利地位，或改进产品结构、功能以减少对供应市场的依赖。

次要型：对业务影响较小，且供应市场复杂程度低。价值总量低（约 10%），标准化程度高，货源充分。对这个类别可以简化管理以提高效率，减少供应商数目以增强其吸引力。

6.4.6 供应商协同

供应商协同可实现企业与供应商之间的需求发布、补货和管理信息的共享与交换。采用供应商协同管理，企业在 ERP 系统中确定的订货信息会自动发布给供应商。这样，采购员不再需要花费大量时间用于发送传真、邮件等重复性工作，采购人员可以将时间更多地放在更有价值的工作上，如供应商质量改进、采购流程的改进和特殊情况的处理。企业可及时发布规范化的需求，避免订货错误，减少了对订单内容的来回确认。供应商协同管理应提供订单、需求计划、电子看板、供应商管理库存等不同的需求产生方式，使得企业可以根据零部件的体积、供货周期、价值等特征，采用适合的方式。支持基于现场消耗拉动的精益补货方式，使原材料的供货周期降低。供应商协同管理自动收集供应商的供货信息，根据评估策略计算供应商的评分，并通过网站发布给供应商，有助于供应商及时了解自身缺陷、采取改进措施，实现供货质量的持续改进。供应商协同管理的规范化信息格式、需求发布流程和供应商发货流程有助于减少意外情况的发生，有助于降低加急运输和生产线停线造成的额外成本。

SAP ERP 系统在供应商关系管理（SRM）中，运用了供应商门户（SRM Supplier Portal）功能模块实现与供应商的协同。通过该模块，供应商可通过此门户，进行订单管理及产品目录管理。由于将采购业务流程延伸至各个供应商，公司可更好地对整个采购流程进行监控，并提高整个业务流程的效率。SRM 供应商门户包括的关键功能有：供应商自助服务门户、订单流程管理、供应商维护目录、文件交换及与供应商绩效评估等。供应商可以查看信息、竞标、处理发票、下载文件，新的供应商可以注册提供信息，从而扩大供应商来源。企业门户功能实现了跨组织界限的协作。企业内外部用户都可利用协作工具与应用参与跨企业业务流程，从而极大地简化了供应网络中信息和流程的全面集成。

6.5 采购方式

针对采购需求和采购计划，采购部门可以采取多种方式确认供应源。以下我们列出 4 种常见方式。

6.5.1 招标采购

招标采购是指采购方作为招标方，事先提出采购的条件和要求，邀请众多供应商参加投标，然后由采购方按照规定的程序和标准一次性地从中择优选择交易对象，并提出最有利条件的投标方签订协议等过程。整个过程要求公开、公正和择优。

招标者刊登广告或有选择地邀请有关厂商，并发给招标文件，或附上图纸和样品；投标者按要求递交投标文件；然后在公证人的主持下当众开标、评标，以全面符合条件者为中标人；最后双方签订承包或交易合同。招标分为以下两种。

（1）公开招标，招标人以招标公告的方式邀请不特定的法人或其他组织投标。

（2）邀请招标，招标人以投标邀请书的方式邀请特定的法人或其他组织投标。

通过公开招标或邀标的方式，由不同供应商进行竞争性投标，进而确定供应商。电子招投标是在互联网上进行的竞争性招投标的过程，有时称为在线反向拍卖，就像在互联网上的现场“竞价”。原则与标准的纸面投标是完全一样的，只是运作方式不同。

电子招投标过程介绍如下。如果投标供应商具有预先资格并通过初审，他们会收到一份简短的投标者须知，通知他们下一次的招投标范围及截止日期。简要介绍招标的货物和服务的性质，特别是电子招投标将会怎样进行。提前两周左右发布标书文件，投标者获得电子招投标活动的时间和登录的详细信息及一些准备时间。电子招投标活动可能只持续几个小时，在此期间投标者登录，报出价格。允许投标人看到所有其他人提交的价格，但是投标人处于匿名状态。SAP ERP 系统以询价单的方式记录每次招标，并且记录每个供应商的报价及决标结果。系统可以全面管理招投标过程中涉及的各类标书、方案书、投标书等文档。询价单可以手工创建，也可以参照采购申请创建。系统可以维护价格、价格单位、报价比较过程、回绝/接受报价等。

招投标活动结束，电子招投标网站就会关闭。和书面招投标一样，会有一段标后谈判来阐明突出的问题。

招投标及竞标模块支持企业在选择供应商时设置招投标业务方面需求。通过该功能模块可协助企业将各类计划内、计划外及战略性需求通过一系列的招投标流程最终形成采购订单及采购合同。通过该功能模块所提供的自动决策支持功能，可更好地对参与招投标的供应商进行排序，确定入围厂商并可进行相关的业务模拟。ERP 采购系统的招投标重点在于行为的记录和报价记录的保存，并将决标结果转换为采购订单。除此之外，SAP SRM 系统提供更为强大的电子商务战略供应功能，可以执行标书制作、邀标方管理和网上招投标等业务。

6.5.2 一次性采购

对于价值不大的随机性采购，则可采取一次性采购的方式，直接选择供应商和议定价格，将采购申请转化为采购订单。

6.5.3 专一供应商或多供应商

采购与供应可以采取单一供应商或多供应商的方式。单一供应商的突出优点是可以激发供应商的忠诚度和工作的积极性，与供应商建立持久的紧密的关系，致命的弱点是一旦供应出现问题，运营系统会受到严重干扰，且易受制于人。多供应商供货的优点是可以通过竞争性招标来压低供货价格，可以从多渠道获得知识与技能，但难以激发供应商的忠诚。不管采用何种供货渠道，都需要对供应商进行积极的管理与控制，以获得互补的竞争优势。

在 ERP 系统中，如果某些物料和服务具有专一供应商（如专业设备的非标准配件），可以采用信息记录采购方式，采购系统直接从信息记录读取供应商和价格信息，将采购申请转换为采购订单。对于多货源而又不需招标采购的情况，可以从供应商资源库中选取已有的供应商清单，进而选择合适的供应商及其价格，发出采购订单。

6.5.4 战略协议采购

除了上述 3 种方式之外，还存在长期协议的采办方式。为了获得更有利的供货条件或更低价格，获得长期的战略供应源，集团采购部门和供应商订定长期战略协议，发展战略伙伴关系。集团的采购部门可以利用此框架协议的有利条件进行采购，具体的采购规格由双方在下达采购订单时再定。该采购方式的一个特征在于同一供应商供货给不同地区的分公司、子公司的价格和条件可能是不同的。

6.6 采购流程管理

在 ERP 系统中，必须采用规范的经过优化的采购业务流程和采购方式，才能达到控制采购成本、提高采购效率的目的。采购流程是一系列集成的活动，图 6-6 所示为采购的一般流程。

6.6.1 采购计划

采购部门执行采购的主要依据是采购计划。采购计划的制订基于对采购的需求，其核心环节有三个部分：需求管理、平衡库存、计划管理。采购需求多数情况下是分散产生的，如图 6-7 所示。平衡库存可以分散进行也可以集中进行。

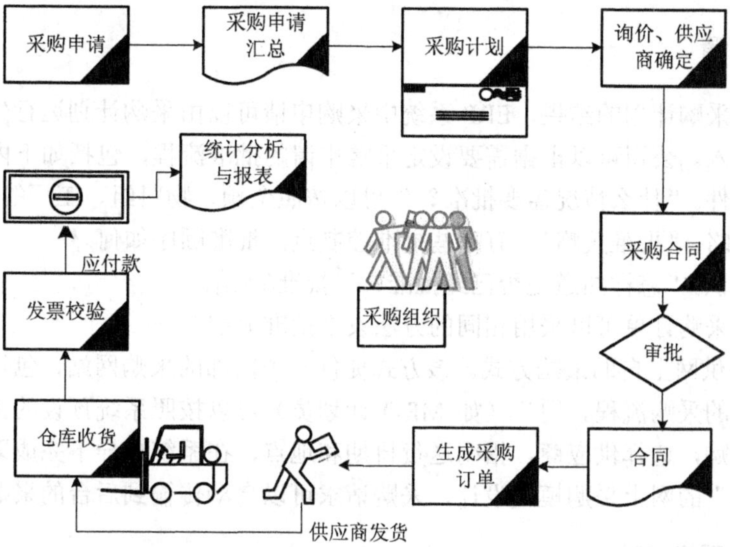

图 6-6 采购的一般流程

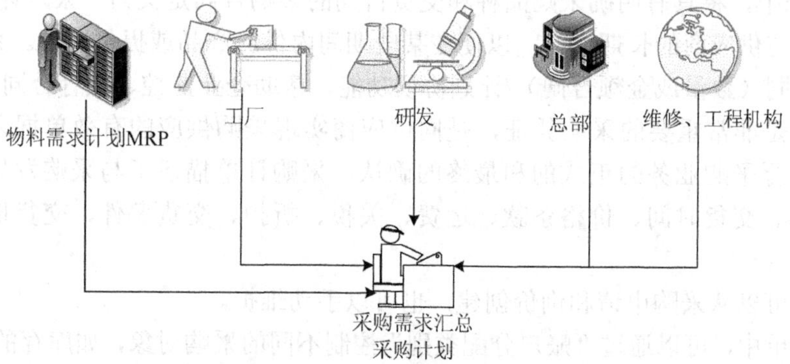

图 6-7 采购需求与采购计划

采购需求的管理可以从研发、筹建工程和维修等各种类型项目，以及制造企业的生产计划自动传递到采购系统。对于耗用量具有长期明显特征的物料，可以利用历史数据进行预测。也可以由使用单位、部门根据需求直接提出需求计划，系统也应支持紧急采购业务。

要使物料既能在需用日期备齐，满足工程或生产的要求，又要在不需要的时期不要过量占用库存，还要考虑合理的生产批量，靠手工管理是难以进行如此大量数据运算的。使用MRP 功能，ERP 系统完全可以达到既满足需求又不过量存储的库存状态。在 MRP 系统中，独立需求、客户订单、相关需求、物料预留及预测需求都被考虑了。MRP 系统自动检查实际需求和预测需求，以确定它们是否可由仓库库存和/或计划订单收货（采购订单、固定订货建议、生产订单等）来满足。

采购计划中，对于需要进入采购流程、执行采购的计划，作为采购申请管理。采购计划包含如下内容：

（1）订购哪些物料/服务；

（2）数量；

（3）日期。

6.6.2 采购申请

采购申请是采购计划的结果，ERP系统中采购申请可以由采购计划运行生成，也可以由业务人员手工输入。公司可以根据需要设定采购申请的批准流程，包括如下内容。

（1）批准条件。“什么情况需要批准？”可以按照金额、物料组、工厂等设置条件。

（2）批准策略。“批准策略”，有哪些批准控制点，批准顺序如何。

（3）批准标识。“怎样知道是否已经批准？”批准/冻结。

采购合同和采购订单可以采用相同的方法设立批准流程。

SAP ERP提供网上自助采购方式。该方式提供一个内部的采购网站，包括集中的采购目录和电子商务式的采购流程。用户（如MRO计划员）可以按照系统预设的工作流程，查询电子采购目录选购，选择供应商，指明送货日期和地点，在系统指导下完成采购流程。该系统按照“购物车”的网上采购模式设计，采购请求可以自动传输到后台的采购执行系统。

6.6.3 合同及采购订单

ERP系统中，将具有明确采购品种和交货日期的采购合同定义为“采购订单”。而系统中的合同则指与供应商的长期协议，以便在某段期间内供应产品或提供服务。系统提供了长期战略采购合同（数量或金额合同）/计划协议功能，帮助企业监控、执行合同。

采购订单是非常重要的采购凭证，是同供应商实现采购供应的有效单据之一，表示了对与供应商进行采购业务的正式的和最终的确认。采购订单描述了与采购发生的条款，包括采购的物料、交货时间、价格条款、运费、关税、折扣、交货条件、交货地点等采购合同的内容。

采购订单可以从采购申请和询价创建，也可以手动维护。

在采购订单中，可以通过“账户分配类别”控制不同的采购对象，如库存的物料、设备、服务和工程项目等。账户分配类别同时自动决定了财务集成的方式和科目，如图6-8所示。

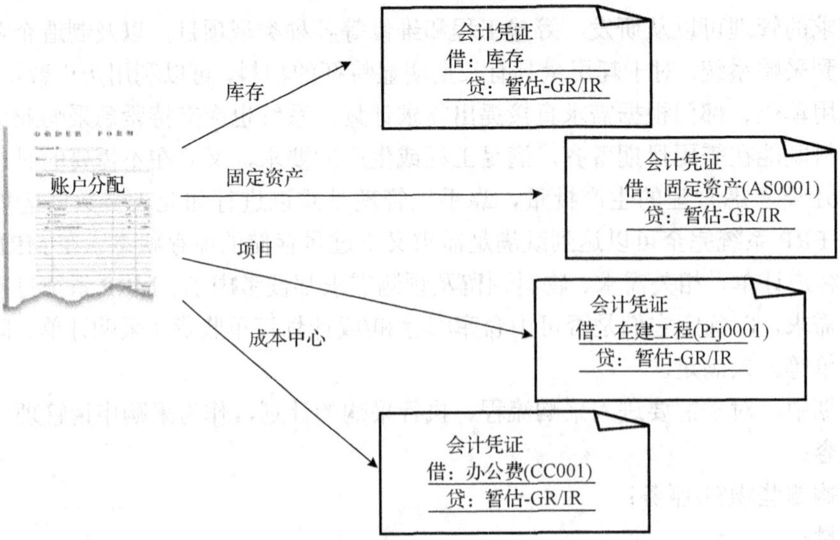

图6-8 采购订单中的不同采购对象

ERP 系统可提供不同的采购类型，如集团内部的库存调拨、分包、第三方物流商采购和寄存采购。

在寄存处理中，由供应商提供物料，并将它们存储在用料单位，在将这些物料领出之前，供应商是这些物料的所有者。当这些物料被领料后，供应商才会提出支付的要求，物料领料在事先安排的时间段内进行，寄存采购采用供应商管理库存方式，库存耗用后，再和供应商按照实际量结算。寄存采购的管理模式可以有效降低账面库存资金。另外，也可以和供应商商定某个时间，变更所剩寄存物料的所有权。

公司在创建采购订单过程中需要严格的审批程序，ERP 系统提供了采购订单系统批准的功能，从而保证了在订单未经批准之前是无法下达给供应商的，采购订单的批准流程可以根据公司的具体要求灵活设定，根据一定条件（金额、品种或部门）自动分配审批方式，审批部门（或领导）可以通过权限的分配来控制。

采购订单可以通过自动打印、自动传真、EDI、XML、供应商门户和电子邮件等方式，将采购订单、交货日程表、催货通知、拒绝函和催运单等各种单据，传递给供应商。接收到订单后，供应商对采购订单进行确认，并通过装运通知预先告知运期和数量。工程项目和生产任务的管理人员在进行物料可用性检查时，系统可以自动考虑在途库存。

6.6.4 采购收货

需要作为存货的物资，采购收货可以直接入库上架，或者收到质检区和冻结区。同时自动产生的财务凭证，借记库存、贷记暂估。非库存的采购对象（如直接发运工程现场的物资、固定资产和耗材及各项服务），则可直接计入相应的项目、成本中心、固定资产等成本对象，产生在建工程、费用、固定资产等相关凭证。

采购收货和其他模块的集成点如下：

（1）更新采购订单历史；

（2）自动产生邮件通知相关人员；

（3）建立收货单；

（4）产生立体仓库上架请求；

（5）更新财务物料账，产生会计凭证。

（6）触发质检请求；

（7）更新物料数量和金额账。

6.6.5 发票校验

供应商发票校验是物料管理系统的一部分。它提供和库存管理、财务会计、成本控制和资产管理部分的链接。发票校验功能理顺了采购部门、仓管部门和财务部门之间的业务关系，实现了信息共享。系统的发票校验功能主要是实现三单（采购订单、收货凭证、供应商开具的发票）匹配核对，如图 6-9 所示，通过系统自动地对采购的物料种类、数量和金额进行核查，对于没有通过校验的供应商发票，财务的应付账将不会反映此笔业务，此外还能实现对没有收货的采购订单项目不能进行发票的校验，也就是财务将不会对该供应商进行付款，这样就与仓管部门的收货进行了有机的集成，消除了信息传递的不及时性，保证了企业应付账款的准确性，正确地反映了企业的负债状况，对供应商开具的发票的正确性，做到了提前管控。

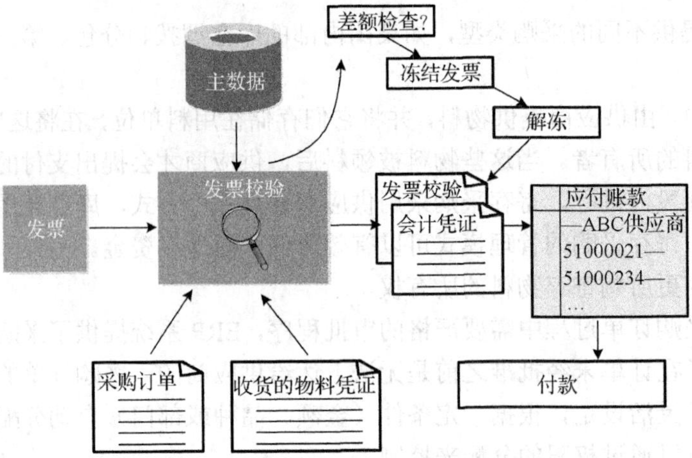

图 6-9　采购业务中的发票校验

发票校验充分体现了物料采购业务与财务管理业务的高度集成，同时也实现了财务对采购业务的监督和控制的作用。在采购的全过程中，后续执行过程都能够及时地反映到采购订单历史中，可实时监控供应商确认、装船通知、收料情况、供应商发票和付款情况。

间接物料 MRO 的采购需求从 ERP 设备管理系统中产生，在 ERP 的采购模块中创建采购申请，后续流程有供应商确定、下单、收货确认、发票业务，并将财务信息传递回 ERP 中的财务系统。

6.6.6 查询、统计和分析

采购部门管理人员需要随时掌握供货商和采购小组的执行情况，以便对市场变化做出正确反应，因此必须简便快速地跟踪采购订单。采购系统中的标准查询功能给用户提供了大量的有关信息并用于满足不同需求的格式输出。可查询并使用下列采购信息：

（1）一定时间内给某个供货商发出了哪些采购订单；

（2）已经收到了多少订货；

（3）某供货商已经全部还是部分发出了订货；

（4）供货商是否准时发货；

（5）是否已收到货物并开出发票；

（6）每个采购小组的平均采购订单金额。

用户也可以执行主数据、凭证的查询。例如，可以输出对于某个物料或供应商的所有采购信息记录，或者获取物料主数据的相应视图概览。

采购信息系统是用于收集、综合和分析采购数据的灵活工具，可以为用户提供采购应用的各种信息。每个用户可自动地定义所需信息的深度，也可按用户的需求修改构成分析基础的数据及显示方式。标准分析基于采购系统的统计数据库，包括采购系统的 KPI，用户也可使用这些数据生成 KPI 的计划值。用户可按不同的需求，确定不同的分析范围，如供应商、物料类别、采购员、采购组等，将数据组合汇总在一起，这样就可得到详细信息和综合的管理信息，如图 6-10 所示。

供应商管理模块的关键功能：总体采购成本分析、采购订单及合同执行状况、针对不同商品及服务种类的分析、供应商分析、供应商关系监控等。其中在邀标流程方面还包括竞价分析、历史集成数据及合同分析。

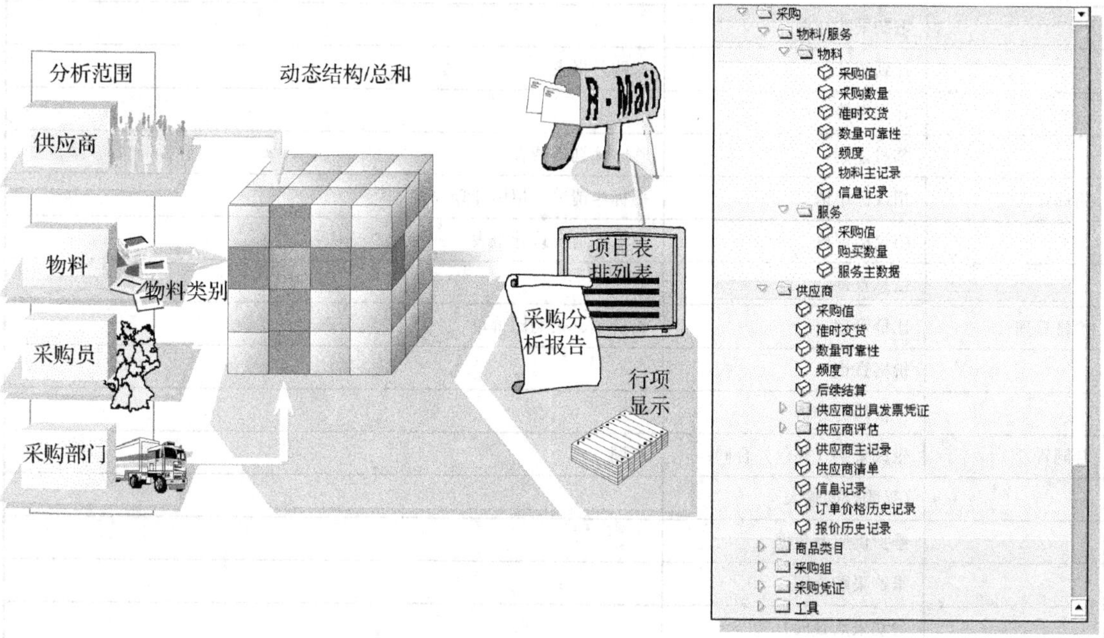

图 6-10　ERP 采购统计与分析举例

采购信息系统不但可以用来分析实际数据，还可以作为计划工具，用于计划和调整未来数据，并将这些值与当前情况进行比较，为计划决策者提供强有力的信息支持。

6.7　集成的采购系统

实时集成是 ERP 的核心特征，作为整体 ERP 解决方案中的一个部分，采购系统和库存管理、项目管理、财务会计、管理会计、生产计划、销售、质量管理、设备维护等系统具有无缝实时的集成。采购系统和其他系统的集成主要体现在如下方面。

（1）设备维护、项目管理和生产制造等系统产生的采购需求，实时自动地在采购系统更新，作为制订采购计划的基础。

（2）直接从项目管理、设备维护和生产制造系统产生采购申请。

（3）采购收货时产生收货凭证，更新物料账。同时实时产生财务凭证，更新财务账。可从财务系统的报表穿透追溯到单笔采购收货。真正实现财务和业务一体化。

（4）发票校验提供订单、收货凭证和发票的“三单校验”。

（5）采购订单含有质检要求数据，自动触发质量检验计划和抽样。

采购管理子系统包含了对采购组的所有业务职能的管理。表 6-2 所示为某公司物资部采购子系统的功能列表，包括计划管理、招标管理、价格管理、合同管理、预期到货管理、物资信息管理、供应商管理等。

表6-2 某公司物资部采购子系统的主要功能

业务功能	详细功能	涉及的单据与报表
计划管理	审核需求计划	采购计划月报表、（非标）备件制作计划申请表、非标备件修复审核表
	编制采购计划	
	计划统计	采购月报表
	计划考核	
	临时计划	临时计划申请表
招标管理	招议标申请	招标申请单、招标计划表
	招议标审核	招议标情况统计报表
	信息查询	
价格管理	比价管理	询价单、采购比价单
	价格查询	
	价格趋势分析	
合同管理	生成采购（外包）合同：	合同
	（采购合同输入	
	维护供应商数据	
	维护采购合同	
	启动采购合同）	
	审核采购合同	
	采购合同控制：	
	（更改采购合同	
	终止/删除采购合同	
	启动并下达采购合同）	
	合同统计分析	
	合同按交货期查询	
	合同核销	
预期到货管理	到货计划	预期到货明细表
	预期到货通知	
物资信息管理	编码基本信息管理	
	基本价格管理	
	物资质量管理	
供应商管理	新供应商申报	新供应商申报表
	新供应商调查	供应商基本信息调查表
	供应商选择	
	评价供应商资质	
	供应商等级	
	（评价供应商绩效）	
	基本信息查询	

采购管理功能与人员角色集成在一起，图6-11表示了某ERP系统中采购人员与其功能的集成。

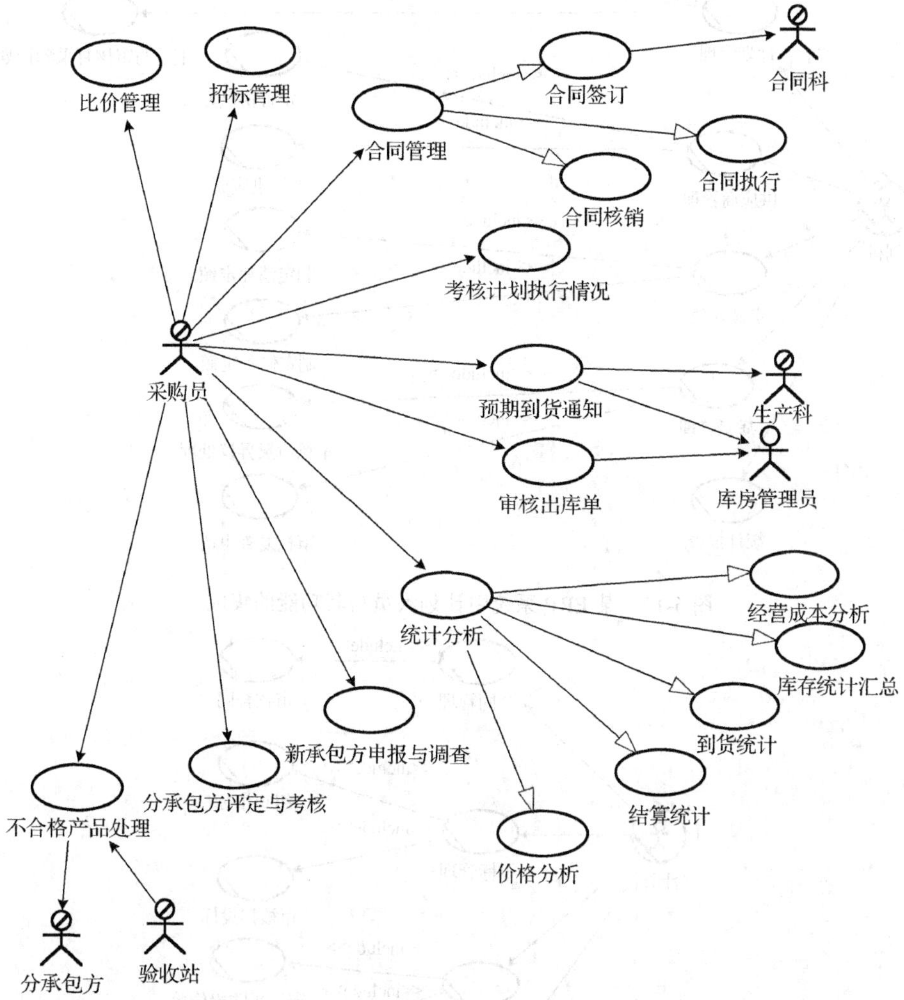

图6-11 某ERP系统中采购人员与其功能的集成

图6-12表示了某企业采购部门的计划与控制管理部（计划科）的功能配置视图，利用计划管理子系统完成年采购计划的汇总与审核和月采购计划的汇总与审核；供应商管理子系统完成新供应商的选定与评价和老供应商的考核；定额管理子系统完成消耗定额和储备定额的制定；质量管理子系统完成质量异议处理和复查申请的审核；统计报表子系统完成各种所需数据的统计和报表的编制。

图6-13表示了某企业采购部门的合同管理部（合同科）的功能配置视图，合同管理需要完成合同的审核和下达；招标管理系统完成招评标的组织和招投标的审核；价格管理系统完成采购比价单和力资单的审核、采购成本的汇总与分析及各种价格的查询与分析等。可见采购组织的管理职能部门与采购组的功能配置图是紧密集成的。

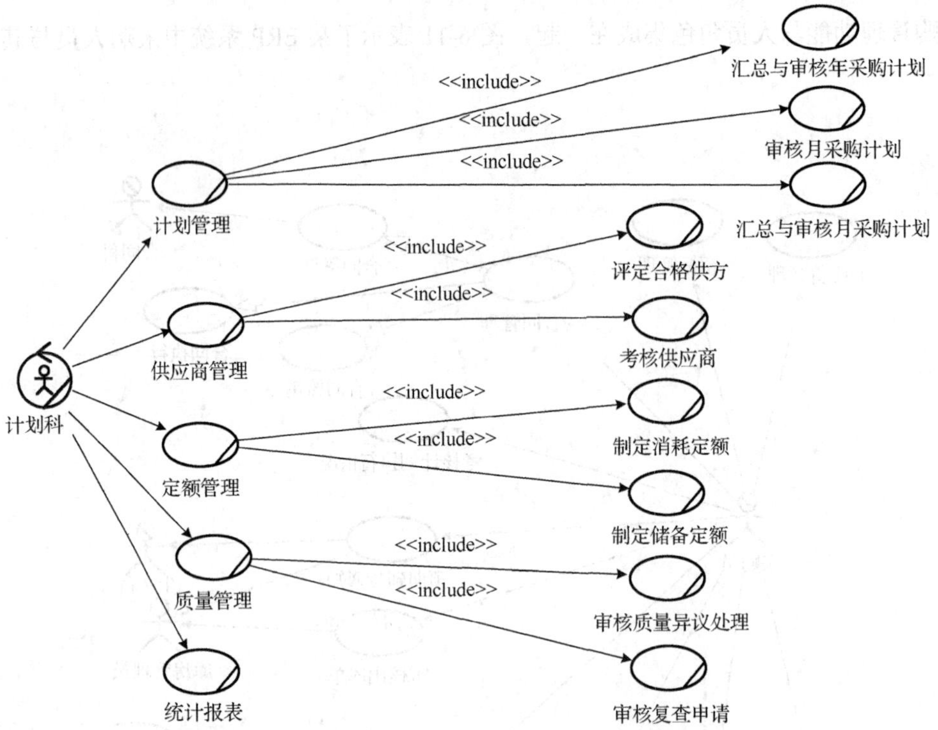

图 6-12 某 ERP 系统中计划人员与其功能的集成

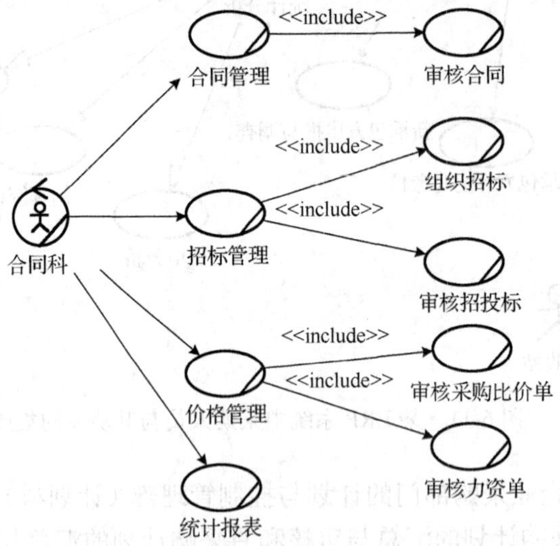

图 6-13 某 ERP 系统中合同管理人员与其功能的集成

6.8 本章小结

ERP 采购管理系统建立在一定的组织结构基础上，系统中组织模式及其人员的部署是系统运行的前提；物料主数据的分类、编码及其管理是使采购工作顺利进行的基础工作，采购物料不仅包括生产物料，还包括维修、维护需要的备品备件，设备运行需要的工具、材料等消耗品，有时还包括工程项目物资，办公用品、劳保用品等。供应商信息是采购管理系统的主数据，供应商已经成为企业重要的资源池。战略采购就需要建立战略供应商合作关系。采购业务包括了采购计划、采购申请、合同管理、价格管理、采购订单管理、采购收货、发票、退货处理等，采购统计与分析是采购管理系统中重要的业务在线智能分析功能。

思考题与习题

（1）简述企业采购管理的流程。

（2）物料主数据与产品结构数据有何异同？

（3）供应商管理模块有哪些具体内容？

（4）如何进行供应商关系管理？

（5）针对具体企业说明其供应管理中的统计与分析情况。你有什么好的建议？

（6）采购有哪些不同的类型？分别予以说明。

第7章 库 存 管 理

7.1 概述

库存是指用于生产或满足顾客需求的原料与产品的存储，包括原材料、在制品和成品。库存是生产过程中的缓冲，通过物流将缓冲存储点连接起来，库存是因需求和供应在时间或速度上存在差异而出现的，可以采用罐里的水做比喻，罐里的水的高度代表库存，流进罐里的水的速度表示供应速度，流出的水的速度代表需求速度，那么供应速度大于需求速度时库存水平就会增加，供应速度小于需求速度时库存水平就会减少，供应速度与需求速度相同时保持不变。

库存具有以下目的。

（1）维持运营的独立性。原材料库存将制造商与供应商分开，在制品库存将制造过程的各个阶段分离开来，成品库存将制造商与经销商分开。

（2）应付产品需求的波动，防备不确定性。在库存系统中，存在供应、需求和提前期三个方面的不确定性，维持安全库存可以防备不确定性，维持原材料的安全库存是为了缓冲供应商交货中的不确定性，如果原材料交货期延迟，也能保证生产；维持在制品安全库存是为了防备设备故障、生产计划的变动等；维持成品的安全库存是为了吸收顾客需求变化的不确定性，提高顾客服务水平，保证顾客能够及时获得产品。

（3）允许生产计划中的柔性生产，能够适应生产计划的变化。

（4）利用经济订货批量，批量生产具有经济性，可以有效地降低成本，获得规模经济优势。原材料采购中也存在类似情况，大批量采购可以降低订货成本、获得数量折扣、节省运输费用，而且服务水平高。

库存系统提供集中储备的物流中心运作模式，也支持二三级单位自有仓库的库存管理。同时支持大型立体仓库的仓储管理。

ERP 系统库存管理子系统能够实现按数量和金额管理库存，完成所有库存事务的计划、数据录入和文档编制，支持不同的物料盘点方法，如周期盘点、连续盘点和抽样盘点。

系统不仅进行物料的库存管理，还可以反映物料的各种状态，包括物料库存中的在检数量、在途库存、已订购未交货数量、客户特定库存、项目预留库存等。可以使企业方便地区分库存中物料的不同情况。

例如，SAP ERP 提供实时的库存账，以及多维的查询、报表和分析。ERP 系统内已经包含了大量的库存物流管理的分析模板和指标，如图 7-1 所示。

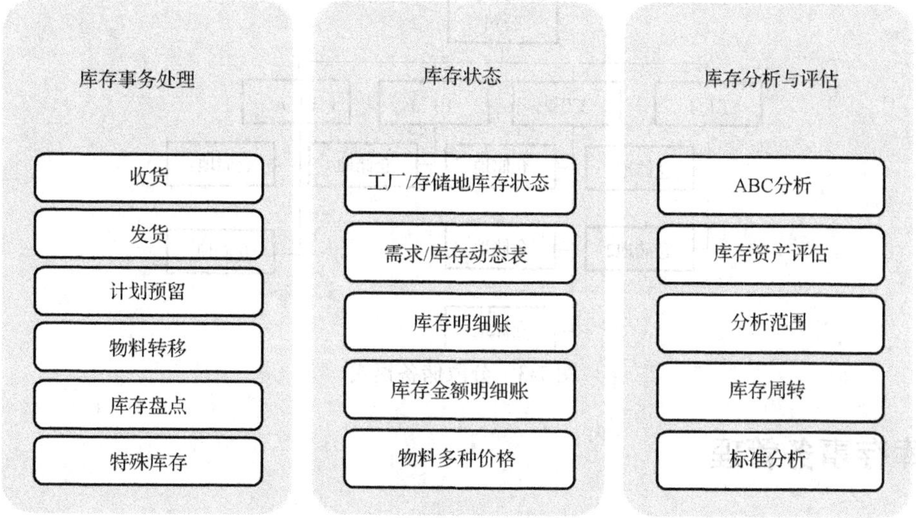

图 7-1 ERP 库存管理主要功能

7.2 库存组织结构设计

库存管理组织架构包括以下方面。

集团：是组织单元的最高层，从系统角度来看，一个集团公司具有一个集中数据库，基本数据（如物资编码）存放在集团级。

公司代码：是在一个集团公司下的具有自己的资产负债表的法人单位，是财务的核心组织单元。

工厂：是生产和物流管理的基本组织，如物流中心、某油田、化学公司的生产厂。

仓储地点：单个物理或者逻辑上的仓库。

货位：仓库管理中的一个管理单位，由一个存储单位号码进行识别（SU）。

库存管理系统提供统一储备的物流中心储备模式和分散储备模式。在统一储备的模式下，物流中心集中存储物资，集团内其他单位负责提出需求，物流中心以内部销售或库存调拨方式进行物资配送，并实现内部结算。统一储备模式如图 7-2 所示。

分散储备模式下，库存分散存在在公司内部。对于非通用性物资，可以考虑采用这种方式，如图 7-3 所示。

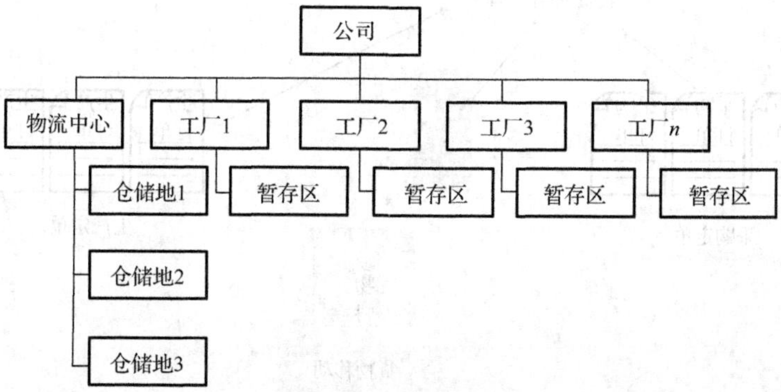

图 7-2 统一储备模式

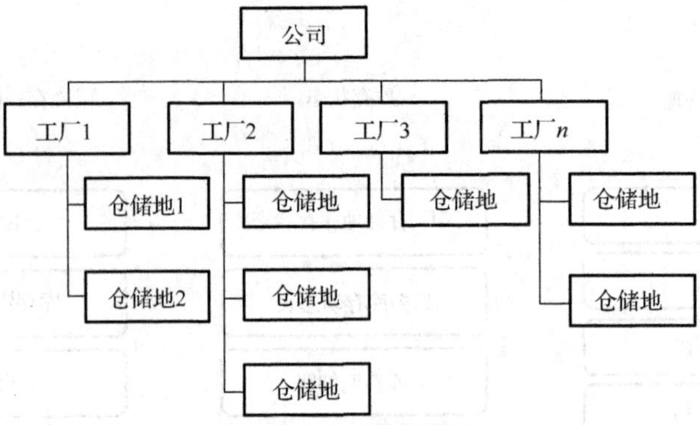

图 7-3　分散储备模式

7.3　库存事务管理

7.3.1　到货检验管理

公司质量部门能够根据公司的业务需求冻结供应商所交付的物料。系统也能够管理供应商的交付技术条款和质量担保协议。在采购验收处理时，系统自动将准备检验的物料收到检验状态的库存。当质量检查部门对该批物料做出检验合格的决策后，这批物料将被存放在自有库中。但物料需求计划可以考虑这类库存的可用性。只要物料被存放在检验库里，系统将自动地冻结发票与付款。

7.3.2　入库管理

针对收货业务需求，系统可以设定货物接收后是否应先放入质检状态，合格后再放入库中。收货处理不仅会产生物料的收货凭证，同时还会产生相应的财务凭证，影响相应的总账科目。系统用不同的物料移动类型及其相关的参考凭证来控制不同形式的货物接收过程。收货时，需要先检查有无对于此类收货的预定标记存在。如有预定标记存在，则参照预定标记收货。系统支持采购订单的收货、生产订单的收货及其他方式的收货，如图 7-4 所示。

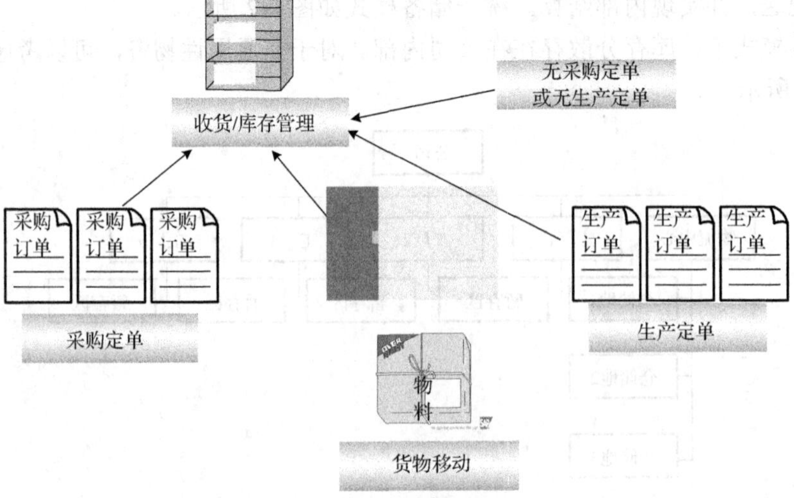

图 7-4　库存管理中的收货方式

7.3.3 库存调拨

库存调拨指公司内部的平库与调拨。库存调拨可以采用一步法和两步法进行管理。一步法使用库存转移单，库存从发出地发出的同时记入接收方的库存。两步法使用库存调拨订单进行：发料时，零部件从发料库中移出；运输途中，系统中显示其为在途库存；收料库经检测后，收料入库。用户可以在系统的库存浏览中看到所有库存状态的情况和数量金额。

对于跨公司代码（二级单位之间）之间的调拨，系统会自动产生内部往来的会计凭证。

使用库存调拨订单有下列优点：

（1）可在系统库存调拨订单中将发料处记为调拨供应商；

（2）可在库存调拨订单中输入发料成本，如运费等；

（3）库存调拨订单记入需求管理，而且采购计划中产生的调拨需求也可转成库存调拨订单；

（4）调拨发料可在系统中作为发料库销售发货处理；

（5）整个库存调拨过程在系统中可利用收料库的采购订单历史记录进行控制管理。

7.3.4 出库管理

发货出库可以是对生产订单的发货、对销售订单的发货、对预留的发货、对维修的发货及对项目的发货等，这些都可以看作是计划性发货；部门的领用、质量部门的样品抽样检验、物料的报废出库等，可以看作是非计划发货，在系统中执行发货，系统立刻会更新库存数据，同时相应的财务数据也将被更新。如果缺货，系统可以查询采购订单、在途库存，从而给出可发货的建议日期。

7.3.5 库存盘点

在库存管理系统中，为了保证库存信息的准确，库存盘点是系统中重要的一个步骤。库存盘点精度指库存记录与实际库存的吻合程度。可以使用连续盘点、定期盘点和抽样盘点等方法进行盘点。定期盘点区别对待 A、B、C 类不同类型的物料，规定不同的盘点间隔周期和允许的盘点误差，系统会自动检查出需要盘点的物料，进行轮番的盘点。同时，企业可以根据具体情况，选择在任意时间（如月末）盘点某些仓库、某些库存地、某些类型的物料或某一物料。使用抽样盘点的方法可以节省盘点的数量和时间，通过一定数量的盘点结果推断总体的盘点差异。

在盘点处理中，当需要盘点时，由财务和仓库管理人员选择盘点的方法和盘点的范围，在 SAP 中对需要盘点的仓库和盘点项进行选择，打印盘点表。同时可以冻结盘点表内选定范围的库存事务处理，防止此时发生出入库业务。然后在 SAP 系统中逐步将实际盘点的结果输入系统，并进行差异分析，打印差异分析报表。如果差异被审批后，可以在系统中将差异记账，将库存数量和资金调整到真实的水平。

下列情况下计算机发出周期盘点的通知：

（1）库存记录表明库存物资很少时；

（2）库存记录标明物资有余，但欠货单已经填写时；

（3）根据物资重要性，在盘点日期发出盘点信号；

（4）某些特定活动发生后。

7.3.6 退库管理

库存管理系统能够对物料进行多种库存状态的管理，如质量检验状态、冻结状态和可使用状态。此外，根据业务的需求，还可以实现对零价值采购库存（寄存库存）、客户退货库存、销售订单库存、外协加工库存、在途库存、收货冻结库存进行分别管理和信息统计。

对于供应商的退货管理，退货可以针对采购订单直接做。将冻结、质检、非限制的库存退给供应商，也可以使用销售模块的功能，创建交货单，视为销售给供应商。其好处在于使用进行捡配及包装的功能。

对于客户的退回作为特殊库存管理，当商品退回到仓库后，该商品处于客户退回状态，只有当确认了退货原因和责任后才将此商品转为自有商品，此时商品才处于可用状态。

7.3.7 报废管理

库存管理系统能够对物料进行多种库存状态的管理，当物料由于意外损坏或已超过质保期后就可考虑报废掉该物料。如果进行货架有效期的管理，当商品快超过商品保质期时系统会提示相应的警告信息。一旦决定报废该物料后，就可通过系统报废出库将此物料报废。

系统支持资产的购置、报废、转移（在集团内部转移到其他公司）和使用部门的变化的管理。固定资产购置可实现有采购订单和无采购订单两种方式。可满足企业统一采购管理和由不同部门自行采购的多方面的需求。有采购订单的购置是与采购模块集成的。在资产验收入库时，系统按照会计记账的要求自动记账到资产明细账，同时更新总账。系统还支持资产的完全和部分报废功能。

7.4 仓库管理

仓库管理（Warehouse Management，WM）是库存管理的有力支持。库存管理（IM）重点管理物资的数量和金额及出入物流，而 WM 重点在于仓库的运作实务管理。应用于公司的物流中心及其他大型仓库等复杂的仓库管理，WM 系统可以提高仓库的运作效率和物流服务水平，如图 7-5 所示。

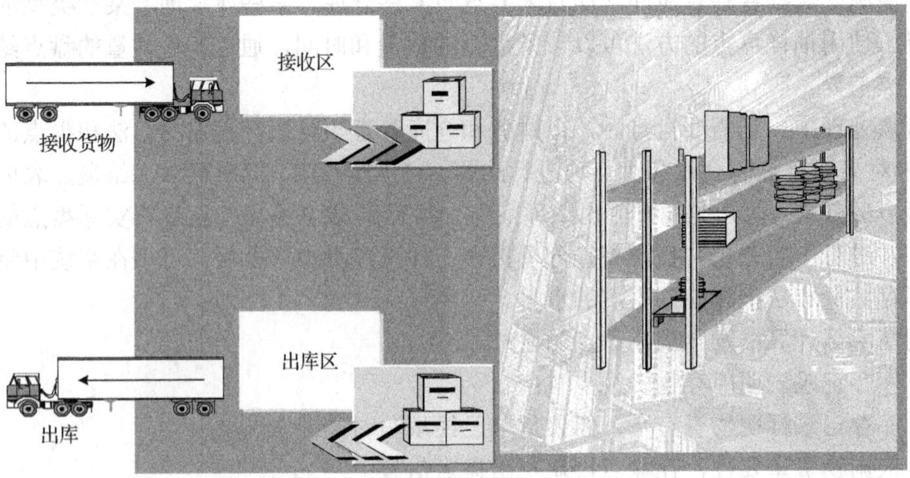

图 7-5 仓库管理

WM 提供如下的功能：

（1）管理非自动化的仓库，和自动化仓库和外部系统接口；

（2）查找存储区和舱位，寻找物资及批次；

（3）强大灵活的上架和拣货、配货策略；

（4）库存单元（如托盘）管理；

（5）危险物品管理；

（6）仓库及货架能力检查；

（7）调拨和交货的多重处理；

（8）打印条码，连接扫描仪；

（9）RFID 支持；

（10）提供大量的报表和分析；

（11）批次自动搜寻及批次拆分；

（12）和 MM、SD、QM 等其他模块接口。

WM 支持对所有相关货物移动的处理，包括由库存系统触发的收货和发货，由销售和分销系统触发的供货，以及发生在仓库内的移动，如内部的库存调拨。在仓库管理系统中，可以根据转储需求生成转储订单。转储订单可激发并控制仓库中货物的实际移动。WM 系统利用它在存储方面的功能，可以保证账面存储情况和仓库中的库存情况在任何时候保持一致。在 SAP ERP 系统中，库存管理系统和仓库管理系统已经高度集成，并不需要单独的接口程序。

WM 系统中的存储单元（SU）管理提供了用存储单元号把成组的物料归纳为逻辑单元，以便利用存储单元管理和控制仓库内部的物料流。WM 给所有存储单元（如托盘）一个识别号，在系统中作为存储单元号维护。这样就可以随时知道每个存储单元在哪个储位，其中有多少物料，对其进行了什么操作处理。存储单元是同一种物料项目或混合的物料项目。

7.5　查询、统计和分析

库存信息系统是整个物流信息系统的一部分，是用于收集、综合和分析库存数据（库存水平、出入库情况、库存性能参数等）的灵活工具。库存信息系统帮助管理人员随时查询库存信息，提高对发货和收货的同步监控，设置适当的库存水平，用来获得库存管理的最佳状态和操作过程。

企业可以按照物料、库存地点、物料组等分别对库存量水平、出入库情况、库存性能参数（消耗金额、ABC 分类、库存金额、库存覆盖范围、库存周转率等）等进行标准查询。在选择条件时，用户可以对每一维度限定值的范围：工厂、库存地点、物料、物料类型、物料组、期间等。在报表结果中，可进行指标选择、穿透分析、图形分析和对比分析等。

7.5.1　库存 ABC 分类系统

在任何一组物体中，总有少量的物体在整个物体中占据了重要的比例。在库存中，少数几种存货往往占了大部分的库存价值，应该加强管理这些少数的货物，来控制大部分的库存价值。不仅可以考虑库存的价值，也可考虑认为重要的其他项目，如金额、潜在利润、使用（或销售）量、缺货后果等，根据重要程度进行存货的分类，重要程度高的存货应受到严密的控制。

ABC 分类的一种方法是基于库存项目的使用价值（年使用量×单位价值）。通常情况下，库存总价值的一大部分（80%）是由一小部分（20%）物资产生的。这种现象称为帕累托原理，也称 80/20 法则。帕累托原理在运营管理的其他领域也有很多应用，如图 7-6 所示。

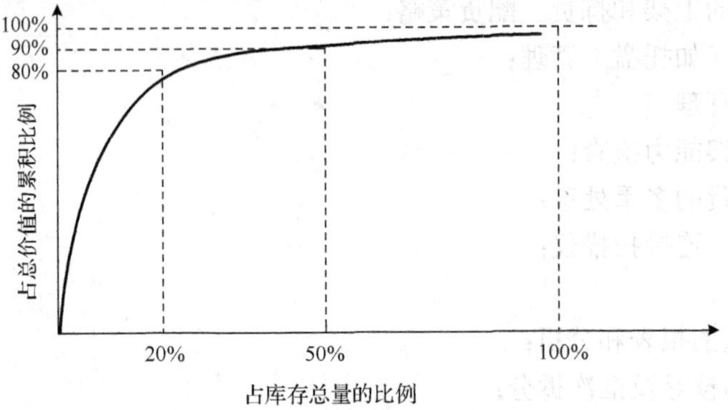

图 7-6 一个仓库中存货的帕累托曲线

A 类存货：20%左右的高价值（存货总价值中占有 80%左右的比例）的存货。

B 类存货：30%左右的中等价值（存货总价值中占有 10%左右的比例）的存货。

C 类存货：50%左右的低价值（存货总价值中占有 10%左右的比例）的存货。

我们可以按使用价值对某仓库中的物资进行 ABC 分类。

（1）计算各品种的使用价值（例：年使用量×单价）。

（2）计算各品种使用价值在总价值中所占的比例。

（3）根据上述比例的大小排序（由大到小），计算累积比例。

（4）画累积曲线。按 80/20 法原则进行 ABC 分类。

表 7-1 表示了按使用价值排序的某仓库的库存物资。计算其价值百分比的累积。做出使用价值（重要度）的累计图，如图 7-7 所示。

表 7-1 按使用价值排序的库存物资

编码	使用量（件/年）	单件成本（元/件）	使用价值（元/年）	在总价值中所占比例	价值百分比累计
703	700	20	14000	25.15%	25.15%
D012	4500	2.75	12375	22.23%	45.39%
A135	10000	0.9	9000	14.17%	63.56%
C732	950	6.5	8075	14.51%	76.06%
C375	5200	0.54	2808	5.05%	83.11%
A500	720	2.3	1656	2.98%	84.08%
D111	5200	0.22	1144	2.06%	86.14%
D231	1700	0.65	1105	1.99%	90.13%
E781	2500	0.34	850	1.53%	91.65%
A138	2500	0.3	750	1.35%	93.00%
D175	4000	0.14	560	1.01%	94.01%
E001	800	0.63	504	0.91%	94.91%
C150	2300	0.21	483	0.87%	95.78%

续表

编码	使用量（件/年）	单件成本（元/件）	使用价值（元/年）	在总价值中所占比例	价值百分比累计
F030	4000	0.12	480	0.86%	94.64%
D703	5000	0.09	450	0.81%	95.45%
D535	500	0.88	440	0.79%	96.24%
C541	700	0.57	399	0.72%	96.96%
A260	500	0.64	320	0.57%	97.53%
B141	500	0.32	160	0.29%	97.82%
D021	200	0.5	100	0.18%	100.00%

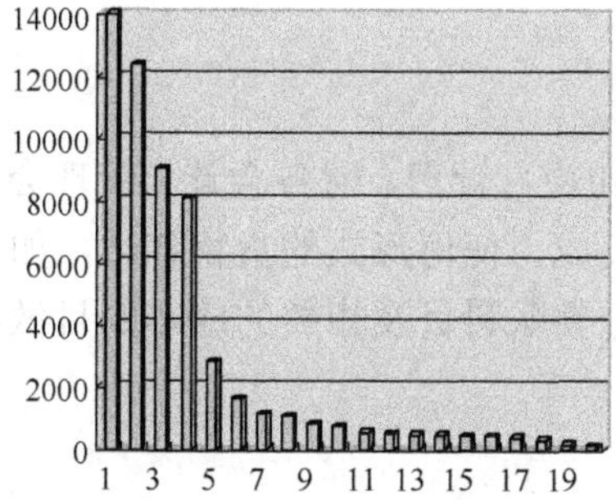

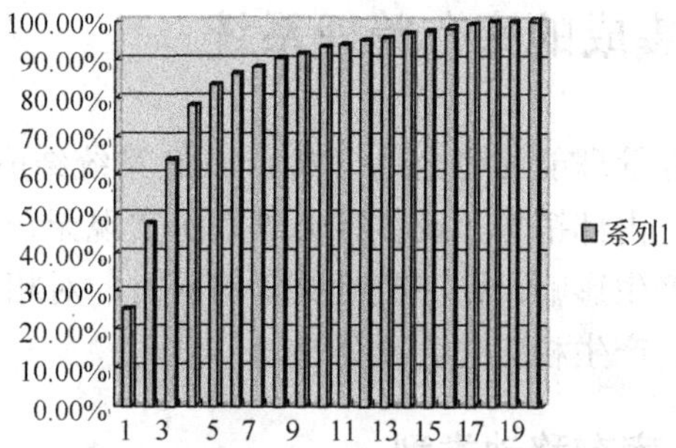

图 7-7　使用价值分布图（左）与使用价值累积百分比图

根据帕累托原理，可将前四种物资作为 A 类，使用价值很小的后 10 种物资作为 C 类，其他作为 B 类。

7.5.2　库存的测量指标

库存周转期：现有库存在正常需求下可以维持的时间，等于库存量除以需求量。库存周转期以周、天、月、年等为单位。

库存周转率（周转次数）：在一定时期内库存耗尽的次数，等于需求量除以库存量。

7.5.3　库存补货报警线的确定

在实际中企业需要确定保持多大的库存水平，才能满足生产或工程等的需求。这就要求确定一个库存警戒水平，一旦库存低于此水平，就发出补货请求。那么如何计算这一库存水平呢？这一水平其实就是再订货点的库存水平 R，它应该满足补货提前期内的需求，所以应为补货提前期内的平均需求量，再加上应对需求波动的安全库存量。

$$R = \bar{d}L + z\sigma_L$$

式中，$\bar{d}$ 为日平均需求量；L 为提前期（以日计）；z 为服务水平下的标准差个数；σ_L 为提前期内需求量的标准方差。

服务水平 95%下，z =1.64；可通过 Excel 的 NORMSINV 函数求得。

这里的安全库存量是通过概率方法计算的，企业需要跟踪需求的变化（假设服从正态分布）幅度，再依据期望的顾客服务水平确定。有时，安全库存量也采用简单的方法确定。如有的公司将提前期内需求量的百分比（25%～40%）作为安全库存，有的公司将提前期内需求量的平方根作为安全库存，也有的公司将最长的提前期天数与日需求量的最大变化相乘作为安全库存。不管采用什么方法，安全库存量的确定总是要考虑未来一段时间的需求量（消耗量）的变化幅度的大小。

例：某部件日需求量服从均值60件、标准差为7的正态分布。供应来源可靠，提前期固定为6天。假设销售全年365天都有发生。计算提前期内能满足95%服务水平的再订货点库存水平。

解：用概率方法，$R=60\times6+1.64\times7\times6^{1/2}=388$。所以当库存水平低于388件时发出采购订单。

7.6 集成的库存管理系统

库存管理能够完全地与整个ERP系统结成一体，和项目管理、财务会计、管理会计、生产计划、内部销售、设备维护等系统实现无缝实时的集成。任何形式的货物移动，如果会对库存值产生影响，则在数量更新的同时，对相应的总分类账科目及相关的成本账目做出实时的更新，产生相应的会计分录。

7.6.1 库存移动类型

从某种意义上说，库存管理系统就是管理物资的各类移动。SAP ERP系统通过“移动类型”来控制各种检验、入库、货架、调拨、出库、报废和盘点等库存事务，控制物料移动中相应会计科目的更新，如图7-8所示。

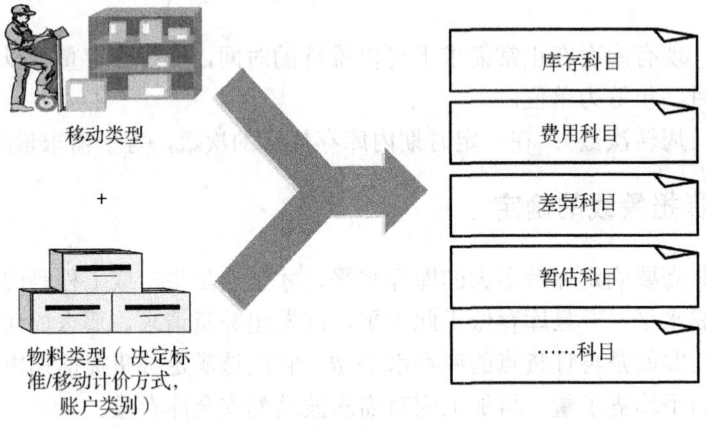

图7-8 库存移动与会计科目的更新

ERP的集成性能够提供公司范围内的透明度。可以从财务报表追溯到财务子账、会计凭证，并且可以从会计系统追溯到源头的物料凭证。

7.6.2 台账管理

传统的台账管理需要手工记录每笔收发及进行价格计算，不集成的库存系统也造成库存账和财务账的脱节，造成账账不符和账实不符。ERP系统的库存管理子系统支持实际工作中各种业务的收货、入库、出库、物料状态的改变、物料的调拨及物料的盘点。由于ERP系统是一个集成的系统，会自动更新库存物料数量，同时会自动触发财务相关的总账科目的价值更新。此外，也会更新相关的采购订单、生产订单中的相关信息。使用ERP系统后，仓库部门只对有效的采购订单进行收货处理，收货时只需要关心所收物料的外观、数量或重量，不必要审核价格，价格将在创建订单时控制。这样既可摆脱手工记账的繁重工作，也使各部门的职责更加清晰，管理流畅。

7.6.3 集成化功能

表7-2所示为某企业ERP系统中的库存管理，包括了公司所有一级库房和二级库房的日常管理，如到货管理、入库管理、出库管理、盘存管理、代存管理、品种调整管理、退库管理等；图7-9所示为管理人员与功能集成的一个示例。

表7-2 某ERP系统库存管理的主要功能

收发料管理	收 料 管 理	
	发料管理	出库领料单
	库存记录（非标科）	
	实物收发存统计	收发存月统计报表
	库存统计查询	
	库存分析优化	
	储备/消耗定额管理	
	质量管理	质量分析表、质量验收报告
	质量异议执行	质量异议处理单
	退货管理	
库存控制	库存定额管理	
	消耗定额管理	
	一级库存控制	盘盈盘亏报表、物资品种调整单
	二级库存考核	
结算管理	内部结算	入库验收单、质检报告单、合同
	外部结算	
	力资结算	
	运杂费结算	
统计分析	采购成本分析	采购成本报表
	价格趋势分析	
	月到货统计	
	物资收发存统计	
	供需平衡分析	物资供需平衡计划表
	采购数量质量统计	
	力资（项目：上下车/码堆等）费用统计	力资费用结算单、车辆作业结算单
	合同执行情况统计	
	计划实现情况考核	

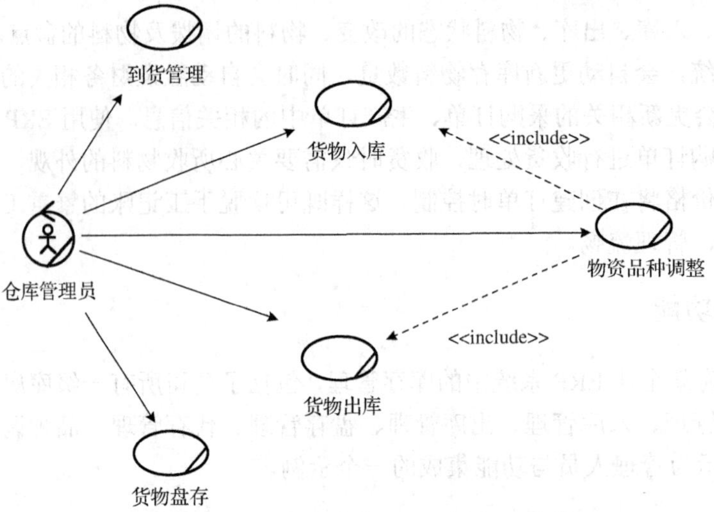

图7-9 仓库管理人员及其管理功能

7.7 本章小结

物料库存管理的组织结构及仓库点的布局是由公司的物流管理模式决定的。库存管理主要是针对物料收、发、存的库存事务处理、库存明细的管理及库存的分析与评估。库存管理一般应做到保证生产需要、工程需要、工厂正常运行的需要，并维持尽量低的库存量，以降低成本。仓库管理却重在仓库的运作实务，如仓库功能区（存储区、暂存区、加工区、检验区等）的设立、仓库设施的布置与管理、自动化仓库的建设等。

思考题与习题

（1）简述库存事务管理的业务流程，并举例说明。

（2）如何对备件进行ABC 分类管理？

（3）什么叫安全库存，如何确定安全库存量？

（4）如何确定仓库库存水平的补货警戒线？结合实例予以说明。

（5）仓库管理应具备哪些功能？

（6）针对具体企业说明其库存管理中的统计与分析情况。你有什么好的建议？

第三篇 巧干——应用导航

案例：国美的供应链疏通行动①

国美的店铺曾一度达到1300多家，如今已经减少了150多家店；苏宁则在2009年一年，开出了200多家店，加上以前的600多家店，现在拥有941家店铺。不管开多少家店，都需要提升单店赢利能力，而与供应商的合作模式是关键。2009年以来，国美在改善与供应商的关系方面做了很多事情。真正的和谐是“三点一圆”的和谐，即厂家、商家、消费者三个点组成一个圆。现在商家要做的东西是什么？是能不能把消费者的真实需求以最快的速度传递给厂家，然后厂家按照这个需求马上提供消费者想要的东西，当这个循环完成时，才可能有比较和谐的厂商关系。现在国美对自己的供应链进行调整，这不仅仅是改善供应商和零售企业的关系，而是要把终端销售纳入其产业链中。

2009年，国美启动了以网络优化和提升单店赢利能力为核心的转型战略，2010年国美将在此基础上加速后台信息平台的建设。国美已经选定了SAP公司为企业资源计划管理系统供应商。

二三级市场将成为国美未来重要的增长点，对二三级市场的开发要在供应链支持区域内的一些核心地区取得突破，如在广州和深圳、成都和重庆、烟台、威海以及辽西区域——在这些发展比较成熟的二线市场，新店扩张可以依托于该地区成熟的购销和物流体系。

国美的信息化建设不单是要求厂商之间的信息互通，而是形成了一个有效的链条，商家的上游是厂家，厂家的上游是配件制造商，而商家的下游是消费者。这一链条连通着消费者和最上游的厂家，在这个开放的系统中，厂家可以看到顾客需要什么货，什么价格的商品比较好卖，这些都将放在产品计划中。这个链条正是供需的链条，可以让链条的上下游迅速实现互动。

国美与供应商的四种对接模式如下。

一是与索尼等拥有复杂ERP系统厂商的对接模式。由于双方系统的流程和编码完全不同，因此若想默认同一种信息，双方的系统要在细节上反复地修改。

二是与海尔的数据交换模式。双方不直接对接ERP系统，而是把信息放在公共的平台上，每隔几小时进行一次数据交换。

三是与摩托罗拉的对接模式。国美通过摩托罗拉提供的终端，可以直接看到其库存情况。

四是针对系统简单的中小供应商，由国美为其提供终端，按国美的要求设定格式，在B2B平台上实现信息共享。

国美面对如此复杂的管理模式，如何实施企业资源管理系统是摆在国美集团面前的重大课题，靠热情似火的盲干是不可能使国美获得竞争优势，并实现公司战略转型的。国美需要按照科学的实施方法论，热情加巧干，既要熟悉ERP系统的生命周期特征，又要掌握IT项目管理的方法、ERP实施策略与方法，还要创建行业最佳实践的典范。

---

① 2010年04月10日中国经营报。

第 8 章　ERP 项目管理及 ERP 选型

8.1　ERP 项目管理

8.1.1　项目（Project）

项目是为完成某一预定明确目标而进行的具有明确的开始、结束时限，以及明确的资源的一系列相关作业。ERP 系统的实施、网络系统的安装，甚至数据库的培训等都可以视作项目的具体形式。

一个项目的组成要素应当包括目标、复杂性、独特性、不确定性、临时性及生命周期。要注意区别 Project 与 Program，Program 通过多个 Project 实现。如我国 863 主题计划下有多个项目。

项目可以按人数分为个人项目、群体项目、单一组织项目、多组织项目、单个国家的项目、多国项目，项目按不确定性的高低可以分为高度不确定性项目、低度不确定性项目，项目按照复杂性分为简单项目与复杂项目。

ERP 项目多属于群体项目或组织项目，甚至是多组织的项目（如在组织的供应链中），信息化项目是复杂项目。

8.1.2　项目管理

通过项目经理和项目组织的努力，运用系统理论与方法对项目及其资源进行计划、组织、协调、控制，旨在实现项目的特定目标的管理方法体系。

ERP 项目管理是一种有意识地按照信息化项目的特点和规律，对项目进行统筹、组织管理的重要活动。成功的项目管理所具备的条件：

（1）明确目标；

（2）称职的项目经理；

（3）最高管理层支持；

（4）称职的项目团队成员；

（5）充分的资源保障；

（6）丰富的沟通渠道；

（7）控制机制；

（8）反馈能力；

（9）客户反应性；

（10）问题解决机制；

（11）人员稳定性。

成功的项目经理应具备的素质：

（1）一定的背景与经验；

（2）相当的领导才能与决策艺术；

（3）对项目的技术领域有深入了解；

（4）具备强大的人际沟通能力；

（5）具有出色的管理能力；

（6）同时胜任斗士、鼓动家、倡导者、协调者、政治家等多重角色。

8.1.3　项目管理六阶段模型

ERP 项目的管理可以分为图 8-1 所示的六个阶段。

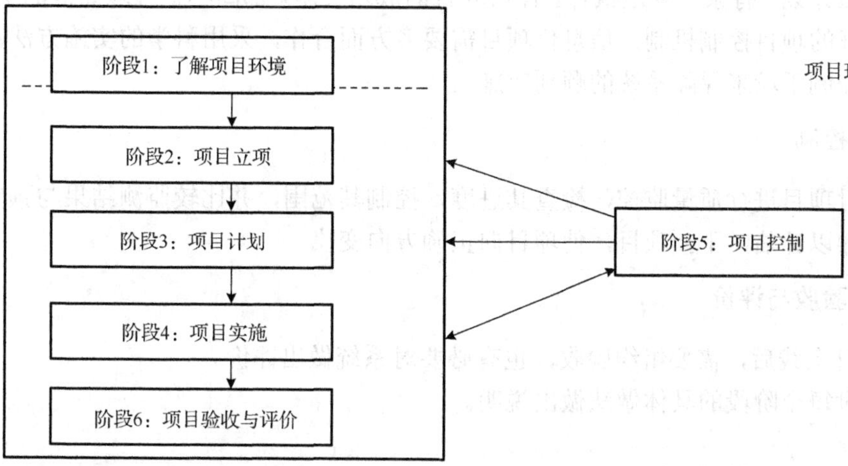

图 8-1　ERP 项目管理的六个阶段

1. 了解项目环境

项目环境包括地理条件件、政治环境、经济环境、当地法律、民族文化、资源、分包商、供应商、顾客、使用者、竞争者、其他项目、公司战略。

2. 项目立项

（1）定义项目的目标：提供总体方向、预期目的、最终结果或成功标准。

（2）定义项目的范围，边界设定，识别该项目的工作内容、产品或输出的过程。项目建议说明书是项目范围的正式表达形式。同时还应提供项目可研报告。

（3）确定项目的策略，从整体上确定公司实现项目目标并满足相关绩效要求的主要途径。

（4）界定项目各个阶段，设定阶段标志（里程碑）。

项目管理有三大约束性目标，它们是质量、成本、时间，在规定的期限内，以较低的成本完成高质量的项目任务，这些目标需要由管理人员来加以控制。

3. 项目计划

根据项目目标的规定，对项目实施工作进行的各项任务做出周密安排。项目计划围绕项目目标的完成系统地确定项目的任务，安排任务进度，编制完成任务所需的资源预算等，从而保证项目能够在尽可能低的合理工期内、在资金预算内，以尽可能高的质量完成。

项目计划有项目基准计划、实施计划、人员组织计划、资源供应计划、财务计划、进度计划等。项目基准计划是项目在最初启动时订出的计划，也即初始拟定的计划。项目基准是特指项目的规范、应用标准、进度指标、成本指标，以及人员和其他资源使用指标等。工作计划（实施计划），是为保证项目顺利开展、围绕项目目标的最终实现而制定的实施方案。人员组织计划主要是表明工作分解结构图中的各项工作任务应该由谁来承担，以及各项工作间的关系如何。资源供应计划是指项目所需资源的采购与供应计划。进度计划是指在规定的期限内计划项目各个阶段的进度安排。

4. 项目实施

项目按照计划，有条不紊地执行。任何项目的成功实施，都离不开合理高效的实施策略、方法以及良好的项目控制机制，信息化项目需要多方面合作，采用科学的实施方法和有效的项目计划、控制手段来保障系统的顺利实施。

5. 项目控制

主要是对项目进行质量监控，检查其进度，控制其范围，并比较监测结果与预定计划，对项目绩效加以评估，干预项目，使项目向正确方向变化。

6. 项目验收与评价

ERP 项目上线后，需要组织验收，也有必要对系统做出评价。

下面将对每个阶段的具体做法做出说明。

8.2 ERP 项目的立项

8.2.1 可行性研究报告

ERP 项目的立项是一项投资决策。在提交 ERP 项目建议书的同时需要进行项目的可行性研究，ERP 项目可行性研究报告的撰写可参照表 8-1 所列的提纲。

项目总论综合叙述可行性研究报告的主要内容。研究工作的依据主要是法规、文件、资料，如项目主管部门对项目的建设要求所下达的指令性文件；对项目承办单位或可行性研究单位的请示报告的批复文件；可行性研究开始前已经形成的工作成果及文件；国家、省市及行业的信息化建设政策、法令和法规；根据项目需要进行调查和收集的技术基础文献资料。

项目背景和发展概况主要应说明项目的发起过程、提出的理由、前期工作的发展过程、投资者的意向、项目投资的意义与必要性等。在叙述项目发展概况的同时，应能清楚地提示本项目可行性研究的重点和问题。

技术方案是可行性研究的重要组成部分，包括系统功能架构与业务蓝图、网络系统及配置方案、操作系统与数据库的选择、硬件选择方案等。

在可行性研究报告中，对环境保护和劳动安全要有专门论述。还要根据项目规模、项目组成和业务流程，研究提出相应的企业组织机构，劳动定员总数、来源及相应的人员培训计划。

项目实施时期的进度安排也是可行性研究报告的一个重要组成部分。所谓项目实施时期可称为投资时期，是指从正式确定建设项目到项目达到正常运行这段时间，这一时期包括项目实施准备、资金筹集安排、规划设计和设备订货、网络施工、软件配置、运行准备、试运行直到竣工验收和交付使用等各个工作阶段。这些阶段的各项投资活动和各个工作环节，有些是相互影响，前后紧密衔接的；也有些是同时开展、相互交叉进行的。因此，在可行性研究阶段，需将项目实施时期各个阶段的各个工作环节进行统一规划、综合平衡，做出合理而又切实可行的安排。

表 8-1　ERP 项目可行性研究报告撰写提纲

第 1 章　项目总论 §1.1　项目背景 §1.1.1　项目名称 §1.1.2　项目承办单位 §1.1.3　项目主管部门 §1.1.4　项目范围 §1.1.5　承担可行性研究工作的单位和法人代表 §1.1.6　研究工作依据 §1.1.7　研究工作概况 §1.2　可行性研究的主要内容 §1.3　主要技术经济指标表 §1.4　存在问题及建议 第 2 章　项目背景和发展概况 §2.1　项目提出的背景 §2.1.1　国家或行业发展规划 §2.1.2　项目发起人和发起缘由 §2.2　项目发展概况 §2.3　项目的意义与投资的必要性 第 3 章　国内外现状、技术发展趋势 §3.1　行业信息化建设现状 §3.2　技术发展现状与趋势 第 4 章　项目的技术基础 第 5 章　项目建设方案及技术路线 §5.1　项目组成 §5.2　技术方案 §5.3　技术路线 第 6 章　环境保护 第 7 章　企业组织和劳动定员 §7.1　企业组织 §7.2　劳动定员和人员培训 第 8 章　项目实施进度安排 §8.1　项目实施的各阶段 §8.2　项目实施进度表 §8.2.1　甘特图 §8.2.2　网络图 §8.3　项目实施费用	第 9 章　投资估算与资金筹措 §9.1　项目总投资估算 §9.1.1　固定资产投资总额 §9.1.2　流动资金估算 §9.2　资金筹措 §9.2.1　资金来源 §9.2.2　项目筹资方案 §9.3　投资使用计划 §9.4　借款偿还计划 第 10 章　财务评价与分析 §10.1　生产成本和销售收入估算 §10.2　财务评价 §10.3　国民经济评价 §10.4　不确定性分析 §10.5　社会效益和社会影响分析 §10.6　项目风险分析 第 11 章　可行性研究结论与建议 §11.1　结论与建议 §11.1.1　对推荐的拟建方案的结论性意见 §11.1.2　对主要的对比方案进行说明 §11.1.3　对可行性研究中尚未解决的主要问题提出解决办法和建议 §11.1.4　对应修改的主要问题进行说明，提出修改意见 §11.1.5　对不可行的项目，提出不可行的主要问题及处理意见 §11.1.6　可行性研究中主要争议问题的结论 第 12 章　财务报表 第 13 章　附件

8.2.2　ERP 项目投资评估

ERP 项目的投入，是一项综合性的特殊的投资。这种投资不是一次性的过程，除了购买硬件和软件的费用以外，随之而来的维护和服务将是一项常年的投入，特别是由信息化而引发的对企业整体人员基本素质的要求更是需要一个长期的培训投资过程。因此在评估信息化投入时，常采用总拥有成本（TCO），它包括资源的成本、管理的成本、技术支持的成本和最终使用的成本。

根据Mabert等人2000年对美国企业和Olhager、Selldin两人2003年对瑞典企业实施ERP系统的调查报告，美国、瑞典企业ERP实施方案中的成本因素及各类成本所占比例如表8-2所示。可以看出，ERP实施中硬件费用仅占18%左右，软件费用是硬件的1.5倍左右，软件、咨询及培训的费用是硬件费用的8.6倍。表8-3表示了某企业应用ERP系统的5年期总成本构成。

表8-2　美国、瑞典企业ERP项目的成本因素

ERP项目成本构成	美国（%）	瑞典（%）
硬件	15.8	16.5
软件	30.2	28.2
咨询	28.1	30.1
培训	10.9	18.8
项目实施团队	18.6	12

表8-3　一家企业ERP应用的成本构成

	一次性支出	连续性支出（5年）
直接支出：		
硬件	5%~10%	
软件	25%~30%	
（基本包、附加模块、数据库、第三方包）		
供应商维护及系统升级		20%~30%
客户化及接口开发	5%	
培训	10%	
咨询	15%~20%	
间接支出：		
内部员工	10%	5%

对ERP项目进行成本效益分析可以采用净现值（Net Present Value，NPV）方法，将资金的净时间价值考虑在内。计算出现金流入量的现值超过投资额（即现金流出量）的差额，以此为基础做出决策。可以使用Excel电子表格的净现值功能：

=NPV(%, value1, value2, …)–初始投资

式中，%=利率，value i 为第 i 年年末的年度现金流量（i=1, 2, …）。

对于大型ERP系统的实施，根据实施周期确定评估期，本例采用5年期作为投资回报周期。表8-4是某个ERP项目的成本效益分析表，采用了净现值方法。将总成本分为项目启动成本与周期性成本，项目启动成本是一次性的初始投入，周期性成本每年都要发生，如在该项目中供应商维护费用、系统升级费用、实施团队人员的支出费用。在该项目中可见的商业收益有库存成本的降低，每年节省700万元，由于生产率的提高与人员的精简，管理成本每年节省259万元。不可见收益包括了由于信息及时性与可用性增加导致决策正确、迅速，由于业务流程的标准化而消减了浪费，企业形象得到提升，客户满意度提高等，导致企业收益从第2年起每年增加1215万元。

本项目第一年就有了可计算的收益，该公司将在第 4 年收回投资，第 5 年净现值达 2127.41 万元，因此投资 ERP 系统是明智的。

ERP 项目的决策应当由企业高级管理人员及董事会做出，他们是项目的所有者，决定总体政策、预算和项目范围。项目总监是项目的执行者，监督项目行为，提供主要的项目监督，解决政策上的问题，确保项目在范围内，按竞争优势优先的原则做出项目预算，并在整个项目过程中进行必要的质量、成本、费用控制。项目管理人员由项目总监、执行者、业务和技术管理人员、实施合作伙伴组成。详细的项目组织、计划与控制管理的内容在后续章节展开。

表 8-4 ERP 项目的净现值分析表 单位：万元

	初始年份	第 1 年	第 2 年	第 3 年	第 4 年	第 5 年
软件						
软件许可证	1600					
硬件	1280					
咨询	800					
培训						
系统维护与系统升级		300	300	300	300	300
项目实施团队		200	200	200	200	200
总成本	3680	500	500	500	500	500
节约的成本						
减少的库存成本		700	700	700	700	700
减少的管理成本		259	259	259	259	259
隐形收益		625	1215	1215	1215	1215
总节约金额	0	1584	2174	2174	2174	2174
期末现金流量	–3680	1084	1674	1674	1674	1674
折现因子 DCF Factor=$1/(1+i)^n$	1	0.909	0.826	0.751	0.683	0.621
利率 i 时的净现值（这里 i=10%）		–2698.55	–1311.07	–58.37	1087.99	2127.41

8.3 ERP 选型

8.3.1 需求分析

需求分析是对组织的业务需求与管理模式进行分析，并提供需求分析报告，列出系统的规格要求。需求规格的数量因公司规模、行业及从事需求分析的人员的不同而不同。ERP 系统覆盖了全面的工作流程，包括了大量的需求，提供需求规格文件一般需要 2～6 个月的时间。由谁来做需求分析呢？如果完全由熟悉现有系统的现场员工负责，需求设置很可能会参照现有的业务流程，不会产生系统级的优化；如果完全由管理层负责，需求设置很可能就不会与现有的业务流程接近，因为目前我国企业（特别是国有大企业）的管理层与运营层大都是分离的。因此需求分析最好是雇佣咨询机构的管理顾问来完成，一方面可以从顾问那里获得需求分析的一般知识，另一方面可以利用顾问对流程的战略考虑。

伴随着 ERP 项目的实施，公司重要的工作流程有可能会发生很大的变化，很多员工的工作可能会改变，变化较大的将是运营、财务、营销部门，这些部门的高层管理人员及首席执行官、财务总监、运营总监、营销总监必须参与，并及时做出相关的决策，仅靠公司的 IT 或企业管理等单一的功能部门不能掌控关系全局的变革。要做出好的需求规格文档，就需要对现状与问题有清晰的认识，因此需求分析的最好的团队是管理顾问、企业管理者、现场运营的员工三者的结合。

需求分析的主要内容：（1）调查业务现状，了解用户需求；（2）确定对现有模型的改进，提出基于技术的未来模型框架，即业务蓝图；（3）功能需求细化描述，提出需求清单。

需求分析需要确定企业的业务流程，确定业务过程中的主要问题，并加以定义，得到一个解决方案的问题清单。定义需求可以采用业务分析师使用的业务建模工具。现有流程的分析具有双重价值，一方面提供了获取流程细节问题的学习机会，有助于新流程的设计；另一方面，参与人员将对业务及影响业务的问题有更全面、系统的理解。

在需求定义工作的最后，业务分析师应当能够在合适的时间，给软件供应商做一次清晰的需求陈述。分析师们对业务有了更深入的理解，这对以后检验供应商的软件，选择供应商是有帮助的。

在选定了 ERP 软件供应商以后，还要进行更详尽的需求分析，以确立系统的蓝图。

8.3.2 软件选型

根据 Mabert 等人 2000 年对美国企业和 Olhager、Selldin2003 年对瑞典企业实施 ERP 系统的调查报告，85%以上的企业采用了一家 ERP 软件供应商的系统（如表 8-5 所示）。选择一家满足企业业务需求的软件包至关重要。

表 8-5 美国与瑞典企业采用的 ERP 实施方案

方　案	美国（%）	瑞典（%）
单一厂商的 ERP 软件包	37.8	55.6
单一厂商的 ERP 软件包加其他系统	50	30.1
多个厂商的 ERP 软件包加其他系统	8.0	8.5
综合多个 ERP 软件包的不同模块	8.9	8.9
完全自行开发	0.5	2.0
自行开发加外购专业模块	1.0	2.0

目前，有很多 ERP 软件供货商，软件的差异较大。较好的 ERP 软件蕴涵了许多先进的管理思想，提供了为企业流程优化与重组可借鉴的参考模型。软件的选型关系到实施的成败，合理的选型可以减少投资风险，是顺利实施 ERP 的保证。

ERP 系统选型可参考如下步骤进行。

（1）组建选型团队。熟悉企业业务流程的企业高级管理人员、第三方咨询顾问或专家，这些人应该有各自独特的视角，具备行业管理的知识与业务运营的经验，既有“大人物”，也有“小人物”。

（2）列出 ERP 软件候选名单，筛选出 4～6 家主要候选者。根据企业规模、行业经验对供应商进行初步筛选；向行业内已经导入 ERP 的领先企业学习、请教。分析软件及软件供应商的强项与弱项，判断其对本企业业务的适应能力。

（3）招标选出 2～3 家最终入围者。发布公司的需求规格清单。并对投标申请书进行评估，对比评估每份投标申请书的强项与弱项，选出 2～3 家最终入围者。

（4）组织入围者进行软件功能的演示。在软件演示过程中，入围者与选型团队可以无限制地接近，供应商需要证明其软件能够处理企业的业务流程，并拿出能够快速实施的证据。

每家软件的演示过程大约要持续 2～3 天时间，整个过程大概需要 3 周左右的时间。

（5）投票表决选出优胜者。综合考虑多种因素，采用因素评分法，做出软件商的选择。

（6）合同谈判。就合同的细节进行面对面的谈判。

（7）运行 ERP 软件的试用版本。团队成员观察并评估 ERP 系统的试运行效果。

（8）做出投资决策。

选型不仅要考虑软件的功能、质量，同时要从更深层去理解软件的管理思想、管理方法和管理组织结构要求，并与企业现有管理方法、管理组织结构和管理思想比较，找出其差异，分析其在满足企业需求方面的能力，选定部分综合性能好的 ERP 软件，然后再在性能、价格、开放性和适应性方面进行对比，选定最终选用的软件。选型不仅要考虑业务因素，也要考虑技术因素，参考如下原则。

（1）企业在选型时应考虑当前及未来的需要。由于企业的管理方式受到一定的社会环境和信息技术的影响，因此企业在选择软件时要考虑发展的需求，用发展的眼光来考察所选择的 ERP 软件系统是否适合。

（2）选型应充分考虑软件对行业特点的支持、功能的强大程度。

（3）选型应基于企业信息化战略，充分考虑企业信息系统总体规划。

（4）选型前应先做好企业内部需求分析与信息系统规划，业务流程与企业实际流程的匹配程度。

（5）选型要考虑软件开发的状况、本土化时间、行业成功案例及公布的新版本功能的信息。

（6）选型应考虑企业经营战略的调整。企业是否存在流程重组、兼并的打算，企业未来的市场策略、公司策略、组织策略、采购策略是否有所调整。

（7）选型应充分考虑选择优秀的软件供货商。供货商的优劣、发展前景、用户数目直接影响到项目的进展速度、质量与成功率。

（8）在满足企业管理需求的前提下，选择成本低、服务好的软件。

（9）考虑 ERP 系统技术方面的因素：技术成本、技术先进性与开放性、供应商的咨询服务、安装时间与成本、用户界面友好性、软件柔性与灵活性、可升级能力与可扩展性、计算环境、需要的管理顾问与实施顾问的才能与可获得性、软件日常运行维护的要求等。

（10）风险因素。评估使用各软件存在的风险程度。

8.3.3 选型方案的权衡

在 ERP 系统的选型中，企业面临着多种选择方案：

（1）全面采用先进的整套 ERP 软件包，改变公司业务流程以适应软件包；

（2）采用适合企业流程的软件包，将软件小部分模块定制化；

（3）ERP 软件包不适合企业业务流程，需要变更软件，以满足用户化需求；

（4）选用定制开发软件的公司，业务流程不做大的变更。

国外公司的调查显示，采用前两种方案的公司将近占到 80%。改造公司的业务流程以适应软件包的方案是最现成的选择，企业仅需按照 ERP 软件供应商预先定义的方法，并聘用相应的咨询顾问与实施顾问即可。ERP 软件供应商提供了全部支持，在参考业务流程模型方面可以借鉴行业最佳实践，如果企业组织结构无需进行较大的变革，ERP 实施工作应该是易于进行的。但决策者必须意识到这一方案要求企业现有的业务流程做出改变，并按照 ERP 软件包的要求进行再造，有可能打乱企业正常的经营秩序。如果需要对企业组织结构与业务审批程序进行较大变革的话，很容易遇到阻力。而且这一方案并不支持企业独特的业务流程发展。系统设计工作被局限在 ERP 软件包所涉及的范围，设计方案必须符合 ERP 软件包的业务流程模型和最佳实践模式。

对 ERP 软件包的二次开发或定制的做法，尽管可支持企业独特业务模式的建立，但二次开发往往耗时费力，且会给未来 ERP 软件包升级版本的使用带来困难。所以在不得不定制的情况下，也要将定制的工作压缩到最小，以保证项目在预算内、工期内完工。

ERP 选型应在企业业务模型变动程度和软件变动程度间综合权衡，因为这两者的变动确定了企业业务流程重组的类型："小 r" 式重组与 "大 R" 式重组（国外学者的称谓）。"小 r" 式重组略微调整组织流程就能适应软件包要求，"大 R"式重组要求组织大幅度地改变自身流程，同时也要改变软件，以满足企业卓越运营的需要，如图 8-2 所示。

组织流程改变程度（P）	S 小	S 大
P 大	（1）流程再造可能会导致项目失败 （2）选择反映行业最佳业务实践的卓越软件包 （3）需求的现状分析是不必要的，重在将来模型 （4）应拥有快速流程再造的方法论	（1）大 R 式重组：流程改变与软件改变过大有可能导致项目失败 （2）首先考察是否存在软件小变化就能满足需求的软件包，选择这类软件包取决于你是否认同软件商的实力，也可选择定制开发，进而通用化成为行业领先的软件包 （3）从现在模型到将来模型的分析，重点在业务运营卓越模式的全新流程改造
P 小	（1）小 r 式重组：系统实施成功的可能性最大 （2）选择这类软件包是首选。但应考虑当前业务流程是否是卓越的，不可错过业务流程再造的机会 （3）从现在模型到将来模型的分析，重点在信息技术对业务模式的影响而发生的变化	（1）软件改变过大可能导致项目失败 （2）创新企业可能需要较大改变的软件以支持其创新流程 （3）传统企业应避免选择这一模式，或者干脆定制开发适应自身卓越运营的软件包 （4）也应考虑当前业务流程是否是卓越的

软件改变程度（S）

图 8-2　选型中权衡 ERP 软件改变程度与流程变化程度

（1）P 小/S 小：小 r 式重组，当然是最理想的情况，成功率最高，但要确认所选择的软件一定是最佳的，能够适应组织系统及流程的变革。当组织不能适应组织流程的需要时，可以进行最小限度的定制或扩展，组织流程也应考虑最新信息技术对业务模式的支持做一些调整，绝不能将现有的糟糕的业务流程"固化"下来。需要注意的是，以这一方式实施 ERP 系统的公司难以开发出具有独特竞争优势的业务流程，因为它采用了现成的业务流程与功能。

（2）P 大/S 大：大 R 式重组，业务流程与软件都需要进行大幅度的变动，公司需要投入大量的资金与时间，这一方式实施的复杂度最高、风险最大、成本也很大，软件供应商与企业双方都面临着艰巨的挑战。过多强调定制而改变软件代价可能是高昂的。

（3）P 大/S 小：这是当前我国企业导入 ERP 系统最为普遍的模式，但是在实际中高层经理对组织流程的大幅度改变尚缺乏足够的认识，从而导致众多 ERP 项目未能发挥应有的作用。国内外 ERP 软件供应商都在宣扬这一理念。"这不仅是一个 IT（信息技术）项目，还是一个企业流程的转换项目。"恐怕是大家听到的最多的一句话了。在这一模式下，组织的变革管理成为导入 ERP 系统的关键。在传统的组织中改变流程的障碍是巨大的，因为涉及现行的做法，涉及利益及权利的重新调整与分配。

特别指出，这里详细研究企业当前的管理流程与数据流已经变得不重要，重要的是新系统采用的业务流程与工作流，新系统的业务模型与 ERP 软件相对接，当然也不排除 ERP 软件的微小改变。通过改变业务流程适应 ERP 软件的做法，有利于将来使用 ERP 软件的升级版本，有利于软件商对软件进行功能扩展，有利于从供应商处获得周到的服务，包括维护服务、远程帮助等，有利于企业业务流程的标准化、规范化管理，有利于获得业界最优秀的运作模式与管理理念。

但在 ERP 实施过程中要注意不能使企业原有的创造价值的流程变成僵化的流程，从而影响为顾客服务的能力，降低顾客满意度。戴尔公司为 ERP 投资超过 2 亿美元，但经过两年疲惫不堪的努力之后，又公开宣布取消 ERP 系统，认为采用这套系统得不偿失，还不如去寻找更有效的能够重新整合计算机产业的系统解决方案。戴尔公司终止实施 ERP 的原因也许在于此，不应采用 P 大/S 小的设计方案。一味地适应软件的要求还会导致企业流程管理的混乱，如有的企业将销售佣金从激励系统转移到工资系统，引起不必要的混乱。

（4）P 小/S 大：运营卓越的公司都有不同的创造价值的灵活流程，这也许是公司最大限度地改变软件（而不是改变创新的业务流程）的驱动力。公司的业务流程是经过实践证明了的能够为企业带来利润的流程，公司的业务流程中包含着公司独特的优势，公司的业务流程中包含了多种业务运作模式，还没有现成的 ERP 软件能够满足公司业务的需求，这些情况下，公司应该寻求大幅度改变软件或利用最新的信息技术定制软件的做法。

雀巢公司的项目经理指出，他们在实施 SAP 公司的系统时，除了要获取软件中提供的最优方法外，还要求保留现有流程中的优秀部分，并要求在软件中融合他们的最优方法。这些都要求软件加以改变，以适应雀巢公司的战略与业务需求。

需要指出，创新的业务流程迫使 ERP 软件商运用最先进的信息技术架构支持创新流程的应用，运用下一代 IT 解决方案帮助企业获得竞争优势，这对 ERP 软件商是一个挑战。软件供应商获得了软件的灵活性与下一代 IT 解决方案后，应转向小 r 模式的重组。

8.4　项目组织

ERP 项目不是单纯的 IT 项目，它的主体与推动者并不是 IT 部门，ERP 需要企业业务部门的积极投入。否则将会使项目的推进遇到极大的困难。但业务部门由于存在自己的经营任务与目标，往往不愿意让业务骨干在项目上花费大量的时间，这样会导致 ERP 项目不能全面反映业务需求、活动效率低，进而导致项目进展不顺、推动力度不足。经验表明，ERP 的实施涉及大量的业务处理流程与企业核心的管理理念与组织架构，必须得到各部门的通力合作，尤其是业务部门骨干的参与。因此需要将项目组织好，并充分调动领导和各部门的骨干的积极性。

8.4.1　ERP 项目人员

在 ERP 项目组织中考虑如下人员。

（1）最终用户：员工、客户、供应商和其他最终使用该系统的人员。

（2）技术人员：网络管理员、数据库管理员、系统支持人员、开发人员、培训师和其他 IT 组人员。

（3）项目管理人员：将所有人员放在一起组成一个协调的团队，从上层管理者那里获得项目所需要的支持和资源，支持系统、帮助最终用户。

（4）ERP实施团队包括许多子团队，如业务和功能、变革管理、开发、数据整合及系统支持。

8.4.2　ERP项目小组的设立与职责

项目组织管理应该明确各小组对实施不同ERP组件所承担的责任，以及他们之间的相互关系、决策权。以SAP为代表的ERP软件提供商建议用户方与实施方都成立相关的团队，并进行对口合作。表8-6、表8-7分别表示了用户方、实施方设立的团队及其人员的任务与职责描述。

表8-6　用户方团队、人员分类及其任务与职责

用户方团队、人员角色	任务与职责
领导小组成员	领导小组成员负责项目资源，监视进程和组织结构对项目的影响，指导回顾和在主要文档上签字，授予核心小组决策和阐述关键问题的权利，做出快速决定和支持项目
项目总监	项目总监在执行由领导小组提出的基本任务时拥有绝对的领导权和决策权
项目经理	项目经理的责任包括：确定实施策略和对项目计划的调整，项目资源管理，向领导小组成员、项目总监和项目小组汇报项目状况，要保证问题解决方案的合理化。项目经理必须能够有效地对项目“偏差”进行估计并采取及时的补救措施。项目经理还必须对系统业务流程集成有一个完整的认识
业务组 分为多个职能组	业务组长的任务：对如何分析分解当前业务流程的文档进行管理，和小组成员一同进行工作并同最终用户保持联系，创建功能性设计，实现/检查功能性设计，测试并为功能性测试创建文档。另外，在设计和开发报表、表格、接口和转换程序方面与技术小组紧密合作。还可能参与ERP的具体设计和设置
	职能小组成员负责参与当前流程在ERP中的细节设计和设置。这包括在以下方面同业务组长一同工作：分解当前业务流程，进行描述练习，设计和设置ERP系统以支持企业的目标流程版本 负责完成最终用户文档，文档应该对ERP系统实施的流程及实现这些流程的SAP系统任务进行详细描述。这些文档将按照功能范围装订成最终用户手册，还可被用作创建培训手册的基础
技术组 包括应用工具开发、报表开发等	技术组长主要负责完成所有的技术方面的文档。技术组长必须能同项目经理一同完成技术需求计划，计划和管理技术服务范围和资源计划。技术组长负责ERP整体技术框架。技术小组长也被称为系统的架构师
	应用工具开发员负责数据的规划、设计、开发，对转换程序、接口程序和客户报表进行测试
最终用户培训 （由技术组及业务组有关人员组成）	负责完成最终用户培训和开发的个人将同小组成员一同工作，他们负责创建最终用户培训的策略，开发培训数据库，确认需要的课程，撰写培训材料，安排课程和进行培训
运行支持组 包括ERP系统管理员、热线服务员、操作系统管理员、安全管理员、数据库管理员、网络管理员	ERP系统管理员的责任包括：不间断地对ERP技术环境进行设置、监视、调整和纠错。还负责对ERP技术环境的日常维护。日常维护包括管理和执行ERP系统。责任包括管理和执行、安装和升级。在小规模ERP实施中，还负责操作系统管理、用户管理和安全管理
	热线服务成员将向日常使用ERP系统的熟练用户和最终用户提供应用软件的支持。这个角色通常由负责运行后的支持小组成员担任
	操作系统管理员负责操作系统环境的安装、升级、修补、备份，性能协调和安全性。操作系统管理员还负责与ERP系统有关的硬件和周边设备的管理
	安全管理员负责管理ERP的安全环境。责任包括机制的设计、用户管理的流程、用户概况的创建和维护、ERP环境的安全性管理
	数据库管理员的主要责任有备份和复原管理、数据库协调和设置、管理SAP数据字典和数据库安全性
	网络管理员负责系统和网络的安装、升级和修补，网络备份的管理，系统性能和协调，网络操作系统、安全性和网络复原。网络管理员还负责管理SAP客户端的软件和ERP系统的打印环境

表 8-7　实施方团队成员及其任务与职责描述

实施方成员角色	任务与职责
项目总监	项目总监负责项目资源，监视进程和组织结构对项目的影响，审核主要文档并签字，授予核心小组决策和阐述关键问题的权利，做出快速决定和支持项目
项目经理	项目经理的责任包括：提供 ERP 快速实施方案的方法论，辅助项目管理、项目实施过程、项目文档定义、项目计划，帮助确定项目范围和目标，在必要时帮助解决问题，并帮助项目经理、咨询顾问和个别小组
系统架构师/管理咨询顾问	在蓝图设计阶段就相关业务流程进行相关的讨论、设计、审核及发布。同时为方案的可实现性提供必需的确认及支持
高级咨询顾问	指导实施设计与 ERP 系统配置。辅助解决适合 ERP 系统设计的业务问题，满足用户需求。管理指导其他 ERP 应用咨询顾问
质量经理	为了确保成功地进行实施，质量经理将负责向客户提供一份对项目风险因素的客观独立的评估
应用模块咨询顾问	应用模块咨询顾问提供 ERP 专业服务。将设置知识有效地传授给流程小组长和组员。为流程的设计提供“最佳业务实践”的帮助。为项目小组任何必需的任务提供帮助
一般技术咨询顾问	技术咨询顾问在下列方面提供 ERP 专业服务：企业网络、操作系统管理、客户服务器结构、关系型数据库管理、客户策略、备份和意外情况下的复原、性能调试、系统安全、用户管理、版本和变更的管理
开发人员	开发人员在数据转换管理、应用开发、图表格式等方面提供专业服务，如 SAP ABAP 程序开发员的责任包括帮助创建开发标准、命名标准、实践，开发和测试转换程序、接口程序和 ABAP/4 客户报表 Forms/SAPScript 开发员提供报表开发方面的专业服务。责任包括标准创建、开发标准和命名标准，设计、开发和测试报表

在企业具体的 ERP 实施中可以按照 ERP 的规模设立相应的项目管理组织，如某企业仅设立了项目领导小组、实施小组、质量控制小组。

（1）项目领导小组包括项目总监和质量保障经理，负责组织、协调和推广工作。实施方将委派相应人员担任实施方项目总监等。用户方在领导小组下设立办公室作为办事机构，用户方将选派人员担任用户方项目总监，负责整个项目的实施。

（2）项目实施小组。项目经理全权负责项目管理，同时分别按营销、财务、物流、人力资源管理等职能部门设立职能小组，按照系统配置、客户化开发、系统支持等技术方向设立技术专门小组，负责技术方面的协调。职责如下：

- 制订项目实施计划；
- 安排资源，协调项目组成员的工作；
- 保证项目按规定的标准和质量进行；
- 定期提交项目进展情况报告，及时提出需要解决的问题；
- 管理项目风险；
- 控制项目预算；
- 工作进度管理。

（3）质量控制小组负责项目推进过程的质量控制。

8.5　项目计划

根据项目目标的规定，对项目实施工作进行的各项活动做出周密安排。项目计划围绕项目目标的完成系统地确定项目的任务、安排任务进度、编制完成任务所需的资源预算等，从而保证项目能够在尽可能合理的工期内，用尽可能低的成本和尽可能高的质量完成。

项目计划有项目基准计划、实施计划、人员组织计划、预算与资源供应计划、进度计划等。项目基准计划是项目在最初启动时订出的计划，也即初始拟定的计划。项目基准是特指项目的规范、应用标准、进度指标、成本指标，以及人员和其他资源使用指标等。工作计划（实施计划），是为保证项目顺利开展、围绕项目目标的最终实现而制定的实施方案。人员组织计划主要是表明工作分解结构图中的各项工作任务应该由谁来承担，以及各项工作间的关系如何。预算与资源供应计划是指项目所需资源的采购与供应计划、开支预算计划。进度计划是指在规定的期限内计划项目各个阶段的进度安排。

项目计划的基本工作就是要确定项目的主要任务、工作，并做出工作分解图。工作分解结构图（Work Breakdown Structure，WBS）是将项目按照其内在结构或实施过程的顺序进行逐层分解而形成的结构示意图。可以将项目分解为可管理的工作包。每个工作包可建立自己的时间、成本和质量目标。工作分解图建立了项目清晰明确的框架，如图 8-2 所示。工作分解结构图是实施项目、完成最终项目所必需的全部活动的层次清单，是进度计划、人员分配、项目预算、项目实施的基础。

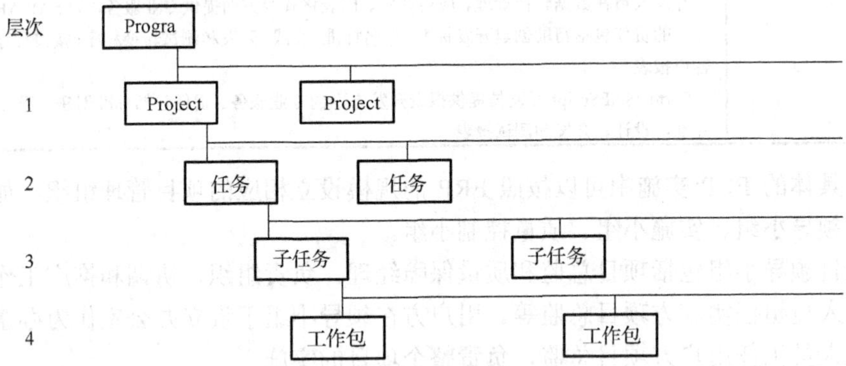

图 8-2 工作分解图

根据项目目标工期的要求，制订切实可行的工作计划，规定每个成员的任务，检查任务完成的情况和质量，是保证项目顺利实施的重要保证。工作计划管理应包括以下几点。

（1）按周做出工作计划，并经双方批准。

（2）每周进行工作量统计、质量检查，并由客户签字。

（3）每周做出工作小结，说明未完成原因及改进建议。

（4）工作分解到人。

项目经理应随时协调每人的工作。避免重复或脱节。

8.5.1 时间及工作量估算

估计时间与资源，将工作分解结构图中的作业逐一分析，确定其所需的资源与时间。如表 8-8 所示，可以确定作业的工作量、工作时间。工作量用人年、人月、人周、人日、人时表示。

例如，某企业实施 ERP 项目，项目第一期估计需顾问时间为 390 人天，具体时间分布如表 8-9 所示。

表 8-8　完成项目任务的时间与资源

任务（作业、活动）	工作量（人周）	工作时间（周）
任务 1.1	1	1
任务 1.2	1	1
…	0	2
任务 1.1.1	1	1
任务 1.1.2	1	1
…	0	3
任务 1.1.1.1	0	4
任务 1.1.1.2	1	1
…	1	1

表 8-9　某企业 ERP 项目所需的顾问资源

任　务		工作量（人天）
第 1 期	财务（GL, AP, AR）	85 人天
	现金（Cash management）	20 人天
	采购（PO）	35 人天
	销售（OE）	40 人天
	库存（INV）	35 人天
	固定资产（FA）	30 人天
	制造（BOM, MPS/MRP, WIP）	75 人天
	成本（Cost of manufacture）	30 人天
	客户化开发（DEVELOP）	30 人天
	第一阶段质量、健康检查	10 人天
	总计	390 人天
第 2 期	项目集中推广期	75 人天
	总计	75 人天
	实施总天数	465 人天

8.5.2　进度安排

试点期（财务、分销、制造模块）实施任务可以进行工作分解，如表 8-10 表示了某企业 ERP 项目各阶段实施任务。表 8-11 表示了试点期各阶段任务的安排进度。

表 8-10　某企业 ERP 项目试点期各阶段实施任务安排

阶　段	实 施 任 务	提 交 文 档
1．定义	项目实施总体计划	总体实施计划
	项目质量计划和控制	质量保证计划
	项目管理与控制制度	项目管理计划
	阶段性实施工作详细计划——总体规划和典型用户实施试点	实施工作详细计划
2．培训	高层管理理念培训	系统安装计划 培训计划
	安装培训和测试环境	
	产品标准功能培训	
	数据库功能和开发工具培训	
3．需求分析	现行财务、分销业务流程和用户需求调查	业务流程调查报告 用户需求报告

续表

阶　段	实 施 任 务	提 交 文 档
4. 总体设计	系统总体方案设计分析和调整	总体方案设计
5. 财务、分销方案设计分析和调整	系统各模块（财务，分销）方案设计分析和调整 系统各模块初始化设置——财务、分销	需求匹配报告 系统原型设计报告 各模块设置文档
6. 创建与转换	报表和接口方案设计——财务、分销、制造	各报表设计 接口方案设计
	业务数据转换和导入——财务、分销、制造	
7. 系统测试、评估	测试方案设计——财务、分销、制造数据合并	测试方案
	系统测试——财务、分销、制造数据合并	测试验收报告
	产品环境的准备	
	产品环境的系统各模块优化设置——财务、分销、制造	
	业务数据转换和导入产品环境	
8. 上线	系统上线培训	

表8-11　某企业ERP项目试点期各阶段进度安排

主要阶段	3月	4月	5月	6月	7月	8月	9月	10月	11月	12月	1月
1	■	■	■								
2			■								
3			■	■	■	■					
4					■	■					
5						■	■				
6						■	■				
7								■	■	■	
8										■	■

8.5.3　实施费用预算

实施任务、所需的各类人力资源及其工作时间确定以后，就可以根据各类人员每天工作的费用做出项目实施的费用预算。表8-12表示了某企业ERP实施模块及需要各类顾问的天数。

表8-12　实施模块及顾问服务天数

项目实施阶段	质量检查	技术支持	高级顾问	应用顾问	总　计
财务（GL,AP,AR）		10	25	50	85
现金（CE）		5	5	10	20
采购（PO）		5	10	20	35
销售（OM）		10	10	20	40
库存（INV）		5	10	20	35
固定资产（FA）		5	10	15	30
制造（BOM, MPS/MRP, WIP）		10	20	45	75
成本（CM）		5	10	15	30
客户开发		30			30
第一期健康检查	10				10
总计	10	85	100	195	390
第二期　项目推广		20	15	40	75
总计		20	15	40	75

高级顾问、应用顾问、技术支持人员的费用按照他们的实施天数计算，在这个案例中，分别以每天 550、450、450 美元计价，预算结果如表 8-13 所示。按照当时汇率 1 美元=8.67 元人民币折算，项目总的顾问费用为 146.4075 万元人民币。表中的实施天数是预估的，实际天数将以与用户方共同确认的工作报告为准。

表 8-13 ERP 实施顾问工作天数及费用预算

实施顾问	工作地点	服务天数	单价（USD）	总价（USD）	总价(RMB)8.67
第 1 期					
高级顾问	总部	110	550	60 500	
应用顾问	总部	195	450	87 750	
技术服务顾问	总部	85	450	38 250	
小计	总部	390		186 500	1 243 955
第 2 期					
高级顾问	上海	15	550	8250	
应用顾问	上海	40	450	18 000	
技术服务顾问	上海	20	450	9750	
小计	上海	75		36 000	240 120
总计		465		222 500	1 484 075

实施方项目领导将与用户方 ERP 项目总监及其领导成员共同工作，确定项目的目标和成功标准，制订高层项目计划，确定与项目阶段相关的日期。接下来，将制订详细的阶段任务计划。项目管理团队将根据估计的进度要求及可用的资源制订详细的项目计划，并建立最终的项目工作计划。该计划将包括制定合适的技术方法及为项目的每个阶段分配合适的人员。

8.6 项目控制

项目控制的作用是为了保证项目按照预期的项目目标进行，必须对项目的运行情况和输出进行持续的跟踪监控，收集各种项目进展信息，对收集的信息进行分析，与预期的项目目标进行比较。在出现偏差时及时分析偏差原因，制定有效的纠正预防措施，落实纠正预防措施。

项目控制的基础是项目计划，项目计划的基础是项目目标。ERP 项目目标定义了交付成果及 ERP 系统的范围、质量、交付日期等，因此项目控制至少要包括质量控制、范围控制、进度控制，另外还应做好成本控制、变更控制，并做好风险管理与控制。

在项目范围相对明确固定的情况下，质量、进度、成本三个目标一般是相互矛盾、互相制约的。赶工、缩短工期、加快进度往往导致成本上升或质量下降，降低成本会使进度拖延或质量下降；提高质量需要更长的工期、更高的成本。因此应当注意平衡质量、进度、成本三个目标，更好地进行项目控制。

做好项目控制的基础是管理好项目的文档资料。

8.6.1 文档管理

在项目实施过程中，由于项目实施的复杂性，多方人员参加及时间跨度长等因素，所以任何需求、建议、解决方案和结论都必须文档化、标准化，以便查阅和引用。实施文档应作为项目成果的一个组成部分。

下列项目资料将在实施期间收集。

（1）各类设计，测试文档，包括：

- 项目管理文档；
- 模块实施过程中提交客户的各类文档；
- 客户化文档和模块开发文档；
- 客户提交的需求文档；
- 客户需求改变报告和批准书；
- 测试方案和测试结果报告；
- 客户签署的阶段成果确认书；
- 项目总结报告。

（2）顾问现场工作日程表和日志。

（3）建立需求变更表和日志。

（4）建立问题与风险报表和日志。

（5）建立周、月、季、年阶段工作总结报告。

（6）建立会议备忘录和日志，包括各类会议，如项目方案审定会议、领导小组会议、项目管理会议、ERP 模块组会议、项目团队汇报会议、问题解决会议、跨职能部门的模块协调会议、数据库计划会议等。

8.6.2 成本控制

成本控制的基础是在项目计划中对项目制定出合理的成本预算，也叫费用预算。成本控制就是尽可能地保证各项工作在项目计划的预算内进行。成本控制也可以叫费用控制。ERP 项目的成本最主要的是人力资源的成本，而人力资源的成本体现为各个项目成员薪资水平乘以他所花费工作日的总和，因此人力资源的成本控制其重点在于合理地安排使用合适的人力资源。ERP 项目的成本还包括购买必需的软、硬件设备的成本；需求调研所花费的交通、协作、通信成本；购买必要的办公用品、参考资料的费用；给用户培训所需要花费的培训资料编写费、资料印刷费、产地费、设备费；如果需要第三方的鉴定或检测，还需要一定的鉴定检测费用，包括准备的费用；如果部分组件需要外包，则应当控制软件外包的成本，包括交付给外包承担方的费用和进行质量、进度控制的管理成本。

8.6.3 进度控制

项目进行过程中，必须不断检查、监控项目的进展情况，以保证每项分解的任务都能按计划完成。持续收集项目进展数据及里程碑文档，掌握项目计划的实施情况，将实际情况与进度计划、文档要求进行对比，分析其差距和造成这些差距的原因，必要时采取有效的纠正或预防措施，使项目按照项目进度计划中预定的工期目标进行，防止延误工期。项目进度控制不仅要注意主要任务或关键路径上的任务的工期，也要注意一些本来次要的任务的进展，以防止次要任务拖延，影响主要任务和关键路径上的任务。

个别任务延误后，应及时说明原因，并变更进度计划。

8.6.4 质量控制

质量控制的目的是保证项目成果的质量满足项目质量计划中说明的项目成果的质量要求。项目质量计划的说明可能会引用其他文件来说明项目成果的质量要求，如招标书、投标书、合同、需求规格说明书、国家标准、行业标准、企业内部制定的各种规范等。可以设立专门的质量顾问对项目实施质量进行控制，包括以下方面。

（1）工作质量的审查与评定。审查是以计划的内容为基础，以目标和方法为依据，对所用的各种技术工作进行描述，同时提交执行文档和软件，所有提交审查的记录将会作为解决活动的审计线索被保存。

（2）工作过程的控制和资料的完整性。

（3）负责归集客户签署的阶段成果确认书。

（4）测试管理。测试管理一般包括以下几部分：

- 模块测试，保证/验证一个独立模块的功能；
- 系统测试，保证/验证在此项目内功能区之间的功能；
- 集成测试，保证/验证在项目整个应用区域内的整体功能；
- 大数据量测试，保证/验证在项目上线后能覆盖企业所有业务并保证阶段数据准确性；
- 测试结果确认。

在进行上述各类测试前，必须先拟订测试计划，确定测试数据和可接受的测试结果。

8.6.5 范围控制

软件系统的范围控制很重要，有的需求功能分解得很粗、很模糊，项目范围是一个大致的范围，这样就比较难以控制其范围。范围控制的第一步就是把项目的范围确定清晰。确定清晰后项目范围是比较好控制的。

保持项目实施范围的前后一贯性是非常重要的。如果出现需要改变原定实施范围的需求，都应以正式文档方式提出，项目小组成员必须谨慎考虑项目范围的改变将对整个项目进程可能产生的影响。范围改变必须明确批准程序，在批准后才能进行。在实施过程中必须加以跟踪。

范围改变文档内容主要有以下几方面。

（1）说明范围改变内容、理由。

（2）说明改变部分在项目进程中的状态。

（3）评估改变部分对项目进程可能的影响。

（4）评估改变部分对项目费用可能的影响。

需要说明的是，凡涉及整个项目进展、费用成本调整较大的改变，必须交由项目实施领导小组批准通过。

8.6.6 风险管理

项目本身带有一定的内在风险，同时还有公司特定的风险。风险管理就是要确定风险，然后在风险产生时采取相应的实施策略与必要的应急方案的过程。ERP 实施项目是一个涉及变革的项目。实施工作中很重要一点是要预计到一些变革的产生，并对变革进行有效的管理。

在企业实施 ERP 过程中，一般会遇到如下方面的风险。

（1）用户不能准确表达需求/用户技能的限制。

在大型系统实施时，首先要对用户现场的现状及用户需求做详尽的描述。通常由于用户人员对自己的业务理解还在不断地深化，因此往往在实施应用系统时用户对需求的描述会随着实施的不断深入而有所改变，造成系统需求的不稳定。为避免此风险可按下列方法实施：

- 实施方在其他项目上的经验的再利用；
- 实施方所拥有的资深专家在项目实施过程中，将技能传授给项目小组；
- 实施顾问应理解中国本地的业务需求；
- ERP项目小组的通力合作和大力支持。

（2）实施范围的不断扩大及项目延期。

大型项目实施周期较长，因此通常在实施过程中，用户会对项目开始时所提出的目标和要求有所变化，造成实施范围的不断扩大和项目实施的不断延期，最终使项目搁浅。为避免这种情况的发生，我们应该：

- 建立项目实施领导小组，明确项目的目标和各自的权限；
- 成立项目实施领导小组，处理项目实施的成本和账务——明确预算控制；
- 配备经验丰富的项目经理；
- 定期向项目的高层管理部门和用户报告项目实施的进展及存在的问题；
- 控制实施范围的变化——形成书面文档、陈述更改原因，待高层管理部门批准后方可实施更改；
- 建立当项目实施出现问题时进行汇报和解决的标准工作流程。

（3）缺乏多厂商之间的相互协调和各厂商所负的责任不清。

大型项目实施所涉及的厂商很多，包括硬件、数据库、应用软件、网络或集成商等，在项目实施过程中需要多方协调、通力合作，只有这样才能保证项目保质保量、如期完成。为减少项目实施的协调工作，尽量减少供应商实施方数目。在项目实施时，要分清实施项目的责任范围。

（4）顾问的能力和可提供的数量。

实施顾问在实施过程中起很大的作用，因此，要对实施顾问做重点考虑：

- 审阅提名做项目顾问的能力和质量；
- 是否有全面的项目实施技能和经验；
- 是否有中国本土的实施经验（文化、语言、业务等）；
- 清晰的组织结构（无多重任务）；
- 不管多大的供应商，最重要的是该供应商能否为ERP项目实施提供合适的实施顾问；
- 顾问的有效性和灵活性；
- 是否能将行业经验作为技能传授给用户；
- 供应商对项目有什么其他承诺。

（5）系统技能和技术风险。

对项目实施而言，选择一个好的应用系统是十分重要的，一个好的应用系统的标准：

- 该产品必须是灵活的；
- 该产品有很好的系统性能，包括有一个好的技术结构；
- 有良好的技术基础，建立在开放系统上，有先进的开发工具。

（6）领导层的漠不关心。

克服这方面风险的办法就是获得领导层的全力支持。我们必须尽一切可能争取他们的关心和支持。要求用户方项目经理最好由公司副总专任或兼任；定期或不定期，口头或书面向领导层汇报；在考虑解决方案时要兼顾信息共享和数据的安全保密性，既要保证上级机关及时准确地得到需要的数据，又要兼顾企业业务活动的相对独立性等。

（7）业务流程和岗位的调整。

随着新系统的实施，必然会对现行业务流程加以调整。这些调整将会导致一些部门和岗位业务内容的变化。有些岗位甚至会撤销或合并，同时将会产生一些新的工作岗位。例如，制作应收、应付会计分录将主要由财务岗位完成改为销售或采购岗位在进行业务处理的同时由应用系统自动形成。这样原先的分录制单、复核岗位工作量就大大减少，月末财务和销售部门间的对账也不再需要等。另一方面利用新系统，财务部门可以加强预算管理和预算控制，加强现金流量管理和预测，可以细化各类经营业务的成本和获利分析，从而指导业务活动的良性运作。

不仅要告诉最终用户新系统可以提高工作自动化程度，可以减少许多人工操作，而且要告诉他们有更多更重要的事情在等待他们去做。免除他们对可能下岗的担忧。

如何积极引导和培训职工使之适应新的工作岗位，也是我们应该重视的问题。至于部门职权的变化可能影响的一些部门利益，我们也将随时向领导层反映。

（8）避免各类人员业务水平不一对项目实施的影响。

- 在选择项目成员时强调项目成员应有较强的本企业业务背景、业务水平和较强的接受新事物能力；
- 在业务流程和需求分析时采取启发式询问、多人多岗位调查然后综合及到业务现场调查等方法；
- 鼓励实施人员自己寻找解决方案并加以指导；
- 在实施过程中介绍新系统体现的管理思想。

同时，通过项目的实施，我们希望能培养出一支既懂业务又有过硬技术的复合型人才队伍，通过他们来大幅度提高公司整体业务水平。

（9）避免实施人员变更影响项目进度。

由于本项目的实施周期较长，实施人员的变更是不可避免的。如何防止人员变更对项目实施的影响。所有实施人员所做的实施工作都应有文档记录，经客户方确认的文档应交由专人保管，包括纸张和电子介质。所有的需求、承诺和解决方案等均以书面签字为准。不得随便更改其中的内容。除非通过同样的审批程序进行。这样新的实施人员可以通过阅读上述文档，很快进入工作状态。对前任工作成果的修改控制可避免一些不必要的返工。

为了更有效地进行风险管理，可采用风险检查表定量化评估风险。进行风险识别时，可以将项目可能发生的许多潜在风险列于一个表上，也列出可以作为风险识别活动的参考标准，供识别人员进行检查核对，检查本企业 ERP 项目实施在这些方面是否存在问题，以判断项目是否存在表中所列或类似的风险。检查表中所列的内容都是历史上类似项目曾经发生过的风险，以及可能影响企业信息化项目成功的因素，可以启发我们识别出潜在的风险来源及可能的风险事件。这样可以辅助人们更系统、全面地识别信息化项目的潜在风险。风险检查表具有很强的灵活性，允许根据不同项目的特征进行调整。同时也具有知识积累的功能，随着组织风险管理实践的深入和积累，得到不断的沉淀和完善。

8.6.7 变更控制

对于软件开发项目而言，变更一般是不可避免的。为了将项目变更的影响降低到最小，就需要采用变更控制的方法。变更控制就是要找出影响项目变更的因素、判断项目变更范围是否有必要、判断项目变更的结果是否已经发生及效果如何等。进行变更控制的主要依据有：项目计划、变更请求和提供了项目执行状况信息的绩效报告。

8.7 ERP 成功关键因素

作为一个企业变革管理的项目，ERP 的成功实施取决于多个因素的综合考量。IBM 提出了企业成功实施 ERP 的六大关键因素，包括高层领导的支持、紧密结合企业战略、有效的项目管理、与组织文化保持一致、行业领先的技术和经验丰富的合作伙伴等，相辅相成，共同促成了 ERP 项目的成功实施。ERP 项目实施成功的关键因素一般可分为以下三类。

（1）与人的因素相关的因素，如技能和资源的有效性、企业文化的障碍、变革的影响、公司领导的承诺。

（2）与 IT 基础结构和项目所需资源相关的因素。

（3）实施方法论因素，与正确开展实施项目、过程建模、项目管理等方法相关。

不妨先分析一下失败的原因，再探讨成功的关键因素，最后看促成的方法。

8.7.1 ERP 项目失败的原因

ERP 项目的失败一般是出于以下几方面的原因。

（1）缺乏规划或规划不合理。

（2）对企业本质需求认识不清。

（3）项目预先准备不充分。

（4）ERP 软件选型不恰当。

（5）咨询合作伙伴力量不足。

（6）实施过程缺乏方法论指导或执行不力。

（7）实施缺乏里程碑，或阶段成果未达标。

（8）设计的流程缺乏有效的控制环节。

（9）实施效果未做评估或评估不合理。

（10）系统安全设计不完善，防范措施不当或不完整。

8.7.2 ERP 成功的力量

影响企业 ERP 项目成功的关键因素主要在四方力量+企业现状及企业文化+沟通。所谓四方力量指的是企业管理层、项目团队、软件提供商和企业员工，他们在各自的位置上都有自身的考虑，在信息化问题上相互充斥着责任与权利的矛盾和斗争；而企业文化和沟通能缓和/或加剧这些矛盾与斗争，六项关键因素共同影响着 ERP 项目的成败。

1. 企业管理层

一直以来，只要提到企业信息化，总免不了要谈“一把手”工程。信息化项目尤其是 ERP

项目是对企业老板毅力和耐力的考验。既然花了几百万，老板不可能不重视、不支持，但是，一旦时间控制超出了他的预期，产生焦急的心情是可以理解的。这个时候，对上 ERP 项目持反对态度的既得利益者一定会跳出来，横加指责。但如果企业管理者失去信心、失去斗志，ERP 的失败就变成了一个必然结局。可见，企业管理层对信息化项目成败具有举足轻重的影响力。

企业信息化项目必须得到高层的批准和支持，需要他们公开、明确地定义信息化项目的战略地位。有了最高管理层的支持和积极参与，他们就会主动分配资源执行信息化。在某些信息系统实施的成功因素调查中，最高管理层的支持排在 13 个因素中的第三位。领导层对项目的态度直接决定了项目实施所获得资源的量与质。在 ERP 项目中，最高管理层的支持更为重要。他们的拥护和支持，在某种意义上成了企业级的象征，可以增强企业所有员工对项目的认同度，这是影响 ERP 实施成功的关键因素。

此外，还需要企业管理层对项目有着正确、客观的认识和期望。ERP 仅仅是先进管理理念的软件实现，是企业管理的辅助工具，企业应站在长期发展战略的高度去把握 ERP 的功能和技术先进性。管理层必须明确 ERP 的作用与功能，以及自身的状况和需求，只有这样才能对信息化项目有恰当的认识和合理的期望。

2. 项目团队

项目团队是实施企业信息化项目的核心力量，也是影响项目成功的关键力量之一。实际上，项目团队通常由企业和软件商组成，有条件的话，最好能引入第三方咨询人员，但为了更好地分类分析潜在风险，本文在此专指项目团队中的企业成员，而将软件方的实施人员归入“软件提供商”这一因素中进行分析。

团队的人员结构、经验、知识、能力等对项目的成功都至关重要。由于企业信息化涉及各个职能部门，需要技术、业务专家及最终用户的共同努力和协作，因此需要企业中最出色的员工加入项目队伍，具备技术知识和通晓业务知识的人的最佳组合是确保项目成功实施的基础。此外，是否实施规范化的项目管理，项目经理的经验、管理沟通的能力等也将对项目管理的效力乃至项目的成败产生影响。

3. 软件提供商

信息化项目的风险不仅来源于企业，软件提供商也是导致风险产生的一个重要来源。在实施的不同阶段，从开始到结束，软件商的消极态度会直接导致项目的失败。软件商对项目成功的影响力主要来自三个层面：一是软件提供商的信誉、在业界的认可度、服务的水平与质量、管理标准化程度等；二是产品的成熟度、稳定性、灵活性、可扩展性等；三是开发人员和实施人员的技术水平、业务领域知识的掌握程度、沟通能力，人员流动性，开发过程的规范性等。

为更好防范风险，提高项目成功率，我们有必要特别重视以下两点：一是警惕软件提供商的欺诈行为；二是应尽量使软件提供商提高对本企业项目的重视程度，加大投入力度。软件提供商同一时刻可能正在给若干个组织实施项目，规模越大、信誉越好的软件商越有这种可能。从软件商的角度考虑，每个项目存在必然的差异，其中包括软件商对每个项目所能带来的利益的预期，用通俗的话讲就是：有的单子只有十几万，有的单子能有几百万。这些单子同时实施的时候，软件商不可能投入同样程度的关注，关注程度的差异对项目的影响是不容忽视的。假如你的企业正与一个大的软件商合作，并且你的项目在他项目列表中不是首要关注对象，那么加大软件商对你项目的关注和投入程度，是你必须重视的事情。

4．企业员工

企业员工是系统的真正使用者，他们的素质直接决定系统的实施难度。信息化必然带来管理上的变革，原有业务的复杂度、管理的规范与否，客观上决定了变革的程度，但变革实施的难易及成效，却是取决于企业的广大员工。“企业员工”这一因素主要通过员工的态度、对信息化项目的认识与认同、接受新事物的能力等对企业信息化项目产生影响。ERP 项目是一个涉及企业全员参与的项目，只要有人不理解这个项目的重要性或是不理解项目与自己岗位业务的关系，就很有可能会造成项目启动前“从来没听过”，项目实施过程中“从来没明白”，项目上线后对系统“从来没用过”的现象，更有甚者是强烈抵触，主观不去了解、明白和使用。这种现象极有可能给 ERP 项目带来不可估量的巨大风险。

实施信息化的确是一个累人的“活儿”，在短期内，不但没有给职能部门的人带来什么明显的好处，而且还要增加很多“额外”的工作量，加班加点是必然的。员工们需要得到不断的鼓励，尤其是在取得每个阶段性成果的时候，更需要有针对性的总结。

5．企业现状及企业文化

一个稳定和成功的企业也是信息化成功实施的关键。大多数专家指出，一个稳定和成功的企业更有可能拥有一个强大的组织制度，也更欢迎变革，这一因素也可以在一定程度上抵消由于业务系统的复杂性所产生的挑战。Slooten 和 Yap （1999）在调查 SAP R/3 实施中，陈述到：“顺利并快速实施 ERP 的关键成功要素之一是有一个稳定、成熟和有能力的组织。”

企业文化和信息化好比一个人的精神活动与脉络，两者之间有着千丝万缕的联系，既相互独立，又互相影响。从企业管理角度看，信息技术应用必须伴以企业文化演进。若是先进生产力与落后文化结合，便没法搞好信息化。适应变化的企业文化才能有效地推进企业信息化。

所谓企业文化，就是在一个企业中被广泛接受的价值观，是企业精神活动的概括和总结，主要内容是企业价值观、企业精神、企业经营之道、企业风尚、企业员工共同遵守的道德规范。企业文化主导了企业中各种活动的气氛，使得企业中的成员趋向于认同和发扬某种风格。企业文化中消极的、不合理的因素会试图扭曲信息化形态。出现因人设流程、因个人喜好而导致系统实施受阻等情形，而不是积极变革。与发达国家的信息化注重功能和通用性不同，我国的许多企业都有很多自己的“潜规则”，信息化系统要为这些潜规则服务，而体现这些潜规则需要付出很大的代价，因为这些潜规则大多不是明确的需求，是在使用的过程中不断地跳跃出来。此外，缺少顺畅的执行文化也会给信息化项目的推广使用制造很大的障碍。所以，企业在引进信息系统时，应当刻意培养适合于信息化的企业文化，如规范化的工作流程、认真细致的工作步骤、公开透明的信息发布等。如果员工对信息化心存疑虑，应当鼓励他们表达出自己的担忧，而不是将问题复杂化。

6．沟通

沟通管理属于现代项目管理知识领域中的一项，将其单独列出，正是为了突出其在 ERP 项目实施过程中的重要地位。目标和期望可以帮助一个组织认清信息化项目的每个里程碑，因此每个层次的期望或目标都应该互相交流。沟通应该完整、公开，确保诚实。应该让每位企业员工都了解项目的计划、范围、目标、活动和发展的方向。完整、公开的沟通促进信息化在企业范围内达成共识。相关用户的需求、建议、反应和赞同信息应该很好地收集、管理。实践证明清晰沟通项目目标可以帮助企业实现信息系统实施的持续改进。与高层领导的沟通被认为是关键的成功因素。每月报告、时事通信、每周会议，或者其他沟通工具通常用来保证用户实时了解项目的进程。许多项目经理和咨询师指出没有提前将进度与用户沟通，尤其是关键用户（如高层、股东等），将很容易导致 ERP 实施失败。除了项目团队与用户的充分沟通外，当然还包括与软件供应商的沟通、项目团队内部的沟通。

8.7.3 促进 ERP 成功的变革管理方法

变革管理方法是一种有效的、以行动为导向的方法论，这种方法论可以有效克服阻碍因素，帮助提高项目成功实施的可能性。它主要基于建立一系列规则，统一认识，指导人们采取一致的行动支持项目的成功实施。

各个 ERP 软件商注重变革管理方法，SAP 中国的变革管理的思路如下。

（1）确定变革内容：即根据公司的现状，明确企业必须改变什么且必须明确不进行变革会带来的弊端。

（2）定义未来远景与目标：目标是行动的指南，是对企业及其员工未来状态的理想化憧憬，包括所有员工都能够认同的崇高目标。

（3）举办管理层变革研讨班：针对调查的结果，向企业领导层进行汇报，使其了解目前企业在变革管理中各方面的表现和急需改进之处；同时设定变革管理的具体目标和确定变革工作小组。

（4）设计变革框架：根据评估结果及变革管理的目标，明确沟通渠道、制订相应的沟通计划和行动计划。

（5）按照变革框架中制订的沟通计划、行动计划实施变革管理，如进行相应的培训、会议等。

（6）重新借助变革管理问卷调查对实施后的沟通、行动计划进行评估；根据评估结果，制订后续沟通、行动计划。

以上这些过程是一个连续的、反复多次的过程。通过多次的变革管理，使企业和员工个人的变革都能够得到最佳优化，确保项目的有效实施。

运用变革管理方法，在 ERP 系统的实施中，就能够产生以下效果。

（1）专注于减少项目风险，而不是改变企业文化。

（2）推动人们采取统一行动以支持项目的成功实施。

（3）促使受变革影响最大的人们参与关键问题及解决方案的讨论。

（4）对组织结构设计、人力评估、培训需求及其他的人力资源问题进行强有力的分析。

（5）为实施新的业务解决方案准备并配备合适的人力。

8.8 ERP 项目评价体系

信息化建设需要一个较长的时间周期，信息化建设过程伴随着流程变革、人员变革、文化变革，未预料到的成本将不断产生。企业实施 ERP 系统后会怎么样呢？企业运营是否得到改善？竞争优势获得提高了吗？企业需要建立一个ERP项目的评价体系，来评价业务绩效及效益效果，检查实施ERP系统的成效以改进工作并积累经验。

8.8.1 优秀企业运作考核

MRP II 的主要创始人怀特在1976年提出，把实施MRP II系统的企业评为A、B、C、D四级。1982年，在闭环MRP发展到MRP II以后，他又做了一些补充，并规定了一些基本的评级标准。1988年，怀特公司的继任总裁戈达德（W.E.Goddard）在APICS年会上提出一个新的考核规则，汲取了JIT的哲理，把考核内容分为：总体效果、计划与控制过程、数据管理、进取不懈过程、计划与控制评价、企业工作评价等6个主题，列出了35个问题，增加了产品开发与设计、质量管理、分销资源计划、同客户和供应商的合作关系、降低成本等方面的考核内容（参阅《Modern Materials Handling，January 1989》）。1993年，Oliver Wight出版社发行了第4版《A、B、C、D优秀企业运作考核提纲》，由著名MRP II专家共20余人编写，分为：战略规划、员工与团队精神、全面质量管理与进取不懈、新产品开发、计划与控制5大部分。作者们希望通过这个《考核提纲》，提醒管理人员在管理进步方面应当做什么和注意什么，并希望这个《提纲》能成为一个工业标准。由于上述《考核提纲》还不是一个国际通用的工业标准，甚至也还不是APICS的正式文件，以下综合了一些国外管理咨询公司通用的考核办法，并参照《考核提纲》的内容，用举例的方式加以说明，供读者参考。考核内容一般分为“实施业绩考核”和“管理规范考核”两部分，分别用百分比和评分的办法予以定量。

1. 实施业绩考核

从ERP逻辑流程图中看出，ERP系统是由三个管理层次组成的，因此，考核指标的主题也是同管理层次对应的，既考核下级管理层，也考核上级管理层。各个层次都有相应的考核指标与计算方法，做到责任明确。其中有几项涉及基本数据的准确度，考核负责维护数据的部门。各项考核指标比较侧重于数据和预期目标的准确性。为了考核，除了要有明确的目标和计算方法，数据报告也要及时。考核中所用到的数据如果用人工去收集，将是一件非常繁琐的工作，所以都应包括在系统的数据库中。有的ERP软件专门设置了业绩评价模块，用户可以定义评价内容，由系统自动跟踪计算，并可以用各种图形（如直方图）和色彩来显示结果。

2. 管理规范考核

对管理规范考核采用答题的方式。可以是是非题，“非”表示未能做到，为0分；也可以按优、良、可、差、劣或5分制来评分。怀特最初拟定的答题只有25题，后来各企业在评价时又有增补，但基本上都包括了最初的25题。

1）培训

公司或厂级领导及销售、生产、物料、技术和财务部门的主要人员是否理解ERP系统的基本原理？

是否有80%以上的职工接受了MRP II的基本教育或培训？

企业是否有一个对全体员工进行MRP II原理与方法的继续教育培训计划？

2）数据

物料清单的准确性是否大于98%？

库存循环盘点的准确性是否大于 95%？

工艺路线的准确性是否大于 95%？

采购和加工提前期是否至少每季度核定一次？

3）主要运行状况

MPS 及 MRP 采用的时段是否为周或小于周（至少用于近期计划）？

MPS 是否可由主生产计划员核实并调整，而不是完全由计算机决定，人工无法干预？

系统有无由计划人员对计划订单进行确认的功能？

系统有无对物料和订单进行反查和追溯的功能？

系统是否包括与各计划层次对应的能力计划功能？

系统是否提供车间作业用的派工单（按周或日），并说明工序优先级？

系统有无投入/产出控制的功能？

系统是否能在供应商要求的交货提前期之前制订出企业的采购计划？

会计科目和成本计算是否与采购作业和车间作业有直接关系？

系统有无生成和分析成本差异的功能？

系统是否有各种模拟功能（工艺路线、计划、成本等）？

4）系统应用状况

是否能做到防止出现短缺件？

是否运行系统生成采购供应计划？

是否有大于 90%的供应商按期交货？

是否有大于 90%的加工单按计划完成？

是否有大于 90%的主生产计划按计划完成？

是否有大于 90%的客户合同按计划交货？

是否用系统编制或重排计划？

MPS 和 MRP 是否至少每周运行一次？

是否经常进行负荷/能力平衡和能力计划？

是否用系统运行投入/产出控制？

是否用系统计划与控制库存量？

是否用系统模拟运行？

是否用系统提供报价和销售承诺？

是否用系统计划与控制成本？

是否用系统生成财务报表？

是否用系统编制企业预算？

是否用系统有效地执行设计更改制度？

是否用系统提供的信息分析发生质量问题的原因？

是否每月至少定期召开一次有厂长和部门主管参加的生产计划会议，并根据市场需求变化，复查和调整计划？

在库存周转次数、劳动生产率和客户服务质量 3 个方面，是否至少有两项同时得到改善？

5）总体运行情况

企业领导对 MRP II 系统有无承诺全面有效运行的责任？

在运行 MRP 之前，对 MPS 是否有审批制度？是否能兼顾计划的稳定性和灵活性？

是否有完整的、经过审批执行的工作准则与工作规程文件？

每个员工是否有运行 MRP II 的岗位职责和考核的明确条文？在全员参与方面有无具体措施？

是否有市场研究与市场开拓的工作制度？

是否有规定产品寿命周期的文件并遵照执行？新产品开发是否包括在计划系统之中？

是否建立了主要客户的文档？与主要客户之间是否有正式的销售服务协议（说明质量、交货条件、交货提前期及费用方面的要求）？

是否有评价销售网点和售后服务的制度？

对主要的供应商是否建立了文档？是否经常进行业绩评价？是否建立合作伙伴关系？

企业各层次、各部门是否遵照企业统一的目标和策略并为促其实现而通力协作？

企业的物料是否由一个领导部门统一管理？

企业的管理工作是否符合国家政策和上级公司规定的要求？

以上各题若全部为肯定答复（即“是”或“有”），则为满分 100 分。企业可以根据自身的条件和目标要求增减题目。第 4 版《A、B、C、D 优秀企业运作考核提纲》中的问答题增加了很多，仅计划与控制部分就有 168 题。这些问题对提示企业在管理上应注意什么问题是很有帮助的。根据持续 3 个月对上述考核指标和答题评分的结果，ERP 企业定级标准规定如下。

（1）A 级企业。

在整个企业范围内采用完整的闭环 MRP II 系统管理经营生产。各部门人员都使用统一的规范化信息系统，发扬团队精神密切配合，协同工作。高层领导对系统的成败承担责任。

生产与库存系统同财会系统紧密关联，使用同一信息数据，并有模拟功能。

考核指标除物料清单准确度>98%、库存记录和工艺路线准确度>95%外，其余项目的平均值>90%。

答题评分>90 分。

（2）B 级企业。

企业虽有完整的闭环管理系统，但未能有效地用到生产管理上去。高层领导没有介入。

还要靠短缺报告来安排生产，未能消除采购和生产的突击赶工现象，有些库存仍大于实际需要。

考核指标除物料清单>85%外，其余项目的平均值在 80%～89%之间。

答题评分在 80～89 分之间。

（3）C 级企业。

无完整的闭环管理系统，各职能部门未能统一在一个系统中。

把 MRP 仅作为一种物料库存管理方法，还没有用于生产计划。

考核指标除物料清单准确度>75%外，其余各项平均值为 70%～79%。

答题评分在 70～79 分之间。

（4）D 级企业。

仅作为数据处理用。

库存记录很糟，主计划脱离实际，不能指导和控制生产。虽然已经投入相当资金，但收效甚微。

考核指标平均在 70%以下。

答题评分在 70 分以下。

这种分级办法，概括地说，大体上可以按照 ERP 的发展来这样理解：A 级企业实现了 ERP/MRP II 系统、物流与资金流信息集成；B 级企业基本上实现了闭环 MRP；C 级企业基本上实现了 MRP；D 级企业仅用作数据处理系统。 达到 A 级企业要付出艰巨的努力。据不完全统计，在美国推行 ERP/MRP II 的企业中，A 级占 25%左右，A、B 级合计占 50%以上。根据国外资料分析，未达到预期目标的主要原因：

- 受各种因素影响，未能持续保持高标准；
- 领导层支持不够，没有承担责任；
- 忽视培训或未能长期坚持培训；
- 数据不准，人们对系统失去信任；
- 忽视正确的实施方法和必要的实施指导。

从美国怀特公司 1989 年调查 1000 多个企业的结果表明，实施 ERP/MRP II 后，不论评为什么级都会有一定的效益，只是程度不同而已。

8.8.2 Benchmarking Partners 的 ERP 项目评价体系

1996 年，美国著名研究机构 Benchmarking Partners 受 SAP 公司之邀，对用户项目的投资回报情况进行了全面调研，同时提出了一套 ERP 项目评价体系。在这套评价体系中，包括项目驱动因素、事务处理指标和关键成功因素三个方面的评估内容。

项目驱动因素：通过对不同行业的研究，现实的 ERP 项目主要有三种驱动因素。对于那些市场较成熟、产品变化相对稳定的行业，如化工、半成品加工业等，驱动他们实施 ERP 的因素是关注业务成本的降低。对于产品急剧变化、市场高速增长的行业，如高新技术行业、电子行业等，这些项目关注的是提高响应市场和技术的能力。对于综合性的集团型企业，他们关注的是全面、高速和标准化的管理流程。通过对项目驱动因素的评估，实际上是为整个项目寻找到一个基点和一个总体目标。

事务处理指标：对于事务处理的评估，可以分为战略性收益和经济收益，战略性收益是从企业战略的角度来考虑项目的收益，如业务处理的集成性、信息利用度、对客户的响应度和灵活度、成本和业务活动，以及对新的应用的基础架构等；经济性收益是用价值来评估项目引起的业务流程变化而产生的效益，包括对财务管理、人员管理、IT 成本、库存管理、订单管理和供应管理等。

关键成功因素：根据 ERP 项目实施的过程，对关键成功因素的评估，是从项目管理、高层支持、培训、管理改革、合作伙伴管理和流程重组等方面进行的，在这里又对每个因素进行具体化的衡量，如项目管理的衡量就包含资源、团队、技能和管理，高层支持包含目标、活动等参与度指标，培训则包含费用、内容和时间，管理改革包含交流度、期望度、阻力和可见度等，合作伙伴管理包含角色、价格和经验等，流程重组则包含费用和时间。

该评估体系由三个层面构成，即评估目标、关键要素、关键绩效指标。比如，“销售和分销”是评估的目标，“销售周期管理”、“订单履行”、“仓库管理”和“运输管理”是在行业中实现这一目标的关键要素，而对这些关键要素，必须有可量化的绩效指标来明确地进行衡量，如“订单输入时间”、“及时交付率”、“最佳销售时间”和“询价周期”等，这些关键绩效指标又有相关的行业基准和实施经验作为参考，以帮助用户在实施过程中把握方向，保证项目的成功。

8.8.3 我国的ERP软件测评指标

我国制造业信息化工程2003年度应用软件产品测评规范的第三部分是ERP软件测评指标及评定细则。本部分规定了2003年度ERP软件测评的基本功能指标、扩展功能指标、性能指标及用户文档指标，并对ERP软件产品测评的结果及基本功能、扩展功能、性能和用户文档指标测评规定了评定细则。本部分适用于制造业信息化工程2003年度ERP软件测评及其他相关的ERP软件测评，并可作为制造业企业选择或评价ERP系统的测评依据。表8-14所示为ERP软件的功能指标，指标测试“通过”或“不通过”将影响其上级指标（即第二级指标）的“通过”与“不通过”。

表8-14　ERP软件功能测评指标

一级指标	二级指标	三级指标	正确性（只测是否通过）	备注
1 基础数据管理	1.1 物料清单（BOM）数据	产品结构数据的生成与维护*		
		产生产品结构报告		
		产品结构数据复制		
	1.2 工艺路线数据	工序数据管理*		
		工时定额维护*		
		批号追踪		
		工作中心维护		
	1.3 财务数据	会计科目管理*		
		会计期间管理*		
		凭证类型管理*		
2 生产管理	2.1 主生产计划	主生产计划编制*		
		主生产计划调整*		
		MPS粗资源平衡		
		主生产计划反馈与查询		
	2.2 物料需求计划	MRP计划自动生成、编制与调整（顺排或倒排MRP计划等）*		
		物料需求计划可行性和平衡分析*		
		物料需求计划、计划生产订单等的查询*		
		计划生产订单确认、计划请购单确认、拖期订单报告*		
	2.3 能力需求计划	能力需求计划计算		
		能力负荷计算*		
	2.4 生产订单管理	生产订单维护、查询*		
		生产订单标准成本重估		
		生产订单的下达*		
		生产订单缺料报告		
		生产领料单的生成、维护、审批*		
	2.5 生产作业管理	作业计划的编制与维护*		
		调度计划编制与维护		
		作业计划查询、作业计划统计*		
	2.6 生产工序管理	工序转移、启停和完工处理		
		工序进度查询、反馈		
		工序异常处理与报告（如拖期、返工、废品、停工等）		

续表

一级指标	二级指标	三 级 指 标	正确性（只测是否通过）	备注
	2.7 生产统计	关键工作中心效率报告*		
		生产订单效率报告		
		员工效率报告*		
		返工报告		
		生产计划完成情况统计*		
3 采购管理	3.1 采购计划管理	采购计划编制与维护*		
		请购单管理等		
	3.2 供应商信息管理	供应商等级分类		
		供应商信息定义*		
		供应商信息维护、查询*		
		供应商评定审核管理		
	3.3 采购订单管理	供货信息管理		
		采购订单维护*		
		到货、退货处理*		
		订单统计查询*		
	3.4 价格管理	物料定价因素		
		价格变更的程序		
		最高单价控制		
		询价管理		
	3.5 到货/验收管理	到货管理		
		验收入库管理		
		收货方式		
		退货管理*		
4 销售管理	4.1 销售预测	提供销售量的预测		
		预测订单管理		
	4.2 销售计划	销售计划编制与维护*（销售年、月计划）		
		部门销售计划、推销员销售计划编制与维护		
	4.3 询价与定价管理	价格管理*		
		价格策略管理		
		下达报价单为销售订单		
	4.4 销售合同管理	销售合同编制与维护*		
		合同发货、结案管理*		
		销售明细账查询、合同的执行情况、拖期情况查询*		
	4.5 客户管理	客户信息收集与分类*		
		客户信息分析与查询*		
	4.6 查询统计	销售欠款查询		
		销售服务分析		
		销售计划完成情况分析*		
	4.7 分销管理	销售订单		
		配货方案		
	4.8 退货管理	退货作业管理*		
		销退账务处理*		
		退货流程控制		

续表

一级指标	二级指标	三 级 指 标	正确性（只测是否通过）	备注
5 库存管理	5.1 入库管理	库存属性设置		
		采购入库管理*		
		生产入库管理*		
		调入入库管理*		
	5.2 出库管理	销售出库管理*		
		生产出库管理*		
		调出出库管理*		
		批次处理和转库处理		
	5.3 盘点与结转	库存盘点*		
		库存结转*		
	5.4 库存分析	库存变动情况分析*		
		库存物料 ABC 分类管理		
		库存超期报警、库存越限报警、库存进价超限报警*		
	5.5 库存查询	库存月报表查询与输出*		
		物料收发台账查询*		
		物料入库和出库登记表输出与查询*		
		物料库存情况查询*		
6 财务管理	6.1 总账管理	记账凭证输入和登记*		
		日记账*		
		明细账*		
		总分类账*		
		其他报表编制等		
	6.2 应收账	应收款管理*		
		欠款客户管理*		
		支票管理*		
		发票管理*		
	6.3 应付账	应付款管理*		
		供应商管理*		
		支票管理*		
		发票管理*		
	6.4 成本核算	标准成本计算*		
		实际成本计算*		
		产品成本分析		
		目标成本分析		
		产生成本有关报表*		
	6.5 固定资产管理	固定资产账目*		
		固定资产变动处理*		
		固定资产折旧*		
		固定资产账表查询*		
	6.6 工资管理	工资管理*		
	6.7 财务报表	损益表*		
		资产负债表*		
		现金流量表*		

续表

一级指标	二级指标	三 级 指 标	正确性（只测是否通过）	备注
7 质量管理	7.1 检验标准管理	抽样标准维护		
		检验标准维护		
		质量标准体系管理		
		供应商认证		
	7.2 检验计划管理	进货检验计划		
		生产零件检验计划		
		装配过程检验计划		
		产品检测检验计划		
	7.3 检验过程管理	进货检验		
		制程检验		
		成品检验		
		出货检验		
8 设备管理	8.1 设备维护及运行	设备维修记录		
		设备保养记录		
		设备运行记录		
		设备事故记录		
		设备精度检测		
		设备台账维护		
	8.2 设备维护计划	维修计划维护		
		保养计划维护		
9 人力资源管理	9.1 人事管理	员工基本信息		
		人事状况统计表		
		人事变动管理		
		教育、培训等		
		社保管理与劳动合同管理		
	9.2 人力资源战略	人力资源计划		
		人力成本预算管理		
	9.3 职务职能管理	组织结构设计		
		岗位信息管理		
10系统维护管理	10.1 系统权限管理	权限定义与维护*		
		权限分配*		
		角色管理		
	10.2 数据维护	数据导入导出		
		数据备份与恢复*		

8.9　本章小结

ERP 项目管理是 ERP 实施成功的关键，它运用了 IT 项目管理的基本理论与方法，结合 ERP 实施的特点，在项目目标、范围、时间、成本、质量、人力资源、沟通、风险管理等方面对 ERP 项目进行有效的管理，包括了启动、计划、执行、控制和收尾评价等一系列过程。

思考题与习题

（1）ERP 项目管理可以分为几个阶段？
（2）ERP 项目的可行性研究报告必须包括哪几个部分？
（3）如何进行 ERP 系统项目的投资评估，试运用净现值方法予以说明。
（4）如何进行 ERP 项目的计划与费用预算？
（5）如何对 ERP 项目进行控制？ERP 项目控制有哪些重要工作？
（6）调查成功实施 ERP 的多个企业，说明 ERP 项目实施的关键成功因素。
（7）ERP 的实施中会遇到哪些风险？如何规避这些风险？
（8）如何评价 ERP 软件及软件供应商？
（9）如何进行 ERP 系统的软件选型？做出企业进行 ERP 软件选型工作的计划安排。
（10）如何评价 ERP 系统的运行绩效？
（11）你认为在 ERP 系统的测评指标中哪些是最重要的？哪些是次要的？

案例分析：WE 钢铁公司的战略供应管理系统①

0 引言

2007 年 3 月的一天，WE 钢铁公司供应部信息系统小组的内部会议在下午 3 点休会了，信息系统小组项目副组长，物资部赵贺副部长只好收拾起所有资料回到办公室，他需要重新考虑参加这类会议的人员，只要求物资供应部各业务骨干参加是远远不够的，下一次有必要邀请公司新任命的主管物资供应部的范一伟副总裁也参加会议，供应部各业务科长及公司各个分厂的主管领导必须参加，供应信息系统的战略性不是停留在口头上，采购计划及流程、采购业务权限、供应商关系管理、分厂仓库之间物资存放的交叉等问题都需要大家坐下来一一敲定，否则正在进行的物资供应部信息系统就无法适应公司运营需求。赵贺副部长在考虑向公司领导汇报，目前物资供应信息系统的建设，应该是全盘考虑构建企业的战略供应管理系统的好时机。好在范一伟副总裁原来就是物资部部长，一直有战略供应管理的思想，因此，赵贺副部长充满了信心，只是自己不是企业管理系统的专家，没有想到系统建设的问题这么复杂，物资供应信息系统建设当初，并没有想让它发挥如此重要的作用，从今天开始必须改变，必须重新考虑供应信息系统的战略及其规划，应当使供应管理信息系统为企业发展战略做出贡献。

1 公司概况及其供应职能

WE 钢铁公司始建于 1958 年，2000 年完成了企业改制，成为有限责任公司，公司具备从矿山采选、冶炼、轧材到产品的深加工等一整套钢铁联合企业生产流程，同时公司又具备机械制造、氧燃动力、货物运输、建筑安装等行业的生产经营能力，公司要发展成为“一业为主、多种经营”的钢铁企业集团。2005 年 WE 钢铁公司多种经营的战略发生了改变，公司与省内最大的钢铁集团——武汉钢铁集团进行了联合重组，以求充分利用大型钢铁集团的技术、资源、管理、人才等优势。优化产品结构，实现由长材向板材、由普钢向优特钢的转变；提高技术装备水平，实现设备小型化向大型化的转变；进一步提高产品附加值，提高经济效益，并全面提升公司的核心竞争力。重组后的武钢集团 WE 钢铁公司现已具备年生产钢 500 万吨的综合生产能力，成为省内最大的建筑用钢生产基地和新兴的高端板材生产基地，产品广泛应用于水利、道路、机场、桥梁、房屋建筑等基础工程建设以及机械、汽车、金属制品等行业。公司一直致力于降低采购成本，重组当年公司采购金额就达 70 亿元，库存资金达 5 亿元。随着公司重组战略的实现，公司原有的物资供应战略及管理模式悄然开始发生改变。公司想建立与武钢集团供应体系紧密关联的物资供应管理信息系统。

1.1 公司物资供应模式的变迁

2005 年以前，WE 钢铁公司的物资供应部门虽然经过了几次调整，但主体上还是由多个部门负责，矿业公司负责矿石的采购，原料处负责炉料、熔剂的采购，机动处负责机械备件的采购与外协加工，物资供应部负责材料、燃料、办公用品、劳保用品等的集中采购。WE 钢铁公司重组以后，原来的物资供应部全面负责 WE 钢铁公司的物资供应管理工作，并接受重组的钢铁公司供应部门的统一指挥，物资供应的集中度进一步提高，由分散采购，迈向集中统一的采

① 此案例为作者本人所编写，选自中国管理案例中心。

购，物资供应部集中了矿石等大宗原材料、燃料、设备备件、辅材、工程物资等公司所需物资的采购与存储功能，实现了统一的供应商管理，为公司及其下属烧结厂、焦化厂、炼铁厂、转炉炼钢厂等分厂的生产、基建、检修、技措等项目的物资供应提供保障、配送服务，形成了计划、专业化采购、协同作业、执行跟踪与监督、储运为一体的程序化供应体系。

集团公司对供应部的总体要求在公司文件中做了明确：按集团公司生产和工程计划，组织编制年度原材料供应计划。对原料、燃料、设备备件、辅材的计划、招议标、合同、采购、储存、发放等全过程进行管理，以降低成本、提高质量、保证供应为主要目标。贯彻集团公司质量方针、目标，负责物资供应系统内部质量体系审核工作，加强所供物资的质量管理与供应商管理，保证满足生产和建设的要求。组织对合格供应商的资源能力、质量保证能力的调查、分析，发展与供应商的良好关系，努力完成公司战略目标与部署。对生产经营、技术进步所需的新材料、新工艺的外购与管理工作负责。对分管物资进行公司内部调剂与统一的物流配送管理。可以看出，保障生产的供应是钢铁企业物资采购部门的“第一要务”。WE钢铁公司逐渐由分散采购转向集中采购，集中采购首先要做到保障供应，并逐渐提高供应的战略层次。

1.2 物资供应职能科室的设置

WE钢铁公司需要对外采购哪些物资？可以对公司所需物资进行分类。

第一类是大宗料类，包括矿石、熔剂、燃料、废钢与生铁、炉料。

第二类是电器仪表类，包括电机、电气自动化备件、电缆、电子元件、电子配件、电料、空调、仪表、电器。

第三类是通用备件类，包括阀门、起重机械 、风机水泵、减速机、制氧机、空压机、液压气动、连续运输机、轴承、机床小型工具及其他通用备件。

第四类是非标备件类，包括各分厂在不同区域或设备中使用的非标准备件。

第五类是辅助材料类，包括黑色金属、有色金属、水泥制品、建材杂品、油料、药品、化工、五金、工具、橡胶制品、油漆涂料等。

第六类是办公用品及劳保用品，包括百货文具、杂品、劳保品等。

WE钢铁公司物资供应部负责完成上述物资的采购任务。物资供应部根据战略供应管理的需要设置了管理科、计划科、合同科三个管理科室，矿石科、燃料科、机械备件科、电器仪表科、材料科、工程科、废钢科及炉料科等八个专业化采购科室，还设立了调度科、仓库管理科与质量检验科。

计划科组织物资采购供应计划的编制下达，负责计划管理与统计工作。负责供应商的调查和评价，评定合格供应商。负责制订消耗定额、储备定额，并组织检查落实。负责组织推行质量管理工作和进行采购物资质量检查。

合同科负责经济合同的审核、监督与管理，招议标采购的组织、管理与协调，采购价格的审核、监督与管理等工作。组织市场调查，及时向部价格领导小组提供价格信息或依据。

专业化采购科根据公司生产、建设的需要，负责组织编制年度、月度采购申请计划和补充申请计划，保证批准计划的实施。参与选择合格供应商，按质、按量、按期组织货源，降低采购成本，提高经济效益完成各项技术经济指标。根据物品的特征建立相应的供应链管理机制，关键物资实行专业采购科牵头的跨部门采购组，加强用料单位、采购专员、采购管理部门、供应商之间的联系与协作。

仓库管理科负责供应部一级仓库的管理工作。目前 WE 钢铁公司下属 26 个单位有二级材料库房，17 个单位有二级备件库房，矿石、洗精煤、废钢等大宗原材料库直接由分厂管理。

调度科负责日常原料、燃料、设备备件、辅助材料调配保产工作，掌握物资到厂及卸车（船）动态，及时外排卸空车皮。对生产、技改、技措物资供应的现场服务，搞好对各用料单位及车站、码头的物流协调工作。负责协调物资调配工作中重大或突发问题，确保物流畅通。通过准确的调度管理实现公司内供应物流的顺畅。

另外，WE 钢铁公司质量部负责大宗原材料质量检验；技术部负责新材料试用；财务部结算科负责对内、对外结算；财务部价税科负责核定材料的计划价；审计处负责审查部分合同；计控处负责受控计量设备的管理。

2 行业背景

在 2005 年上半年，国内钢铁业出现了供过于求的迹象，当时国内几家大的钢铁公司的财务指标都有不同程度的下降。中国钢铁生产企业的集中度并不高，生产情况严重分散，居市场领先地位的大规模企业只有几家，其余约千家企业的规模与效率都不是很高。前五大钢铁企业产出占钢产品总供应量的约 60%。中国在高附加值产品的市场集中度较高，这主要是由于该领域对资本、科技、生产工艺等的高要求。由于供过于求而使钢材价格过低的现象其实并不能反映钢铁业的全貌，供过于求大都停留在低端钢材上，而一些高端的冷轧薄板、涂层板、电工钢等依然处于供不应求的局面。而能生产这些高端产品的企业往往是一些少数、大型的行业领先企业。那些产量小、高耗能、高污染、低端产品过多的小企业面临着关停、倒闭的危险，国家政策也在促使钢铁业落后产能的淘汰。另一方面，钢铁业所需的大宗原材料价格攀升，如铁矿石价格不断冲高，煤炭供应紧张。行业内竞争加剧，加之行业下游需求端的政策变化更是增加了不确定性，原料涨价、需求不平衡，可以说，国内钢铁业"腹背受敌"。因此，钢铁企业面临的首要问题是整合与优势运营，企业间整合的背后是组织业务流程的重组与部门的调整，以及包括供应链管理模式在内的现代管理模式的构建。从分散采购走向集中采购，又由集中采购过度到战略供应，依靠战略供应链管理获得长久的竞争优势，这正是 WE 钢铁公司在这样的行业背景下，在实践中逐渐探索，并执行的战略举措。

3 面临的问题及战略供应管理解决方案

WE 钢铁公司已经充分认识到供应管理的战略性，特别是这段时期出现的大宗原材料供应紧张，采购成本不断上涨的局面，老总、部长亲自跑原料，已经司空见惯，尽管公司重组以后大宗原材料供应危机有所缓解，但无疑供应已经成为直接影响企业战略目标实现的重要战略活动。建立适应公司战略的战略供应管理系统势在必行，刻不容缓。公司信息系统的建设为战略供应管理系统的建设提供了机会，再也不能孤立地看待信息系统了，也不能将我们的策略狭隘地建立在采购及库存事务处理的信息系统之上。应该将建立电子化的供应信息系统视作公司战略供应管理系统的重要组成部分。对此缺乏足够的认识直接导致了本案例开场的一幕。赵贺副部长还需要与采购专员们一起找出战略供应所带来的优势，确立具体的、多样化的供应战略，以获得范一伟副总裁的支持。

充分发挥供应的战略职能，利用信息通信技术，构建信息化、规范化的战略供应管理体系，建立战略供应管理信息系统，为公司各个工厂提供优质的供应服务，与公司各部门实现无缝对接，全面考虑战略供应管理系统的涉及范围，整合现有的业务流程，加强战略供应商的管理，突出保障供应的物流精准服务职能，已经成为赵贺副部长确定的降低企业物流总成本，获取供应链竞争优势的战略供应管理系统解决方案的焦点。

3.1 供应管理系统的目标与战略

当然，管理手段如果仍停留在传统的手工管理阶段，信息不畅，势必影响采购活动的决策，对企业的进一步发展构成了障碍。但是，如果物资部管理的模式不从采购管理转变为战略供应管理，即使实现了某些采购活动的自动化，恐怕也不能对公司的战略做出贡献，甚至会给公司战略"拖后腿"。建立战略供应管理系统的平台也离不开先进的信息技术支持，物资供应信息系统是WE钢铁公司战略供应管理系统建立的重要基础步骤。

WE钢铁公司确定了战略供应管理系统的各项目标：

（1）降低企业物流总成本；（2）规范企业物流运营管理模式，提高企业竞争力水平；（3）提高管理效率，管理人员工作转型；（4）缩短文件、报表等的处理时间；（5）提高信息的实时性与准确性，提升数据的多元化分析能力；（6）规范企业审批程序，提高企业决策的速度与水平；（7）在可接受的客户服务水平下，努力降低库存水平；（8）减少物资持有成本；（9）注重战略供应商的开发与管理；（10）增强对生产需求变化的反应能力；（11）保证物资供应，使关键备件的供应万无一失。

为了实现这些目标，赵部长仍然需要与各专业采购科的科长们及工厂负责人共同确定各类物资的供应战略，因为这直接影响着企业供应模式及其与供应商的关系。

3.2 战略供应管理系统的范围

WE钢铁公司战略供应管理系统几乎涉及公司的所有部门，供应部履行与物资采购、与供应相关的关键业务职能。WE钢铁公司有多个仓库、二级分厂及供应部的部门。可见，供应系统涉及面广，提升至战略地位并不过分，供应管理系统的建设也非一日之功，必须按照科学的方式有序展开。其中对重要主流程的梳理是必不可少的。

3.3 供应核心业务流程的梳理

建立战略供应管理系统，公司需要对战略供应的核心流程活动按照规范化的原则进行梳理。公司从采购主流程及物资收、发、存物流主流程的规范开始着手。WE钢铁公司供应部采购工作有规范的流程。辅材备件采购计划的制订需要汇总各个用料单位的请购单，参考现有库存数据与采购提前期；大宗原材料的采购计划的制订主要依据公司生产部的年度、月度生产计划；工程项目用料的采购严格按照公司工程处下达的工程项目计划进行。根据采购计划进行采购，通过招标、议价、比价等方式确定供应商，经过谈判确定合同数量、价格、质量、付款方式、包装等条款。建立合同管理档案，根据合同确定采购订单，并跟踪合同的执行。

WE钢铁公司供应部物资收、发、存有规范的流程。调度科最先获知火车、轮船的到达情况，大宗原材料仓库收到到货信息后，通知质量部原料站进行检验，辅材与备件仓库收到货物时通知供应部质检科进行检验。有些辅材与备件也通过汽车直接运输至仓库。对于辅材、备件及部分原料，WE钢铁公司实行公司与生产分厂二级仓库管理体制。仓库设置收、发货管理制度。材料与备件由供应部相应的仓库在检验合格后办理入库手续，开具物资验收单，由采购专业科采购员到财务办理与供应商的结算。

WE钢铁公司物资部基本业务的做法：当材料与备件到货时到达一级库，一级库进行到货登记，经检验合格后再办理入库手续，生产分厂需要领料时，填写物资转移单向供应部申请领料，供应部采购专业科根据其申报计划决定是否批准发料。各分厂凭批准后的物资转移单就可办理领料手续，将货物领至分厂的二级库，当分厂科室、车间、工段需要领料时填写领料单领料。物资转移单是供应部与生产分厂进行内部结算的凭证，一般是按月度进行结算。

看似严格的制度，却不能适应公司业务运作的需求。为了各个单位实际运作的方便，少量材料、大量的备件及大宗原料、燃料到货时直接到达生产分厂，而不经过一级库。当月度结算时分厂二级库将到货的物资一同到一级库办理入库与出库手续，开具物资验收单与物资转移单。但是，同时也给供应部物资的管理带来了不便，更重要的是，供应部查看一级库库存并不能真实反映实际库存。供应部无法精确获知直接到达分厂的到货数量与存货数量。供应部领导只能在月度结束后查看上月末滞后的库存数据。可见，流程的规范化需要借助于信息技术，以实现数据、信息、决策的实时化，而且通过建立信息系统，一级、二级仓库只是代表存储位置了，各类物资的信息在企业内部就变得透明了。

3.4 战略供应商的管理

公司采购的物料种类繁多，相应的供应商多，尽管原来存在的不同部门从同一个供应商处购买物料、各部门却不知情的现象没有了，但是对供应商的集中评估与认证工作做得还不够，供应商关系管理尚未提到公司管理的重要地位，公司目前正在着手划分供应商的关系类别，并充分考虑所供物料的 A、B、C 等级及其对公司战略的作用和对生产的影响，发展供应公司 A 类物料的战略供应商。

物资供应部赵贺副部长认为，供应商评价认证与战略供应商的管理应当成为战略供应管理的首要任务，因为要保证生产的正常运营仅仅依靠供应部是做不到的，从现在开始，要将战略供应商纳入我们的信息系统范畴。重视战略供应商管理，将供应商视为企业的重要资源，与战略供应商紧密合作，实现双赢。物资供应信息系统的运用使供应商管理变得更加有效与便捷。

在战略供应商管理方面，要实现较紧密的信息集成。例如，有些战略供应商可以按照 WE 钢铁公司供应部的采购计划在其本地准备存货，将供应商的库存纳入信息系统中，根据 WE 钢铁公司生产用料的需要，再按照预定的发运日期启运，以实现 WE 钢铁公司供应的准时化，降低 WE 钢铁公司的库存；在 WE 钢铁公司仓库中也存有一些供应商的物资，WE 钢铁公司为供应商代管这部分物资，当这些物资出库使用时，再与供应商办理结算。这样不仅可以保证供应，而且也降低了库存资金。

4 战略供应管理系统的未来

WE 钢铁公司范一伟副总裁说，钢铁企业面临的全球环境竞争及供应与需求方面的“腹背受敌”迫使我们需要对当前的战略供应管理信息系统进行进一步完善，在合作单位的帮助下，我们已经制定了供应链战略管理系统实施计划，我们需要跨组织、跨部门来优化整个供应链，加强分厂、采购部门、供应商的合作，并且开发、管理供应链战略伙伴关系；还需要在集成化的信息平台上，不断改进企业战略供应管理的关键过程，真正实现供应物流畅通、供应信息共享。

范一伟副总裁深知，建立支持企业整体战略目标的供应链战略管理系统仍然需要大量的、卓有成效的工作，公司面临的挑战是巨大的，他必须亲自挂帅，直接参与，抽出更多的时间来参加战略供应信息系统的会议，及时协调一些问题，避免不必要的扯皮；也给大家传递一个信心、一种力量。同时范一伟副总裁又深信，公司目前已经在战略供应方面达成共识，领导层具有坚强的决心，又有合作单位的帮助，公司一定能够建立起适合公司战略发展的供应链管理信息系统。

讨论题

（1）如何制定 WE 钢铁公司物资供应系统的总体实施规划？

（2）如何做好公司 ERP 选型工作？给赵副部长提出建议。

（3）你认为战略供应管理系统建设应把握的重点问题有哪些？

（4）WE 钢铁公司是自行开发物资供应系统还是采用现成的 ERP 系统？需要考虑哪些因素？

第 9 章　ERP 系统的生命周期

9.1　系统开发生命周期

ERP 系统的成功依赖于组织、实施范围、业务流程及最终用户的技能水平，在其实施过程中会在技术和管理上遇到很多的挑战。为了避免灾难性的错误，把 ERP 系统设计和实施的任务正确地分配给大型系统实施团队中的每个成员，并使所有成员能够协同工作，必须有一套正确的方法论作为指导。系统开发生命周期（SDLC）包含了从规划、设计到创建一个公司的信息系统的一整套系统化流程，系统开发生命周期（SDLC）方法论为 ERP 实施提供了非常有用的指引。

系统开发生命周期（SDLC）所采用的系统方法是使用系统分层方法将复杂问题分解为容易解决的小问题，然后在这一层次上为每个小问题开发解决方案。

系统开发生命周期方法包括系统调查、系统分析、系统设计、系统实现、系统运行与维护等几个阶段，如表 9-1 所示。

表 9-1　系统开发生命周期（SDLC）的阶段

步　骤	活　动	工具与技术
系统调查	对项目的必要性、技术可行性、经济可行性、社会可行性等进行评估	调查面谈和数据收集 初步环境分析、成本分析
系统分析	对现有系统的流程、信息流、组织结构等方面进行详细的分析。提出对新系统的需求	逻辑流程图 数据模型 组织机构图（各部门关系图）
系统设计	对新系统进行设计和开发；对有关流程与信息进行改造、优化。对新系统进行详细设计	系统模块的 IPO 设计 数据库设计 报表设计
系统实现	编码和软件部署；培训有关人员；报表功能；系统监控和安全功能	程序编码；程序测试；文档编写
系统运行与维护	技术支持、升级和扩充	

系统调查阶段主要对成本和效益进行详尽分析，论证项目的可行性。系统分析阶段针对当前系统的问题提出对新系统的用户需求。系统设计阶段重在新系统的架构设计，用户界面和报表设计，该阶段应该编写信息系统蓝图，对新系统的技术性进行说明。系统实现阶段需要进行软、硬件的购置，进行客户应用程序的开发、新系统的测试、培训和数据转换等。

快速原型开发方法是快速的系统开发生命周期方法，它不需要经历分析和设计阶段，先实现一个真实系统的框架（或者叫原型），重点在输入与输出界面。建造原型系统的目的是通过向用户展示系统的功能，考察是否满足用户的要求，然后听取用户的意见，改进这个界面。将用户的反馈合并入新系统，再展示给用户以取得新的反馈。这种将原型一步步改进，最终转换为完整系统的方法，对于用户交互系统的开发已经被证明是一种非常有效的方法。

为了快速开发系统，有时还培训用户来开发他们自己的应用程序，这叫做“最终用户开发（EUD）”的方式。

ERP软件不同于一般的办公软件及信息系统软件，ERP对组织的核心业务至关重要，ERP从头到尾都需要有效的变革管理策略才能成功，如业务流程变革、全过程的培训、沟通等，ERP不仅需要本公司员工耗用大量时间，还需要花费大量金钱来寻求顾问和供应商的支持，ERP对顾问的依赖程度与其他软件相比是最大的，而大部分软件甚至不需要顾问。因此，ERP系统的实施（或称导入）不能完全照搬系统开发生命周期（SDLC）方法。

9.2 ERP系统的生命周期

ERP系统的实施与传统的信息系统开发模式是不同的，因为ERP系统的实施意味着企业需要用套装的ERP软件对其业务流程与工作模式规范化，通过改变业务流程与运营模式适应ERP软件，当然也不排除个别的二次开发。

ERP系统的生命周期可以参照系统开发生命周期的各阶段，通常包括系统规划、需求分析、系统设计、系统实现、系统运行与维护，如表9-2所示，但是各个阶段的活动及其应用工具却有很大差异。

表9-2 ERP系统的实施流程

步　骤	活　动	工具与技术
系统规划	需求评估；可行性研究；ERP软件选择	调查面谈；成本效益分析
需求分析	对现有的业务流程进行分析并确定新系统支持的流程；需求规格	根据最佳实践模型分析本企业使用新系统后能获得的改进
系统设计	基于ERP最佳业务实践模型进行业务流程再造；ERP软件部分二次开发，适应独特的业务流程；ERP标准模块的输入信息、输出信息、工作流	使用ERP系统提供的最佳实践模型；进行个别模块的定制；交互式标准模板法
系统实现	系统配置；数据迁移；接口及界面；报表系统；测试；实现监控、信息安全功能；培训最终用户	查找ERP不足与缺陷；整理数据；使用报表工具
系统运行维护	技术支持，升级和扩充服务的提供	功能扩展

ERP系统实施各阶段的任务如下。

9.2.1 系统规划阶段

除了执行可行性研究外，有限资源和时限要求限定了ERP实施范围（如表9-3所示）。在该阶段需要确定ERP实施的策略与方法，为新系统设定一个长期目标和一个短期实施计划，明确高层管理的义务。选择ERP软件供应商及实施ERP的机构。

表9-3 ERP实施范围的界定

范　围	具体的界限
物理范围	确定在哪些地点实施，以及各地点的地理位置和用户数量
业务流程重组范围	现有流程是否需要重新定义、更换、或者限制？哪些用户、部门和地区将受到影响
技术范围	对ERP软件做多少修改？哪些流程不变？哪些流程需要自定义
资源范围	项目的资金预算和期限
实施范围	要实现哪些模块？这些模块怎样与现有系统连接

9.2.2　需求分析和系统设计阶段

（1）分析用户需求。将 ERP 系统所提供功能与企业的业务运行所必须需运作流程相比较，评估两者间的差距，找出当前业务流程与在 ERP 软件中嵌入流程的不同之处。

（2）在 ERP 软件中，设计变革管理计划、嵌入流程列表、用户界面、自定义报表等。

数据转换；

系统转换；

培训。

9.2.3　系统实现阶段

准备和系统配置应做好以下工作。

（1）购买授权证书，为用户构建软件产品版本。

（2）差距分析中所提出的任务在这一阶段开始执行。

（3）变革管理小组与用户一起实施业务流程中的改变。

（4）数据小组将旧系统中的数据移植到新系统中。

（5）ERP 系统需要配置适当的安全措施。

系统上线阶段应做好以下工作。

（1）着力于为最终用户安装系统，上线运行，并监督系统的使用。分以下 4 个阶段实现系统的转换：

逐步采用；

引导使用；

并行使用；

完全切换。

（2）系统的使用反馈需要反馈给前端实施小组，以便于为运行中的系统提供支持。

9.2.4　运作阶段

（1）为了新系统的转换成功，使业务人员及技术维护人员掌握诀窍，实现任务成功交接和知识的转移。

（2）ERP 上线后对系统的新用户进行培训。

（3）管理新发布的软件，安装补丁和升级。

（4）管理与 ERP 提供商建立的软件。

虽然 ERP 实施是一个项目，但是我们应该牢记：ERP 项目的结束并不意味着 ERP 的终结，恰恰是企业 ERP 化运营的开始，经过一段短暂的震荡期后，ERP 软件与企业运营紧紧地结合在一起，就迎来了 ERP 的使用收益时期。

9.3　ERP 实施方法论

根据 ERP 生命周期理论，众多的 ERP 软件提供商提出了 ERP 实施方法论。具有代表性的主要有甲骨文软件公司（Oracle）的应用实施方法 AIM、SAP 公司实施的快速 ASAP（Accelerated SAP）、用友 ERP 标准实施路线等。

9.3.1 Oracle 的应用实施方法 AIM

AIM 全称为 Application Implementation Method，是 Oracle 应用实施的全面的方法论及工具。

AIM 由以下 6 个阶段构成。

（1）定义：规划项目。确定项目的时间、资源、预算约束下的可行性。

（2）运营分析：说明业务需求、与应用软件的差异（哪些部分需要二次开发）、系统架构。

（3）方案设计：创建符合未来业务需求及业务流程的解决方案。方案设计一直持续到客户化开发及系统配置完成。

（4）建设：编码、测试、接口数据转换。用典型实验来测试集成的企业业务系统。建立阶段的成果是一个可以使用的、经过测试的业务系统解决方案。

（5）转换：项目组向企业递交最终解决方案。主要活动为：最终用户培训、变革管理、数据整理及导入。

（6）产品运行： 系统开始使用时，就进入了产品运行阶段。技术人员确保系统运行全部业务时保持稳定，并进行系统维护。用户和实施小组开始一系列改进，以减少负面影响，达成定义阶段的目标。

AIM 的 6 个阶段共由以下 12 项活动构成。

（1）项目管理。

（2）业务流程架构。

（3）业务需求定义。

（4）业务需求映射系统功能。

（5）应用软件及系统架构。

（6）模块设计及构建。

（7）数据转移。

（8）文档编写。

（9）业务系统测试。

（10）性能测试。

（11）过渡及培训。

（12）产品转移及上线使用。

9.3.2 SAP 实施的快速 ASAP

Accelerated SAP（ASAP）是 SAP 公司为使 R/3 项目的实施更简单、更有效的一套完整的实施方法，是 SAP 公司 20 多年来几千个成功项目实施经验的结晶，1996 年在美国首先试行，取得了巨大的成功。ASAP 优化了在实施过程中对时间、质量和资源有效使用等方面的控制，提供了面向过程的、清晰简明的项目计划，在实施 ERP 过程中提供一步一步的指导。

ASAP 快速实施方法共有 5 个步骤: 项目准备、业务蓝图、实现过程、最后准备、启动技术支持，在 ERP 实施过程中，这 5 个步骤必须严格按顺序进行。对于每个实施阶段，SAP 都定义了目的，完成的具体任务，采用的方法、工具、标准等。

项目准备：正确地计划、评估组织准备程度是必要的。这一过程最重要的工作是项目规划，项目规划的关键是确定项目的范围，要根据需求和能力制订合理的计划。

业务蓝图：这一阶段就是对企业需求进行分析，设计一个理想管理蓝图，再基于现在的需求和未来理想设计一个具体的目标，以及实现这一目标所需的工具、方法、组织结构，以及业务流程的预先定义。这一阶段是整个 ERP 项目最关键的内容。

实现过程：把企业想实现的管理思想、管理理念、管理准则、考核标准、组织配置等放入系统中，基于“业务蓝图”的步骤来完成 SAP R/3 系统的配置。

最后准备：将一些必要的数据放入系统中，检验系统运行结果（即系统测试），并对 SAP R/3 系统做一些必要的调整，使其处于最佳状态。这部分工作完成之后，系统就可以上线运行并启动技术支持。

启动技术支持：基于持续运作下，开发相应的程序和措施来评估投资 SAP R/3 系统的效益。

值得强调的一点是，完成的项目实施必须具备高质量的文档，但传统的实施有时又会因为过多的文档整理而造成费用的增加。ASAP 的指导思想是：按照文档生命周期的长短赋予其重要性，对于生命周期长的文档相应地多投入力量。ASAP 并不是一个简单的方法，它是一个体系结构，支持这一体系的是一系列的方法论、工具、实施路线图、方案库、系统配置指南，此外还有基于管理理念的开发模型、基于角色的培训等内容，所有这些组成了 ASAP 体系。

9.3.3 用友 ERP 标准实施路线

用友认为，ERP 项目实施中有一个成功等式：企业ERP 系统的成功应用=有准备的企业+合适的软件+成功实施，三个条件缺一不可。对于用友来说，客户企业的自身条件属于外部因素，用友无法控制，只能通过合同和建议书来约束双方的责任和义务，减少项目风险；合适的软件是成功应用的基础，用友需要做的是提供适合客户的成熟的产品；在前两个条件既定的情况下，项目能否成功，则取决于咨询实施顾问的实施能力。因此，为了保证项目实施的成功，必须对实施工作进行规范。2001 年初用友公司发布了第一套项目用友法论，向规范化实施迈出了可喜的一步。在实践过程中，咨询实施顾问反映实施方法论有些方面过于抽象，缺少具体的工作内容、步骤等，缺少可以借鉴的工具和模板。为此，用友综合借鉴一些参与过项目实施的项目经理和咨询实施顾问的实施经验和体会，对项目实施流程的各阶段、各项任务的工作内容、策略、角色和责任、交付成果、潜在风险进行了介绍，整理了一套工具、模板，编写了《用友实施法指南》。表 9-4 所示为用友 ERP 的标准实施路线。

表 9-4 用友 ERP 标准实施路线

阶段	活动	任　务	角　色	交付成果	模板工具
售前咨询	参与售前咨询	进行初步需求调研	售前顾问	《售前调研报告》	《售前调研报告》
		项目风险评估	售前顾问	《风险评估报告》	《风险评估清单》 《风险评估报告》
		制作《项目建议书》	售前顾问	《项目建议书》	《项目建议书》 《实施报价表》
		向客户讲解《项目建议书》	售前顾问/客户经理		演示数据
	实施商务谈判	拟定《实施服务合同》	售前顾问	《实施服务合同》	《实施服务合同》
		拟定《工作任务书》	售前顾问	《工作任务书》	《工作任务书》

续表

阶段	活动	任　务	角　色	交付成果	模板工具
		审核《实施服务合同》《工作任务书》	实施部经理/大区实施总监/总部服务总监	《实施服务合同》《工作任务书》	
		（签约）	实施部经理/大区实施总监/总部服务总监		
项目规划	成立项目实施小组	指定用友项目经理及项目组成员	实施部经理/大区实施总监/总部服务总监	《用友项目组成员名单》	《用友项目组织成员名单》《会议模板》《用友项目组成员职责和任务》
	内部交接	客户基本信息、文档、口头承诺交接	客户经理/用友项目经理	《项目内部交接记录单》	《项目内部交接记录单》《项目交接会议备忘录》
		（实施费用内部划拨）	客户经理/用友项目经理	（《用友内部费用划拨单》）	《用友内部费用划拨单》《项目交接会议备忘录》《项目风险评估报告》
	确立客户方项目组织	拜会客户并确定客户方用友项目经理	用友项目经理		
		与客户方用友项目经理审定双方项目组成员	用友项目经理	《双方项目组成员名单》	《双方项目组成员名单》《项目组织结构》《客户项目组成员职责和任务》
		召开双方项目组首次会议，明确双方项目组人员职责	用友项目经理	《会议纪要》	《会议纪要》
	制订项目实施主计划书	制订项目实施主计划书	双方项目经理	《项目实施主计划书》	《项目实施主计划书》附：《项目实施计划》（Project 形式）《会议纪要》
		签署《项目实施主计划书》	用友项目经理/实施部经理	《项目实施主计划书》	《项目实施主计划书》
	召开项目启动会	确定会议日程和参加人员	双方项目经理		
		准备演讲 PPT 等资料	双方项目经理	演讲 PPT	用友用友项目经理的讲演资料（PPT）ERP 理论、项目管理的培训（PPT）
		召开项目启动会	双方项目经理		
		整理会议纪要	双方项目经理	《项目启动会议纪要》	《项目启动会议纪要》《企业老总的讲话稿》
业务分析	安装培训和测试环	建立软硬件临时应用环境	技术顾问		
		安装调试产品	技术顾问	产品安装完成	《产品安装确认报告
		系统管理员技术培训	技术顾问	完成对客户方系统管理员培训和考核 系统管理员手册 系统运行管理制度	《培训考核记录单（系统管理员）》《系统管理员操作手册》《系统运行管理制度（系统管理部分）》
	理念及产品培训	制定《培训计划书》	用友项目经理	《培训计划书》	《培训计划书》
		培训前准备	用友项目经理	培训教材、Demo 数据（行业数据）、考试题、教室、师资等	《标准教材》、《练习题》、《考试题》
		ERP 理念培训	用友项目经理		
		标准产品培训	咨询实施顾问		
		培训考核并确认	咨询实施顾问	《培训总结报告》附：考勤记录、考核记录	《培训总结报告》附：《培训考勤记录》、《培训考核记录》
	业务需求分析	准备调研提纲、问卷	咨询实施顾问	《需求调研提纲》	《一般业务调研提纲》《分产品的调研提纲》《行业调研提纲》
		制订调研计划	用友项目经理	《需求调研计划》	《需求调研计划》

续表

阶段	活动	任　务	角　色	交付成果	模板工具
		详细业务需求调研	用友项目经理/咨询实施顾问		
		需求和产品匹配分析	用友项目经理		
		需求分析报告	用友项目经理	《需求分析报告》	《需求分析报告》
蓝　图设计	解决方案设计	准备初步业务解决方案	用友项目经理	《业务解决方案 V1.0》	《初步业务解决方案 V1.0》
		建立客户系统系统配置	咨询实施顾问		《参数设置方案》
		建立客户系统数据准备	咨询实施顾问		《系统编码方案》
		测试和解决未决问题	咨询实施顾问		
		修订业务解决方案	用友项目经理/咨询实施顾问	基本确认《业务解决方案 V2.0》	《基本确认解决方案 V2.0》 《参数设置方案》 《系统编码方案》
		（客户化开发的需求）	用友项目经理	（《客户化开发需求报告》）	（《客户化开发需求报告》）
	静态数据准备	基础数据准备方案	用友项目经理	基础数据档案	《静态数据准备方案》
					《静态数据准备表单》（分产品）
		静态数据准备计划	用友项目经理	《静态数据准备计划》	《静态数据准备计划》
		静态数据准备	咨询实施顾问		
		数据校验和确认	咨询实施顾问	确认后的《静态数据》	
		（数据转换程序的开发与测试）	技术顾问		
	系统测试	准备测试环境（系统安装）	技术顾问/咨询实施顾问		
		准备测试环境（系统参数配置）	技术顾问/咨询实施顾问		
		编写测试案例	咨询实施顾问	《测试案例清单》	《测试案例清单》
		准备测试数据	咨询实施顾问		
		制订测试计划	用友项目经理	《测试计划》	《测试计划》 《测试方案》 《系统参数配置》
		测试环境（硬件）	技术顾问/咨询实施顾问		
		测试过程	技术顾问/咨询实施顾问		
		测试问题的处理	技术顾问/咨询实施顾问	《测试问题记录清单》	《测试问题记录清单》
		客户化开发概要需求报告	用友项目经理	（《客户化开发需求报告》）	（《客户化开发详细需求文档》）
		测试总结和确认	用友项目经理	《测试报告》	《测试报告》
		修改和完善解决方案	用友项目经理	修改和完善后的《业务解决方案》	调整后的《业务解决方案》
	（组织客户化开发）	讨论客户化开发内容	用友项目经理	客户化开发详细需求文档	《客户化开发详细需求文档》
		客户化开发的商务谈判	用友项目经理	《客户化开发合同》	《客户化开发合同》、附《客户化开发项目报价》
		确定客户化开发计划	用友项目经理	《客户化开发计划》	《客户化开发计划》
		组织客户化开发人员进行客户化开发	用友项目经理		
		客户化开发产品交付	用友项目经理	客户化开发产品、手册	《客户化开发产品、手册》
		集成测试和验收	用友项目经理	《客户化开发产品验收报告》	《客户化开发产品验收报告》
	解决方案验收	N/A	用友项目经理	双方确认的《最终业务解决方案 V9.0》	最终《业务解决方案 V9.0》
	制作业务应用标准操作手册	N/A		《用户标准操作手册》	《用户标准操作手册》

续表

阶段	活动	任务	角色	交付成果	模板工具
切换准备	系统运行管理制度建设	业务操作、静态数据调整规范	用友项目经理	《系统运行制度》	其他《客户系统运行制度》参考
		系统维护规范	技术顾问		
	帮助建立内部支持体系	N/A	用友项目经理	内部支持体系投入运行	《项目信息管理系统》、其他《客户系统内部支持》参考
	生产系统准备	生产系统安装（含客户化开发）	技术顾问	可正常运行的软件系统	《生产系统安装备忘录》
		统一基础数据和公共参数设置	咨询实施顾问		二次开发程序或补丁程序
	业务权限规划和分配	业务权限规划和分配	用友项目经理	正确可行的系统权限配置结果	《操作权限规范列表》
		权限测试	咨询实施顾问		
	最终用户培训	制订最终用户培训计划	用友项目经理	《最终用户培训计划》	《最终用户培训计划》
		培训培训教师	咨询实施顾问		
		培训准备	咨询实施顾问	demo 数据、考试题	demo 数据、考试题
		进行培训	用友项目经理/咨询实施顾问		
		培训考核和总结	用友项目经理	培训总结报告	《最终用户培训总结报告》《最终用户培训考勤记录》《最终用户培训考核记录》
系统切换	静态数据转换	静态数据转换计划	用友项目经理	静态数据转换、校验完成	《静态数据转换计划》
					《系统切换检查表报告》
		数据录入和参数配置	咨询实施顾问		数据导入工具
		数据录入和参数配置校验	咨询实施顾问		
	动态数据转换	动态数据转换计划	用友项目经理	《动态数据转换计划》	《动态数据转换计划》、附《动态数据转换方案》
		动态数据准备	咨询实施顾问		《系统切换检查表报告》
		动态数据切换	咨询实施顾问		
		系统切换报告	用友项目经理	《系统切换报告》	《系统切换报告》
	系统正式运行				
持续支持	上线运行支持	N/A	咨询实施顾问	系统上线支持	《系统运行问题跟踪记录单》
	项目总结	整理实施文档	用友项目经理	全套项目文档	《项目整理文档规范》
		准备项目验收报告和维护合同	用友项目经理	《项目总结报告》	《项目总结报告》
	项目验收	项目总体验收	用友项目经理	《项目终验报告》	《项目终验报告》
	持续支持	与维护部门交接	用友项目经理/维护部门	实施和维护进行项目交接	《项目交接记录》《程序补丁更新流程》
		后续维护与支持	技术支持		《维护合同》

9.3.4 特定企业的 ERP 实施方法

各 ERP 软件提供商的标准化实施方法论，并不能全盘用于特定的企业，必须考虑行业特点、企业特殊性，在具体的项目应用中，根据实际的情况进行调整。对所使用的阶段、活动、任务及提交成果进行适当裁剪或增加，图 9-1 所示为某企业实施 ERP 系统的五个阶段。业务流程再造、变革管理、项目管理技术遍及各个阶段。

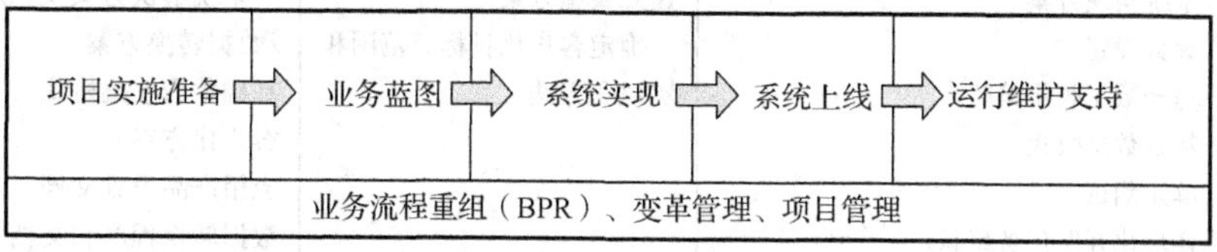

图 9-1 某企业 ERP 导入的主要步骤

第一阶段：项目实施准备，包括对管理层进行 ERP 原理及产品培训、制订项目实施计划、项目范围确认、制定实施策略、制定质量管理和风险管理策略、建立实施队伍、硬件环境、软件环境安装、项目启动大会。

第二阶段：业务蓝图。业务调研、特殊业务处理的分析与讨论、优化业务范围定义、优化项目计划、业务蓝图设计、讨论并优化业务蓝图、优化业务范围定义、优化项目计划、签署业务蓝图。

第三阶段：系统实现。进行系统参数设置、基础数据收集、单元测试、客户化开发任务确认、客户化开发、权限管理策略确定、权限设定、动态数据收集及转换策略、制定集成测试方案、准备集成测试数据、集成测试、优化系统设计。

第四阶段：系统上线。编写用户手册、最终用户培训、动态数据收集、产品环境建立、系统切换计划、综合的强化测试、期初数据导入、系统切换开始运行。

第五阶段：运行维护支持。日常维护策略、应用支持、检测正式运行系统的精确度、业务效益的评估、产品环境的跟踪维护。

表 9-5 详细说明了上述 5 个阶段的具体的任务、目标及其需要提交的文档。

表 9-5 某企业 ERP 系统的实施

阶段和任务	描 述	主 要 目 标	提 交 文 档
项目实施准备	对管理层进行 ERP 原理及产品培训 制订项目实施计划 项目范围确认 制定实施策略 制定质量管理和风险管理策略 建立实施队伍 硬件环境、软件环境安装 项目启动大会	界定实施目标、范围和方法 标准实施规范； 建立强有力的实施队伍	项目范围，目标和方法 项目实施计划 项目管理规程 产品安装确认报告
业务蓝图	业务调研 特殊业务处理的分析与讨论 优化业务范围定义 优化项目计划 业务蓝图设计 讨论并优化业务蓝图 优化业务范围定义 优化项目计划 签署业务蓝图	了解用户业务和需求 对业务重组提出合理化建议	业务需求调研提纲 业务需求调查记录 报表开发需求报告 业务需求匹配表 特殊业务需求描述及讨论结果 业务蓝图方案

续表

阶段和任务	描　述	主 要 目 标	提 交 文 档
系统实现	系统实现方案 参数设置 基础数据收集策略 基础数据收集 单元测试 客户化开发任务确认 客户化开发 权限管理策略确定 权限设定 动态数据收集及转换策略 制定集成测试方案 准备集成测试数据 集成测试 优化系统设计	建立实施方案 确定客户化目标、范围和实现和方法	系统解决方案文档/数据接口方案/数据转换方案 基础数据收集格式 客户化方案 应用产品设置文档 数据转换程序和文档 数据接口程序和文档 客户化程序和文档 测试方案设计 测试数据准备 测试结果报告
系统上线	编写用户手册 最终用户培训 动态数据收集 产品环境建立 系统切换计划 综合的，大量的强化测试 建立内部热线工作台 期初数据导入 系统切换开始运行	确定新老系统数据转换 建立运行环境	系统切换方案 系统上线结果报告
运行维护支持	日常维护策略 应用支持 检测正式运行系统的精确度 业务效益的评估 产品环境的跟踪维护	为向客户进行技术转移 准备详尽的技术文档	产品环境维护方案 系统运行评估报告 未来业务发展建议

9.3.5 快速上线的实施技巧

据 Compiere 公司提供的信息：Compiere 独特的技术特性——“上线后的结构更改”，使用户能在上线以后进行任何更改，这使得没有必要存在非常细致的分析和配置阶段。在 ERP 实施过程中发现主要变更或遗漏时，不需要从头再来重新实施。Compiere 公司推荐了如下实施技巧。

技巧 1：尽量使用固定期限的实施合同，并坚持它。

技巧 2：所有的上线系统都包含一些“杂音”数据，因此不必尝试拥有一个 100%干净的系统。如果在 Compiere 中无法删除这些“杂音”数据，那么可以隐藏它们（以满足一致性的要求）。

技巧 3：从优先的业务流程开始，建立原型，了解系统，完成操练。

每个产品都以自己的方式去完成目标，如果强制让 SAP 的行为像 Oracle Applications 那样，无疑就增大了失败的风险。通常，实施者及客户所持的不现实期待和呆板态度会导致失败。ERP 实施需要一个操练场，可先使用测试数据，快速建立上线系统的原型（Prototype），以了解实现目标的最佳方式及备选方式。

用例（Use Case）是一个业务过程，如订单输入、收款、发货等。它是业务开展中所做事情的清单。这里有 3 种类别的业务过程用例。

（1）紧迫——运营业务所必需的基本业务流程。

（2）便利——使业务流程更快、更容易、更有效。

（3）支持——帮助做出正确的决策、报表、分析……

有趣的是，在 ERP 实施中，用例类别似乎恰好被弄反了，这很令人吃惊。用例类别（3）提供了更高的信息级别，所以常常是战略决策的催化剂，因而它们是重要的，但用例类别（1）确保用户能够得以制定战略决策。软件供应商的售前活动通常完全聚焦于用例类别（3）上，并且咨询公司也因此而繁荣。不过，请考虑用例类别（3）中有多少是必须等到上线以后方能做出决策的。

原型阶段应持续多长时间呢？这依赖于用户的风险级别，至少用例类别（1）的所有用例应当准确工作。在此基础上，用户感觉更好，思路也开阔了，就能轻松确定下一步将完成的用例类别（2）和（3）。用例类别（1）的用例工作正常时，ERP 实施企业就不会进入负面的媒体报道标题了。原型阶段时人们可尽情使用或疯狂虐待系统，而不会产生什么负面后果。

技巧 4：迭代式发展，而不是"大爆炸"式的同时开工。应该首先设置较短时间内可完成的、较小的目标，使系统运行起来，以便为下一次迭代总结经验。用户可能在某些方面第一次不能正确处理，所以小步骤产生的成功经过不断累积（即使遇到"事故"也可快速恢复），就可完成最终目标。

技巧 5：尽早引入全部用户。变革是全局的，有时不会受到欢迎，变革需要全员参与。许多项目集中于"超级用户""关键用户"或"用户代表"，限制了系统的正常运营。针对多数企业的人才瓶颈，适度的"关键用户"策略是必要的，但请尽早引入所有的用户。

技巧 6：数据迁移至真实系统后"会议室驾驶仓"的体验。原型阶段的结束通常是进行总体导入的好时机。不要等到"一切"问题都解决，那样可能永远也解决不完。因此，在删除了原型以后，开始使用新的实施和真实数据。这个阶段主要的挑战是从已有系统将数据迁移至 Compiere 中，并做必要的定制工作。一个重要部分是小型但正式的"会议室驾驶仓"（可在此模拟驾驶仓尝试 Compiere 飞车，无需系安全带）。在备份以后，给予用户了解和尝试系统的机会。不要只计划一次"会议室驾驶仓"，完全可计划三次或更多次，这依赖于实施的复杂性。这些"Compiere 见面会"不应过长，用来帮助传播消息和减轻转换带来的心理压力 。"会议室驾驶仓"也是对备份与恢复过程的检验。

技巧 7："用户认为无需并行运行"是一个重要指标，如不考虑（项目经理做出）是否并行的决定。切换上线后需要决定是否并行运行。并行运行意味着双倍的工作，因此，在"会议室驾驶仓"中，要与用户商量，看用户是否对系统切换感到适应。

技巧 8：为两个项目做出预算，一个是上线实施项目，另一个是上线 6 个月以后的项目，用以完全发挥 Compiere 的功能。上线以后，业务运营处于上线状态中，并不意味着 ERP 项目的终结，即使项目本身结束了，但 ERP 系统的稳定运营刚刚开始。需要调查，以获得 ERP 运行的情况，了解 Compiere 在业务策略方面提供的帮助。对于 6 个月后的项目，"会议室驾驶仓"可以提供良好的培训基础。

9.4　实施策略

ERP 系统一般的实施方法可归结为：理解问题、确定解决方案、付诸实施、投入运行。理解问题是实施的基础，确定解决方案是实施的关键，付诸实施是具体的行动，投入运行是对实施的检验。在实施过程中运用了系统分析的方法、企业建模方法、项目管理方法、业务工程方法、定制开发方法等。

面对庞大的地理位置分散的组织，不仅要有正确的实施方法论，还必须确定恰当的实施策略，即全面推进式、按模块分期、按地点分批分期：试点-推广。

9.4.1 全面推进式

全面推进（国外称为"宇宙大爆炸 Big Bang"式）实施策略必然伴随着组织的革命性变革，指在组织或业务单元内制订了庞大的 ERP 实施计划，同时并发实施多个模块。

在这种实施策略中，包括所有模块的整个 ERP 系统的安装在整个企业范围内一次性完成，一方面可获得业务过程集成的优势，有利于各个功能部门的统一协调与同步化。另一方面，由于各部门的不均衡性，必然会存在"木桶短板"的风险。

当然，如果执行得仔细和彻底的话，那么全面推进战略可以降低 ERP 系统的集成成本。在早期的 ERP 系统实施中，经常采用这种革命性实施战略，但是这种战略也会将企业拖入深深的"泥潭"。

20 世纪 90 年代末，波音公司导入荷兰 BAAN 公司的 ERP 系统尚未达到预期目标，很大程度上是由于庞大的规模与实施范围。波音公司的新系统链接了 1.8 万用户，跨越 4 个区域及 19 个工厂。波音公司需要维护与新系统并行的 374 个旧系统。波音公司的几千个流程在做了改变后失去了自制力，最终变成了噩梦。当初吸引波音公司的是 Baan 的建模方法及软件的柔性、适应性。但是 ERP 软件的这一优势，并未能有效应对波音公司业务流程的全面重大调整给 ERP 实施带来的挑战。不得不承认 ERP 实施策略对其成功的重要性。

9.4.2 按模块分期

ERP 的实施是一项庞大工程，企业想一步到位有可能导致其他生产运营工作受到负面影响，还会受到来自部分员工的消极抵制，最后遭遇失败。按照模块，分步实施可有效减小变革中的文化和技术风险。组织可以选择收益高、风险小、企业迫切需要的模块优先实施。

一般来说，销售与运作计划、质量管理与决策支持、物料管理、商业智能模块所需时间与资源少，公司获得的收益高，应优先实施。不过，不同的企业面临不同的情况，企业应首先实施那些联系比较紧密的模块组合，如有些企业首先实施了财务、分销、制造模块等。

在 2006 年 4 月，苏泊尔携手高维信诚，全面启动企业 ERP 项目，以加强公司自身管理，最终实现建设一流国际化企业的发展目标。苏泊尔在实施 ERP 的过程中，采取了总体规划，分步实施的策略。苏泊尔信息中心主任说："从 2006 年开始，我们首先在炊具事业部实施项目，分别完成了在玉环（5 个标准模块）、武汉子公司等标准模块的实施工作。同年 12 月份，这两家公司系统正常运行。2007 年 2 月份，在前两家公司系统正常运行的基础之上，我们对家电杭州公司实施 SAP 系统。"分步实施可以有效地降低风险。

9.4.3 按地点分批分期：试点-推广

试点-推广，逐渐铺开的实施策略更加稳健，采用该策略即先在公司的某个事业部或地区实施，以后再推广到其他部门、地区或子公司。好处是在先前实施中的教训有助于公司其他部门顺利运行系统。经验越多，实施时间越短。

在试点期可充分利用有限资源，在条件比较好、人员素质较高的部门优先试点，取得经验后逐渐铺开。这将是检验公司 ERP 的实施能否有效帮助公司引入高水平管理理念、提高企业管理水平的重要时期。这一策略充分兼顾了公司内部不同的管理水平，兼顾了用户的特殊性。这一策略重在积累实施经验，建立适合公司实际的实施方法论。这里建议的推广策略在许多国家与地区的不同行业的 ERP 实施过程中都有成功运用。

在推广期可成立 ERP 项目推广小组，和有关推广单位的实施小组成员共同组建团队推广。由实施顾问给予必要的指导，有利于 ERP 系统知识由咨询顾问向公司成员的快速转移，在试点期就已经培养了 ERP 人才。从简单开始，循序渐进，试点期的成功有利于公司 ERP 的快速推广。

项目实施过程不仅要为组织建立新的应用系统，而且将是一个技术转移和知识转移的过程。实现技术转移、知识转移的途径大致主要有：各种技术、产品培训，参与项目实施，与咨询顾问的交流及共同工作，跟从顾问的现场支持等。通过实施 ERP，用户的管理人员将能逐步掌握 ERP 系统的各种产品技术诀窍、应用知识和项目实施技术。从而为将来更好地使用维护本系统、为在推广期发挥主要作用打下良好的基础。

9.5 本章小结

ERP 生命周期与一般信息系统开发生命周期在许多方面存在差异，如在 ERP 实施的需求分析与设计阶段，流程梳理与再造是实施 ERP 的一项重要工作。表 9-6 列举了两者在系统目标、生命周期阶段、人员角色及运作方面的差异。

表 9-6 ERP 实施与一般信息系统开发的比较

	一般信息系统开发	ERP 实施
系统目标	开发一个新系统用于满足组织管理需要	实施软件包系统来满足组织管理需要
分析	通过观察、调查来评估用户需求，确定系统规格说明书	供应商分析，评估由于实施引起的业务流程变化
设计	开发新系统架构、用户界面和报告工具	ERP 软件的安装、客户定制计划、数据转换、变革管理策略
实现	配置软硬件、开发应用程序、安装、测试、培训和转换	系统上线转换、培训和支持
顾问角色	技术支持，主要在设计和实施期间	变革管理、流程变动、全程的技术支持
管理人员角色	负责和支持	负责和参与（特别是在变革管理中）
最终用户角色	重点小组、在各阶段特别是实现阶段提供输入	多个小组、关键用户、高级用户、一般用户都作为实施团队的一部分并始终参与
运作	维护、更新、提供技术支持	维护、更新、升级、监督变革管理策略

好的 ERP 软件重要，ERP 实施策略更重要，企业应根据相应的实施策略，遵循正确的方法论，制定切实可行的适合企业实际情况的实施路线图。

思考题与习题

（1）说明 ERP 系统的生命周期阶段及其主要内容。
（2）ERP 系统实施策略有哪些？如何根据企业的实际情况确定相应的实施策略？
（3）比较甲骨文与 SAP 两公司的实施方法论，有何异同？你认为哪个更适合？
（4）成功实施 ERP 系统需要什么样的方法论？

案例分析：职业装J企业的“两化融合”之路①

0 引言

J企业的总经理走出董事会会议室，虽然没有显出多么轻松，但坚定的步伐与豪迈的神情却显示出百倍的信心。这是一次重要的会议，贯彻工业和信息化部工业化、信息化深度融合，即“两化融合”战略，将职业装供应链深度整合方案列为公司战略重点。尽管公司实施信息化工程已有四五年之久，公司目前已经应用了CAD（计算机辅助设计）系统、数控裁床系统、智能吊挂系统、金蝶ERP（企业资源计划）系统、电子商务平台、号型归并系统、自动配份系统等，可是这些系统似乎没有发挥出应有的作用，在公司基础数据与信息的管理方面、部门之间的协同与协作方面存在着管理脱节的状况，缺少产品全寿命周期的统一组织、管理与控制，缺乏统一集成协同环境，难以做到产品数据的全过程管理，设计过程的优化和资源的共享还不够。企业无法快速进行协同化的研发、管理，技术部门不能和销售、采购、质管、库存以及生产部门和车间在同一个平台上进行及时准确的沟通，直接影响了面向顾客需求的服装快速定制进程。这次会议借工业和信息化部“两化融合”的东风，从产品全寿命周期管理的全系统、全过程视角对公司供应链信息化整合做出了安排。

1 公司发展及现状

J企业是JH集团股份公司的骨干企业，专门生产军警服、行业服、商务装等各类职业装。公司最早是以被服为主的联合生产企业，始建于1928年，曾被国家统计局和国务院发展中心列为“中国服装及其他纤维制品制造业最大企业第一位”。公司长期为中国人民解放军生产军装，并为驻港、驻澳部队制作服装；同时承担中国人民解放军三军仪仗队及多次国庆阅兵服的制作任务。公司不仅在军服领域独树一帜，多年来还承担着公安部、司法部、铁道部、税务总局、工商总局、最高人民法院、最高人民检察院等国家职能部门的服装制作任务，受到客户的高度赞誉。公司的外贸销售网络遍及亚洲、非洲、欧洲、中东等39个国家和地区，曾出色地承担了几个国家的军服、警服换装的设计和制作任务，并得到了客户的好评，在国际军服、行业服的制作领域享有一定美誉。企业获得了ISO 9001质量管理体系和ISO 14001环境管理体系双认证。目前公司已经发展成为以服装为主业扩展服装产业链的多元化公司。服装主业包括军需品、职业装、衬布、包装、户外装备、高级定制等，具体包含西服、大衣、毛料制装、衬衣、布料制装等。公司拥有一流的专业服装设计制作专家团队，并备置美国格柏CAD排版系统、CAM电脑服装剪裁系统、德国杜克普西服吊挂生产线、美国麦埤立体整烫等世界一流设备，年产服装1000万套/件。公司2010年实现收入超过12亿元，利润5652万元，2011年完成销售收入20.5亿元、利润7100万元，员工人数超过5000人。

“十二五”期间，公司将全方位发挥集团公司在军队、政府的政治优势，发挥大型央企的资源优势。“彰显客户职业价值”成为公司的使命，公司的战略目标是建设中国最强最优的军需品生产试验基地与中国最强最优的职业装研发生产基地。公司正在打造国内最具影响力的服装定制服务品牌，向国际一流职业装企业迈进。

① 此案例为作者本人所编写，选自中国管理案例中心。

2 职业装行业背景

经过新中国 60 多年，特别是改革开放 30 多年的发展，中国的服装业从“世界工厂”“中国制造”，逐渐向“中国设计”转变，已经实现由家庭作坊向工厂式管理、由工厂式管理向集团化管理、由集团化管理向股份制管理的跨越，形成了大规模生产能力。目前，全国职业装企业总数已由 1998 年前的几百家，猛增到 3 万多家。我国已经拥有了一批职业装行业品牌，一批有实力、有信誉，品质优良、工艺精湛的职业装企业脱颖而出，走向规模化和现代化生产阶段，并且在向国际市场进军。一批职业装产业集群聚集地正在孕育和产生。在“七五”、“八五”期间，电子信息技术开始在行业内普及应用，引入国外服装 CAD 系统，自动检测和控制技术的应用为企业的进一步发展打下了良好的基础。服装行业的信息化程度已经能达到接近半数的水平，一些企业开始自主或合作研发应用软件，有些企业引入了 ERP 系统，企业信息化水平不断提高。

但是，我国服装企业在全局供应链的运作上尚停留在较为低级的水平上，这直接导致了我国服装产品在品牌与技术层面上不能够在国际市场占有一席之地，有些国内知名品牌也不能在全球价值链上分到一杯羹，我国服装在世界市场的占有率仅达 17%，且以做代工、加工贸易为主，服装产品出口赚取的利润极其低下。可以说我国服装行业仍处于全球服装价值链的低端。自动化设计、控制技术、信息化系统并没有促进服装企业供应链的改善，服装企业内各职能部门、供应链上企业间的连接还不能达到“无缝化”，更谈不上供应链的“可视化”与针对顾客需求的协同决策。

服装供应链由服装面料供应商、服装制造商、服装分销商、服装零售商、服装物流与配送商及服装消费者组成。服装企业需要快速定制服装，并快速、准确地配送至目标消费者，就必须考虑供应链过程中的所有方面，并对所有的环节加以控制和管理。欧美等发达国家的纺织服装业已经形成了非常完善的供应链管理体系。美国众多的服装企业就通过联网方式，把面、辅料供应商，外协制造商，代理商，经销商及零售商相互联系起来，制定了相互联系的标准，确定了产品标签上条形码的编码方法，建立了电子信息交换系统，减少了信息传递误差，确保快速反应。国际服装品牌商善于主导供应链，从最初加工环节的外包，到设计的外包，再到采购环节的外包，在供应链上对资源进行强有力的掌控，以获得供应链的话语权，决定供应链中的利益分配方向，同时将风险分担。

工业与信息化部提出促进工业化与信息化的深度融合，即“两化融合”，不仅要促进服装企业内部计算机辅助设计、生产过程控制、设备管理、计划管理等信息系统的融合，而且应该在服装企业供应链的全局信息集成方面要有所突破。服装企业供应链的信息化已经成为职业装企业迎接全球化、产业竞争等挑战的一剂良药。依靠深度的“两化融合”，深度整合服装供应链。很多服装企业已经开始采用计算机三维人体，立体裁剪等技术，整合制造企业、设计研究所、终端和中间渠道等，实现市场、设计、生产的一体化互动，提高服装的敏捷化定制能力，提升顾客价值。

职业装的重要特征是面对不同的职业群体（军、警、公安等），每个职业群体有不同的标准与要求，同一个职业群体的服装都存在大量款式、颜色、尺码，如图 9-2 所示。因此，职业装企业要处理款式、颜色、尺码的组合，可根据部件的各种变型灵活配置产品。职业装的设计需要反映职业群体的要求，还要满足个人要求。在设计过程中既要考虑职业群体的定制标准，又要考虑人类体型、胖瘦、高矮的设计版型，还要考虑个人的特殊需要。服装生产工艺复杂，设计、生产数据庞大。整合职业装供应链，实现面向顾客的敏捷化大规模定制日益迫切。

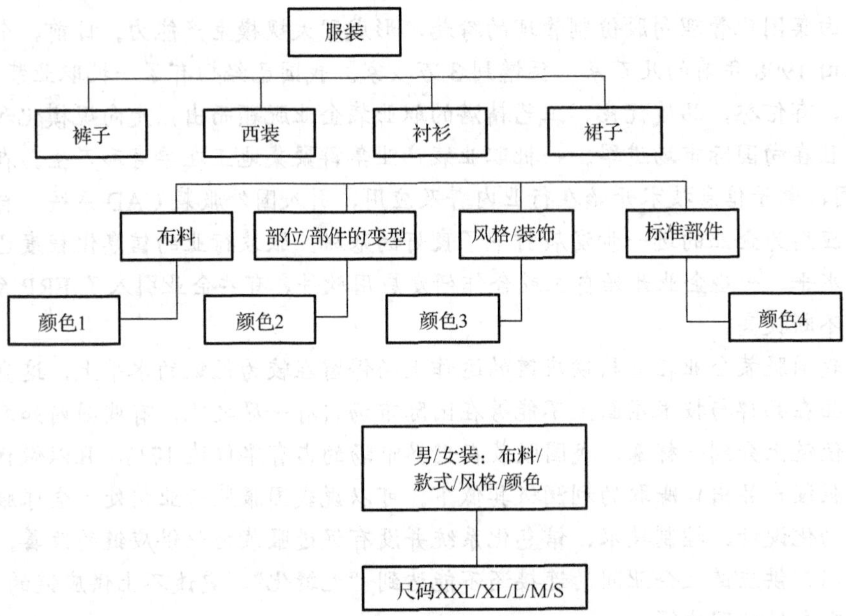

图 9-2 服装产品的组成情况举例

3 J 企业信息化面临的问题

J 企业很早就重视计算机及自动化设备在辅助企业管理和生产方面的应用，先后建立了 ERP 系统、CAD 设计系统、数控裁床系统、智能吊挂系统、号型归并系统、自动配号系统。企业的单项计算机应用已经初具规模。如今 J 企业信息化工作由企业发展规划部统一负责协调，并成立了专门的信息化部。

为了贯彻公司会议精神，发展规划部专门成立了项目组，并邀请长期从事信息化规划的专家作为顾问，对公司信息化现状进行重新摸底与诊断。全面评价企业原有的信息化系统，提出两化深度融合的系统整合方案。项目组通过调研发现，公司在基础数据与信息的管理方面、部门之间的协同与协作方面、协同计划方面、供应链统一技术管理方面存在一些问题。

1）基础数据、信息与文档的管理问题

（1）目前企业文档主要以纸质文档、电子图档手工管理为主。量体人员将量体数据记录在纸质文档，经过简单审查后将纸质文档发送到数据中心，由数据中心完成量体数据的录入。研究院与技术处进行工艺设计标准传递、技术处下发到车间的工艺生产标准也依然以纸质文档为主。由于文档的归档采取人工方式进行，技术文档的及时性、完整性和有效性无法有效控制。

（2）电子数据主要是存放于个人手中，历史产品基本没有完整有效的、成套的电子资料数据，无法实现电子数据的发放、共享和利用。研究院制作的设计图、版型分散在设计人员各自的计算机中，没有进行统一管理。同时，大量的外来图纸和技术资料目前基本都以纸质形式为主，没有扫描或重绘成电子文件，造成查询、借阅、更改十分不便。

（3）技术数据查询效率低，研究设计院电子数据分散在各自的计算机中，没有按设计部件特性分类，数据分散查询不方便。同时数据也没有得到安全保护，复制和删除较为容易，容易造成数据丢失。目前仅通过光盘进行技术数据保存。

2）企业协同管理问题

（1）产品开发的监控完全由人工实现，沟通方式有赖于电话、会议和报告，没有形成一个在线的系统对整个项目的进度、技术状态、交付信息等进行汇总和显示，所以无法实时监控及了解项目进度、项目交付。目前受限于人工手段，获得的项目进度的情况不够详细和透明，无法随时了解设计和工艺的进展情况。

（2）缺乏一个协同的计算机开发环境，从内部协同的角度，设计时不能及时充分考虑下游可能出现的问题，而下游人员也无法提前获知设计的进展情况，下游人员和上游人员没有进行充分的信息交流，从而使设计阶段难于发现后续阶段可能出现不足，使得更改、换版次数多，成员之间的信息交流仍然靠手工和纸质媒体，信息传输路径长，信息传输速度慢，影响了产品开发周期，增加了产品开发费用。

（3）协同方面最大的困难和问题是在协同过程中信息的及时沟通、反馈，以及协同设计平台、手段的缺乏。目前研究设计院与技术处进行工艺标准协同设计、研究设计院与客户进行产品设计沟通只是利用互联网上的一些常规通信工具如电子邮件、即时通信工具等，并没有专门的应用系统。数据不及时且只能靠人工统计，而这些基于互联网的通用工具的可靠性和保密性较差，也无法做到信息对等。因此，需要在信息集成的基础上，进一步强调过程（业务流）的集成，达到优化、重组产品开发过程和实现产品开发的并行工程，突破以往面向任务的串行工作方式，建立面向产品全生命周期的协同工作模式。

3）工艺设计管理存在的问题

（1）工艺设计由人工编制，劳动强度大，效率低，是一项繁琐的重复性工作。

（2）设计周期长，不能适应目前企业快速反应及生产的需求。

（3）工艺设计进度需要依赖设计人员的设计经验。设计进度随产品技术要求、生产环境、资源条件、工人技术水平、企业及社会的技术经济要求而多变，工艺设计质量依赖于工艺设计人员的水平。

（4）工艺设计最优化、标准化较差，工艺设计经验的继承性较困难。目前仅实现了号型统一，而版型统一和工艺统一未实现。设计效率低下，存在大量的重复劳动。由于每个工艺规程都要靠手工编写，光是花费在书写工艺表格上的时间就占 30%左右，而工艺设计质量完全取决于工艺人员的技术水平和经验。当产品更换时，原有的工艺规程就不再使用，必须重新设计一套产品工艺规程，即使新产品中某些零件与过去生产的零件相同，也必须重新设计。

（5）根据职业装产品多、品种具有一定相似性的特点，迫切需要与职业装特征参数相关的部件分类库来规范设计过程中标准件、通用件的选用，减少重复的部件设计和工艺设计，缩短产品研发周期等。因此亟待利用成组技术，借助项目 PLM 的数据管理机制，实现产品数据的标准化、通用化和系列化。

（6）目前设计流程、工艺规程的制定尚需进一步规范化，完善管理流程。

4）工艺编排与计划问题

（1）目前职业装工艺编排依然是手工方式，工艺编制的水平完全取决于编排人员的经验。无法做到工艺的优化，也无法做到职业装工艺的标准化。工艺的编排与职业装本身的结构、材料、尺寸、精度要求、生产批量、设备使用、工人技术水平及生产等众多因素有关，仅靠手工方式编制工艺不可能做出很好的工艺决策，一旦职业装款式变化又要重新编制新的工艺，工艺人员不得不进行大量的重复劳动，浪费人力物力，拖延了时间，不适应职业装快速生产的需要。

（2）工艺编排依赖技术水平、知识水平较高的人员。目前一个合格的职业装工艺编排人员不仅应具备工艺、加工设备、材料、生产组织、工时定额、数控技术等知识，而且要有丰富的实际生产经验，当发生人力资源缺失时，培养高水平工艺编排人员成本较高。

（3）目前企业职业装 CAD 未与 FMS 集成。无法实现设计数据的快速传递，延长了生产准备周期，增加了生产成本。

5）技术管理问题

（1）缺乏企业整体办公自动化与知识管理平台，无法实现各部门之间的紧密合作，信息与知识无法共享，信息处理速度变慢，延长了整个产品开发设计、生产周期，降低了生产效率。

（2）缺乏企业客户管理管理系统，企业可以通过网络、数据库技术与客户实现信息互动，从而可以把服务做得更加快速优质，让客户满意，特别是在销售人员与客户进行沟通过程中、设计人员查询客户资料、售后服务方面，也可促使企业与客户建立长期合作关系。

（3）缺乏企业 PLM 集成平台，目前企业具有职业装 CAD 系统、职业装 CAM 系统、ERP 系统、智能吊装线系统。系统软件之间实现了局部互连，但缺少多视角、全周期的组织、管理与控制，没有统一集成协同环境，难以做到产品数据的有效管理。由于技术资料没有集中有效管理，造成技术人员各自保留技术资料，无法提高企业整体技术水平；人员的流动也会造成资料的流失。企业无法进行协同化的研发、管理，技术部门不能和销售、采购、质管、库存及生产部门和车间在同一个平台上进行及时准确的沟通。

面对如此众多的问题，项目组如何从公司战略上准确把握公司需求？为此项目组组织过几次的会议，都没有得出结果，各个部门都坚持自己的观点，认为是其他部门出了问题。技术部与生产部、技术部与研究所、生产部与车间等都存在着这样或那样的争执。不管争执如何，当前企业的正常运作不能停止，讨论的结果还是先维持现状。

4 J 企业“两化融合”之路

目前公司在管理方面已经实施了金蝶 ERP 系统模块，在研究院应用了 CAD 设计系统，在技术工艺部引进了数控裁床系统，大大加快了职业装设计及裁剪的工作效率。在生产车间引进了智能吊挂生产流水线。从数控裁床系统送来的裁片开始，以较少的工位设置进行单件职业装缝制，按单循环方式成 U 字形布置。系统上方配置一套悬空的吊挂传输系统，通过电脑软件来控制带有不同编码的吊架在不同工位之间的传输。看似完美的设计、生产与管理，为何还存在许多争论不休的“扯皮”问题。公司项目组重新确定了深度“两化融合”战略，从企业全局供应链及产品全寿命周期管理 PLM 入手，以产品全寿命周期信息化建设推动产业升级与企业转型，依靠工业化与信息化的“两化融合”，实现综合制造信息与管理系统的集成；实现快速定制的产品数字化与知识化，实现快速产品设计过程，支持研发与市场的互动；支持公司产、供、销一体化联动的组织体系建设，实现供应链上跨部门、企业的信息共享与传输。

4.1 职业装供应链

职业装供应链管理将打破企业各个业务环节信息化孤岛割据的局面，使供应链范围的业务和信息能够实现集成和共享。企业将企业信息系统一直延伸到供应商终端，把入库率、产品检验合格率、产品销售等情况对一些战略合作供应商进行公开，以合作伙伴关系推动供应商一起发展；将信息系统延伸到消费者，获得消费者的定制信息、个人喜好信息及反馈信息，能够对消费者需求及市场变化做出即时反应；融入“定制化的协同设计与开发”系统，实现设计的协同、设计与制造的协同与互动，实现设计、生产、采购的同步化。充分掌握供应链的主动权，压缩供应链，为顾客创造最大价值。J 企业供应链结构如图 9-3 所示。

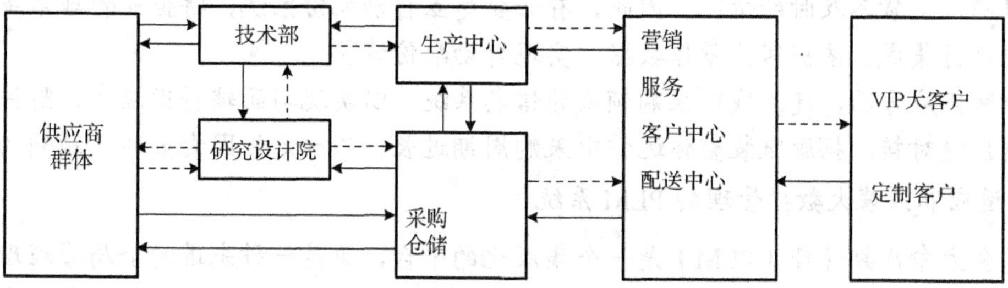

图 9-3　J 企业供应链结构示意图

1）销售端点

对销售数据、各区域、职业群体营销系统及店铺指标完成情况等进行统计分析，实现对各系列、各渠道、各店铺的销售、存货、客户信息的全面掌控。销售端服装由公司配送中心集中配送、统一管理，以实现对渠道的快速配货，实现区域及店铺间货品互补。从而减少了存货，提升了产销率。持续跟踪各专卖商的库存和销货，连续补货，提高周转率。集中配送系统还有利于风险分担。

2）按需设计

依据职业装标准、市场信息、消费者量体及喜好信息，结合企业 PLM 集成平台系统进行分析与设计，设计出符合消费者需求，又能实现批量生产的服装。建立高效的产品设计信息库，凝聚产品设计风格，增加反映企业产品系列及风格的标准版型，为新服装的变型提供信息化、知识化的系统保障。

加强营销部门和设计开发部门的沟通与互动，以保障设计人员有针对性地展开服装设计，设计顾客喜爱的服装。建设 PLM 集成化平台，缩短产品设计开发周期，进一步优化、完善计算机辅助设计系统（CAD）、计算机辅助工艺设计系统（CAPP）和服装模版发展管理系统等，实现异地协同设计。建立完整的产品生命周期管理系统，将研发立项、人员分配、样品制作、技术交代等各项业务明确纳入计划管理体系中，加强信息共享，也能够使得研发设计人员及时了解产品市场销售情况，本着“贴近市场、贴近生产、贴近成本”的原则，进行有效研发。

3）生产与供应物流

在服装生产的一般程序中，产品自设计师设计开发，到生产配送，到达消费者，要经过选择面辅料、颜色和制作样品并送样确认、估价、制定单、进一步投入放样、排版，同时由业务人员和质量检验人员在裁剪、缝纫、后处理的生产过程中，不断进行产品质量的跟踪管理来确保顺利的交货，这些过程信息化后，将大大缩短交货期。

结合 PLM 系统提供的样衣用料及工艺信息，快速建立物料清单（BOM），减轻算料的工作量。产生物料计划需求、欠料需求信息。生产部门根据现有的生产能力及可配套生产的面、辅料供应能力，合理安排批量化的混合生产，减少生产线上的半成品存货，及时发现工序质量问题。通过快速的产量统计结合工序单价，实现快速工资自动计算，工人日产量工资当日得出，减轻计件工资计算的庞大工作量。汇集多款式订单的同种物料采购需求，集中形成具有一定数量的同种物料采购批量。

服装从生产线下线后，随即进入配份装箱。企业客户往往要求将服装分别配发到他们指定的科室。对于大批量职业装订单来说，如果采用手工方式来计算和统计装箱单，就会出现配发不准确、交货不及时的情况。因此，有必要建立自动配份系统，将企业管理系统与配份管理系统进行集成，依据客户量体数据，实现自动配份装箱。

在物料供应方面，建立战略采购领域的信息系统，以实现与面辅料供应商、附件协作厂商的信息系统对接，摆脱服装整体运作中采购周期过长、不确定性因素多的瓶颈制约。

4.2 适应职业装大数据管理的PLM系统

产品全生命周期管理（PLM）是一个集成化的平台，更是一种先进的全局管理理念，它集成一系列技术支持产品的协同创新，支持产品销售，支持企业供应链上整个产品生命周期内的产品数据管理，从订单产生，量体数据分析、模板变更、服装设计、样板库资源利用、服装生产及物流配送，一直到售后服务。从职业装的设计到使用，需要存取大量的产品数据，不仅有结构化的数据，而且包括内容、音频、消息、笔记、视频、图片、照片等半结构化、非结构化数据，还有位置信息、顾客喜好信息等数据。PLM平台管理企业的知识型资产，支持企业中人、过程及信息的集成，支持供应链的运营。PLM系统应该具有良好的开放性、扩展性和高效的产品配置特性，充分注重电子商务网站和用户的人机交互界面，强调用户能够参与产品的设计，能迅速、安全地处理用户订单和产品信息。PLM支持并行设计、敏捷制造、协同设计、网络化异地设计与制造等先进制造技术的应用。PLM能够解决服装产品文档管理分散、图纸更改、换版混乱等问题，解决产品数据在技术、工艺、生产等部门的共享问题，有利于产品设计资源的知识化管理，提高设计过程管理的效率。在职业装的PLM系统中的主要模块有如下部分。

（1）图文管理：主要解决产品数据的集中、有序、版本控制、安全管理问题。主要提供产品图纸自动批量入库功能，产品数据完整性、准确性、关联性、借用性分析功能，产品报表汇总输出功能，快速查询定位功能，产品权限控制功能，编码规则管理和图号申请功能，部件分类管理功能，文档过程数据管理等。

（2）产品结构管理：根据职业装的特点，提供服装产品结构树管理功能，能方便快速配置产品结构，支持产品、零部件子结构的复制、粘贴，物料库的查询定位功能，产品结构数据导入、导出，支持自定义格式的报表输出，结构树的图文档关联统计汇总等。

（3）工艺管理：主要解决新产品开发的工艺规程控制管理问题。主要提供工艺模板定义、任务分配、任务执行监控、网络评审圈阅、图纸打印申请与评审、图文档的发放、制造工艺流程设置、任务统计汇总等功能。

（4）设计更改管理：主要解决产品数据变更时的信息反馈、通知和更改后的版本记录问题。主要提供更改通知单（或申请单）的快速填写功能、更改通知单的网络评审功能、更改通知单的发布与自动通知功能、图样更改标注功能、版本管理功能、借用件自动更新功能等。

（5）系统集成：主要解决企业不同软件系统中的数据传递和过程集成问题。提供CAD

环境下内嵌的辅助设计功能、数据采集和产品结构建立功能、传递 CAPP 产品数据和管理工艺文档的功能、传递 ERP 产品数据并获取 ERP 基础数据功能等。能够集成办公自动化系统、客户关系管理系统、供应管理系统，并方便查询客户资料、产品设计数据、工艺标准、生产准备数据、物料数据、供应商资料等。提供 CAPP 生产数据的功能，在系统中能够方便查询。

CAPP、CAD、CAM、ERP 集成结构如图 9-4 所示。

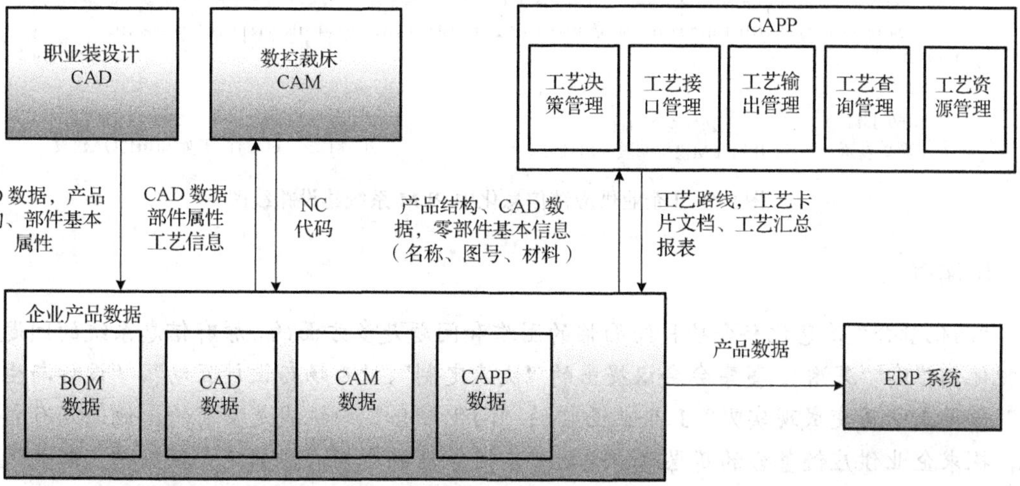

图 9-4　职业装设计、制造、工艺及资源计划的集成

在产品寿命周期管理的总体框架下，J 企业已经开始着手进行了如下工作。

（1）完善职业装的标准工艺库，主要解决目前版型不统一、工艺不统一的问题，将号型、版型、工艺分类管理，在与客户充分沟通、征得客户同意的前提下，研究院将同类产品在号型归并简化的基础上进行版型统一，将不同客户但归属同类产品的工艺尽量融合统一。系统将统一之后的版型存放在版型库，将统一之后的工艺存放在工艺库，将目前企业已有统一之后的号型存放号型库。实现真正意义上的版型统一、工艺统一、号型统一。建立符合国标的工艺资源库，建立可视化的工艺设计环境，能够所见即所得地标注各类特殊符号。加强服装部件设计和工艺规程的系统化管理，通过对服装组成部件的组合，设定标准化部件及工艺。同时运用个性化部件，满足客户对服装的个性化需求。

（2）完善了产品设计款式信息库，统一了职业装中各行业服的号型设置、归并，将行业男服号型由原来的 145 个缩减为 50 个，行业女服号型由原来的 148 个缩减为 45 个。职业装款式设计应反映客户需求，实现快速设计。在设计过程中，通过调用款式设计数据库相关信息，进行必要的组合，就能达到快速设计的目的。如衬衫的前身、领子、袖口的款式有不同的变型，成品衬衫就有不同的配置方式。这说明快速设计的前提是款式信息库的完善。

（3）完善了职业装多个品种样板信息库。建成多品种的设备配置信息库、工模卡具数据库。对职业装样板、号型、工艺进行统一，接收设计研发信息，做好生产前的技术准备工作，如试制样衣、放缩样板、制定生产工序流程、安排生产设备配置及工模卡具制作计划单等，从而有效缩短了生产周期，提高了企业的快速响应能力。

另外，J 企业对于供应链信息化实施精心安排，认真准备，项目组提出了企业供应链信息化中 PLM 系统建设路线图，如图 9-5 所示。

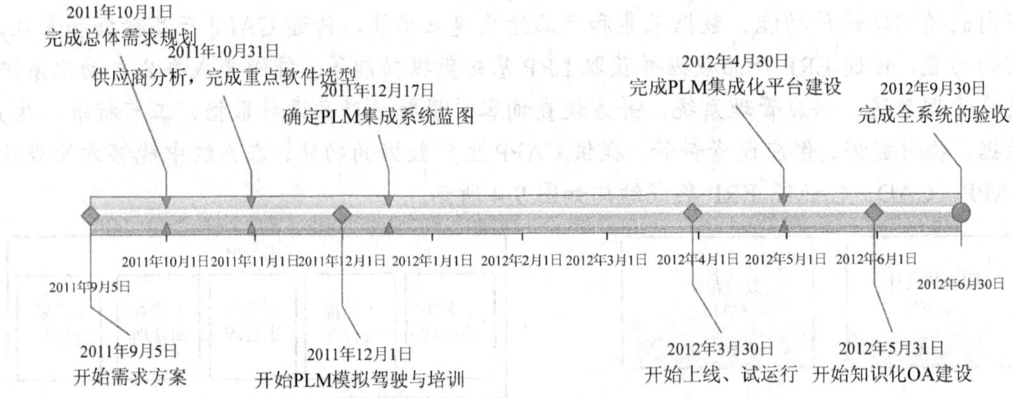

图9-5 J企业供应链信息化中PLM系统建设路线图

5 尾声

“两化融合”信息化整合项目组面临的困难和问题是多方面的，原有信息系统的问题就足以把他们推向“深渊”。董事会会议提出的“快速定制”、“市场与设计互动”、“设计与生产联动”等要求能否变成现实呢？J企业面临的“两化融合”的挑战是空前的，他们只有打破常规，探求企业供应链整合的新思路，运用供应链管理的新模式，研究大数据时代职业装全寿命周期数据管理的新趋势，才能建立职业装行业“两化融合”的新标杆。

讨论题

（1）J企业实施深度“两化融合”的主要目标是什么？

（2）从职业装供应链管理模式入手，分析原有企业信息化系统存在的问题。

（3）分析职业装产品数据结构特点，说明产品数据管理对“两化融合”的支持作用。

（4）如何根据企业的实际情况确定相应的“两化融合”的实施策略？

第 10 章　业务流程与最佳实践

10.1　业务流程及其建模

10.1.1　业务流程

流程是“获取输入，并增值转化，将结果输出，提供给内部或外部顾客的一系列逻辑相关的活动的集合”。

业务流程可定义为：一系列逻辑相关的重复性的活动链，它利用企业资源产生一个实体，目的是为内部或外部顾客提供明确的、可以测量的结果或产品（Ericsson，1993）。

ISO 9000 标准中将业务流程定义为一组将输入转化为输出的相互关联或相互作用的活动。

对业务流程进行分类有多种不同的方法。很多面向流程的一流企业都对其自身进行了全面的分析，寻找其核心流程。流程分析有五个要素：供应方、输入、工作流、输出与顾客。流程是横向的，可能存在于部门内部或是跨部门的。部门内部的流程较易控制，而跨部门的流程易出问题，管理不善会降低运营效率，各个部门需要理解其他部门的需求与期望，并将其纳入本部门的目标中，团结协作，共同实现公司目标。

（1）每一流程都有一个顾客，关注业务流程以保证更好地关注顾客。

（2）最终产品的价值的创造发生在横向业务流程中。

（3）通过界定流程的范围，定义流程的顾客和供应方，可以获得更好的沟通，便于需求的理解。

（4）通过管理很多部门运营的整体流程，而不是管理个别部门，可以减少局部优化的风险。

（5）通过指定负责流程的流程所有者，避免功能性组织中常见的责任不明。

（6）流程管理为控制时间和资源提供了较好的基础。

ERP 系统覆盖了企业价值链中的所有活动，正是这些活动构成了企业运营的业务过程。ENAPS（European Network for Advanced Performance Studies）针对制造业提出了一个过程分类通用框架，表示了企业战略下的产品开发、获得订单、执行订单、客户服务的重要的业务流程，反映了产品全生命周期的物流与逆物流、业务信息流与技术信息流，如图 10-1 所示。

获得订单的过程包括了所有直接参与顾客需求的活动。执行订单过程包括所有完成订单所需要的计划与协调活动，供应过程、制造过程的规划、控制、协调的活动，以及将这些产品交付于顾客的活动。

制造过程包括所有直接参与产品的物理生产过程的活动。设计过程包括所有直接参与的供应商能力及其可制造性、环境友好的产品设计过程，以及所有的协同设计活动。

企业的组织机构呈现一定的层次性，在制造业中一般存在业务部门与制造部门。企业的信息化及 ERP 的应用促进了组织的扁平化及业务部门与制造部门的集成。

业务流程可作为组织改进工作的起点。企业模型的流程视图是对业务流程的描述，对业务流程活动的序列、职责、信息和产品流、持续时间、成本等的描述。描绘业务流程的最常用的方法是画流程图。

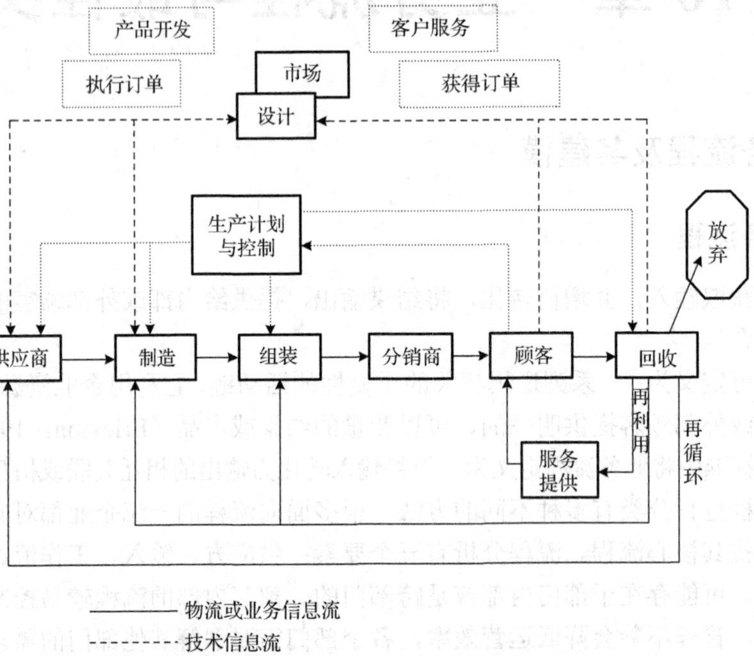

图 10-1 制造企业业务流程框架

业务流程再造是业务流程模型的最重要的应用。业务流程图也还有其他的用处。

（1）训练员工熟悉新的业务流程环境，因为模型是一种很好的传达业务流程逻辑和操作的工具。

（2）基于业务流程图进行沟通，业务流程的重要性和内容得到传递与交流。

（3）利用模型描述存储流程文档化、标准化，实现跨流程的标准化。

改善业务流程必须预先了解业务流程现状。如果不知道现在的流程是怎样的，那么将很难明确应该采用的改进创新方法及这种方法的有效性。因此，使流程文档化是任何改进活动的第一步。

10.1.2 业务流程的建模步骤

业务流程的建模步骤如下。

1. 理解顾客期望，识别关键业务流程

在开始流程建档工作之前，必须首先确定企业的业务流程。这项工作有时是非常困难的。因为在一个功能健全的组织机构中，各个不同部门的流程并不是清晰明了的。

首先简单列出所有围绕组织开展的业务流程的清单，这项工作通常要依据现有的流程描述，或参考 ISO 9000 认证等所需要准备的文件。

然后，详细列出下列要素序列。

（1）组织的战略。

（2）利益相关者，亦即组织中受既定利益影响的组织、机构或个人。

（3）组织交付的产品或服务的期望。

（4）生产产品或服务和支持其实现的业务流程。

通过思考这些要素集，确定其顺序：组织战略由利益相关者定义、形成，利益相关者拥有产品或服务期望，组织通过业务流程交付产品或服务。由此，可以很容易地确定组织运营的业务流程。这些流程对于实现利益相关者的期望是必需的。

所有的组织都必须明确表明其战略，之后就可识别组织的利益相关者。重要的利益相关者有顾客、股东、员工、供应商、政府、当地社区等，他们都对组织有一些期望。决定这些期望也是非常简单的，尽管有时它与权益相关者之间相互联系。所有期望都被确定后，再根据重要性进行排序，然后再开始识别实现期望必需的业务流程。从下游顾客期望的产品/服务直到其主要的及支持的流程，向上游寻找流程的输入，业务流程的几条主线就清晰可见了。虽然这种方法并不能覆盖组织中运作的每个可了解的流程，但实际上是非常恰当的。从顾客期望出发，寻找对顾客满意度有贡献的流程，其他没有覆盖的流程是无关紧要的，可以考虑取消。

2．业务流程建档

一旦关键的业务流程被决定下来，每个流程的建档工作需要展开。使用下列流程改进工具对流程进行建档，理解当前流程。

（1）通过使用关系图分析，定性地恰当定义描述流程，须明确下列问题：

- 流程的顾客、流程的输出；
- 流程的供应方、流程的输入；
- 流程输入和输出的需求；
- 流程的工作流。

（2）构建流程图：

- 基于流程的组织结构图；
- 关系描绘图；
- 流程图；
- 跨功能的流程图；
- 可分解的多层流程图。

10.1.3 基于流程的组织结构图

基于流程的组织所拥有的组织结构图将有所改变。从原来的按照部门划分的纵向科室结构变成流程所有者拥有的横向流程。图 10-2 所示为基于业务流程的组织机构图，描述了重要的业务流程，而不是组织的部门。设计这种组织图是建立组织业务流程图的极为重要的一步。

10.1.4 关系描绘图

在开始画详细的业务流程图之前，通常必须首先创建一张全局性的视图，标明主要流程及其相互联系，以及它们与外界的联系。这对于一个包含很多机构或部门的大范围的复杂流程来说是十分必要的。例如，要对订单接收流程和产品交货流程建档，那么首先了解它们之间的关系，以及它们与其他流程或实体的关系是必需的。

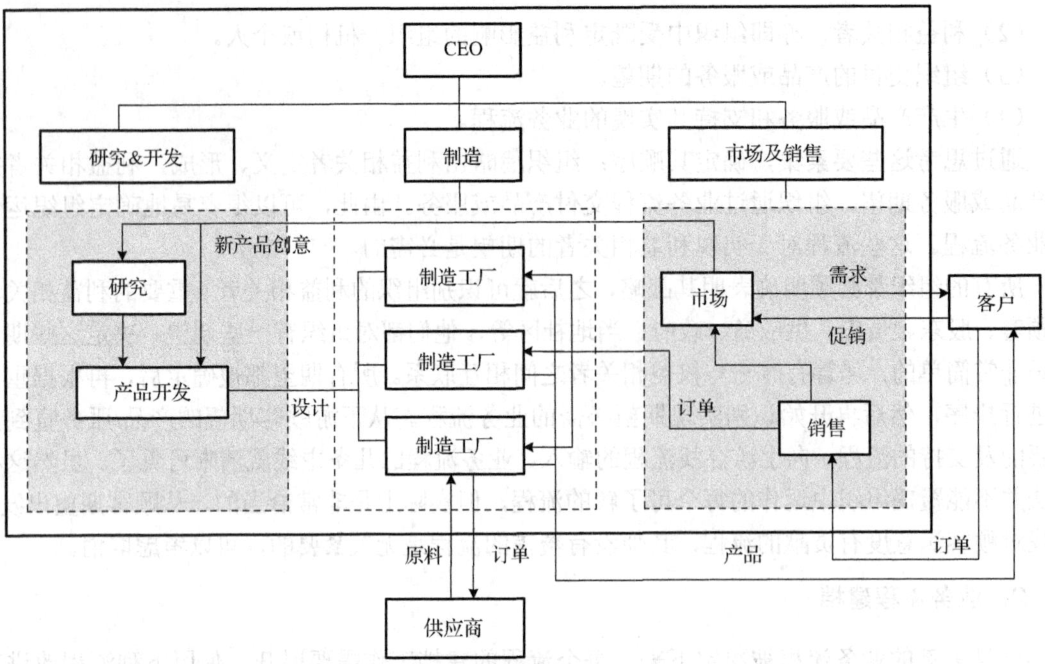

图 10-2　基于流程的组织结构图

与工作流图相比，关系图不考虑活动及其顺序。该图由不同的单元、部门、参与或影响流程的个别机构构成。对于订单接收与产品交货流程，相关的参与者有销售、计划、生产、采购部门，以及客户和供应商（如图 10-3 所示）。此外，我们还可以设想财务部门和外部的运输公司也应包括在其中。一般原则是尽可能包括所有的要素，而不相关的则会在分析的流程中自然地被删减掉。还可以构造不同层次的图，以便每个部门可在较低的层次进一步细化。

在流程中设立潜在参与者之后，分析其关系，进而定义关系类型。为此可以采用不同类型的箭头符号。将那些始终与其他要素没有任何关系的要素从图中去掉。最终，重新构造的关系图较好地表示了流程中参加者与利益相关者之间的关系。关系图可以利用 UML 中的类图来描绘。

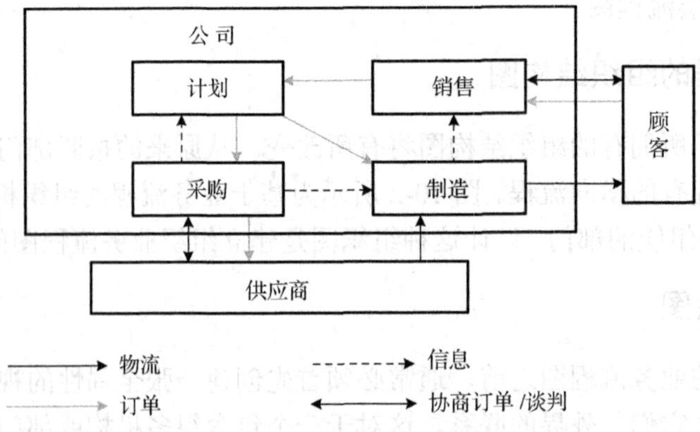

图 10-3　关系描绘图——流程全局视图

在图 10-3 表示的关系图示例中，不同类型的箭头符号都含有特定的含义（在这方面并没有标准)。必须指出的是，管理关系图和构造流程图活动的任务和其他与流程建档相关的任务必须由包含流程的参与者在内的小组实施。其目标是改进、调整流程文档并相互认可，对流程的执行达成共识。另外，不必花费太多时间对流程进行过分详细的、百分之百正确的描述。要知道一份容易实现、合理的文档要比一份费时编写的完美的文档好得多。

10.1.5　流程图

一般来说，流程图是对流程中活动的流程的图形描述。流程图易于理解，“一幅图可抵千字”。流程图有很多种画法。最基本的一种就是简单地使用不同的符号代表活动，用箭头来说明活动之间的联系。符号使用过程中，有多种变体，可以是复杂的图形，可以是简单的方框和线条。但是，不能说某种方式一定比其他方式好，关键是使用者对于这些符号要有统一的理解。一些常用的符号如图 10-4 所示。

此外，流程图中的符号还可以表示资源或设备正在使用中，以及活动执行的环境。做图工具一般都规定了使用的符号及其含义，如 Visio 流程图软件包。流程图可以使用 UML 中的活动图或状态图绘制。图 10-4 展示了订单接收与交货流程的流程图。流程图比关系图更加详细，包括了流程的供应方与顾客之间的协商等。但从这种图中很难看出由谁执行何种任务。跨功能流程图克服了这一缺点。

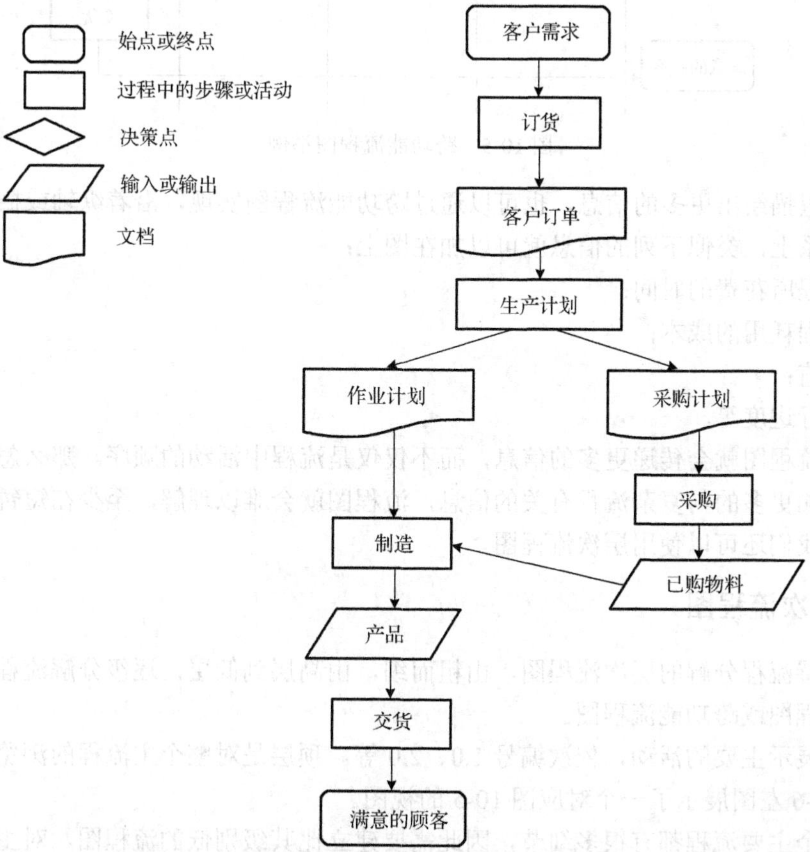

图 10-4　订单处理流程图

10.1.6 跨功能流程图

普通的流程图主要描述在流程中执行什么样的活动。跨功能流程图指明由谁来执行活动，或者它们属于哪个职能部门，将组织视图与流程视图集成起来。图 10-5 就是一个示例，它在图 10-4 所示的普通流程图中增添了许多详细的信息。

与描述活动序列的工作相比较，增加这些信息并不需要花费更多的时间。但是它能给流程提供更清楚的描述。因此通常推荐使用跨功能流程图。首先建立普通的流程图，然后加入组织部门或角色就可构造跨功能流程图。跨功能的流程图可以使用 UML 中的活动图描述。

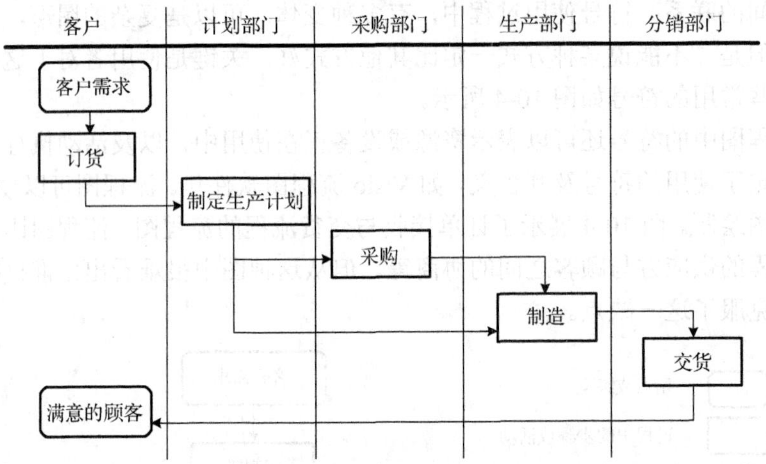

图 10-5 跨功能流程图举例

如果期望描绘出更多的信息，也可以通过跨功能流程图实现，沿着纵轴或横轴，将流程描绘在坐标系上，类似下列的信息就可以加在图上：

（1）流程所花费的时间；

（2）流程耗用的成本；

（3）增值；

（4）执行进度等。

这样，流程图就会传递更多的信息，而不仅仅是流程中活动的顺序。那么怎样使它清晰呈现呢？增加更多的与复杂流程有关的信息，流程图就会难以理解，至少在短暂的浏览时会难以理解。我们还可以使用层次流程图。

10.1.7 层次流程图

采用支持流程分解的层次流程图，由粗而细，由高层到低层，逐级分解流程，构成多层次的普通流程图或跨功能流程图。

在顶层展示主要的活动，依次编号 1.0、2.0 等。顶层是对整个主流程的浏览，忽略众多细节。图 10-6 左图展示了一个对应图 10-5 的视图。

由于每个主要流程都有很多细节，因此需要建立比其级别低的流程图，对主要流程进行分解。如对于流程 3.0 进行分析，流程 3.0 的细节流程在图 10-6 右图中表示出来。该层中的步骤都是与 2.0、4.0 等层有逻辑联系的。如果需要更加细化，可以轻松地增加更多的层级。

通过使用这种技术，可以只用一个第 0 层图表示所有的流程。如果需要了解更详细的信息，可以通过查询某个流程的较低层流程图来获取。通过这种清晰明了的表示方法逐层进行查询搜索，直到找到所需信息，这种方法在实际运用中非常好用。

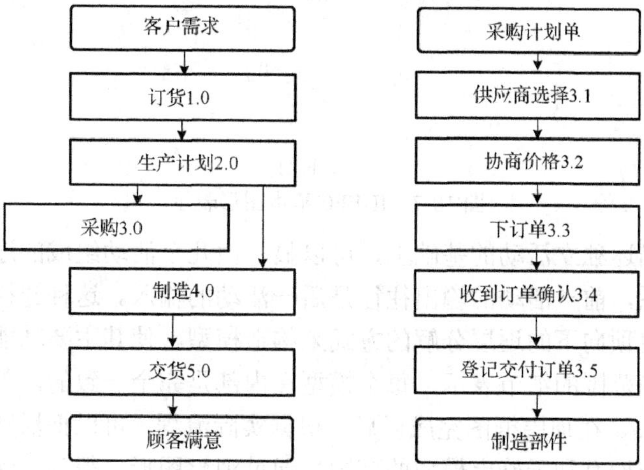

图 10-6　支持流程分解的多层流程图

10.1.8　IDEF 模型

IDEF（Integrated DEFinition）方法是由一系列方法所组成的系统分析与设计方法，它是在结构化分析与设计技术基础上发展起来的，借助图形，清楚而严谨地描述庞大而复杂的系统。IDEF 方法族包括的主要方法：

（1）功能建模方法（IDEF0）；

（2）信息建模方法（IDEF1）；

（3）数据建模方法（IDEF1）；

（4）动态仿真建模方法（IDEF2）；

（5）过程描述方法（IDEF3）；

（6）面向对象设计方法（IDEF4）；

（7）本体论描述方法（IDEF5）；

（8）设计原理获取方法（IDEF6）；

（9）信息系统审定方法（IDEF7）；

（10）人机接口设计方法（IDEF8）。

IDEF0 是用于建立功能模型的建模方法和过程。IDEF0 使用一种容易理解的图形语言，代表一个真实系统，有效的 IDEF0 模型有助于组织系统分析。IDEF0 模型的建立是企业流程重组的首要任务。IDEF0 模型中框图表示一种活动，是 IDEF0 最基本的元件，通常使用动词描述活动特性。箭头表示输入、控制、输出、机制，箭头用以连接系统中各活动，箭头通常是用名词描述，如图 10-7 所示。

（1）输入：实行或完成特定活动所需的资源，置于框图的左侧。

（2）输出：经由活动处理或修正后的产出，置于框图的右侧。

（3）控制：活动所需的条件限制，置于框图的上方。

（4）机制：完成活动所需的工具，包括人员、设施及装备，置于框图的下方。

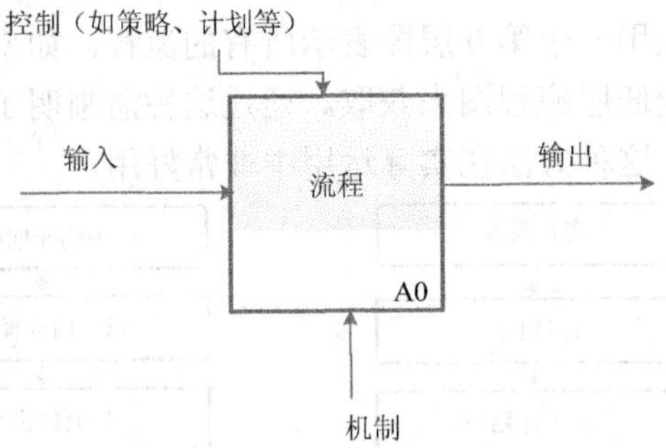

图 10-7 IDEF0 基本图形表示

IDEF0 方法在描述独立活动的基础上，可以显示由几个活动组成的连续流程，同时显示各个活动的相互关系，前一活动的输出往往是后一活动的输入。这种建模方法支持自顶向下的分解，用严格的自顶向下的逐层分解的方式来构造模型，使其主要功能在顶层说明，然后分解得到逐层有明确范围的细节表示，每个模型在内部是完全一致的。首先依据活动的边界划定 IDEF0 中的框图。在顶层框图完成以后，根据实际流程，可以把活动分解成下一层更小的活动。这种阶梯结构有利于确定模型的范围。通过观察图形，得到更深入的理解，防止系统描述中不必要的繁琐和疏漏。IDEF0 的建模步骤如下。

（1）定义范围：流程分析主要集中在关键性流程。

（2）资料的收集：了解流程的相关背景，包括相关人员、事物及制度。建模需要与专家和流程的实际操作者广泛讨论。对收集到的信息分类加工整理。

（3）针对收集到的资料，根据 IDEF0 的绘制原则与符号设计原则绘图。

（4）展示：针对每个阶层撰写辅助说明文字，并与父阶层共同构成完整模型。

（5）确认：模型建构者把初步的 IDEF0 图形和相关文件再次和相关人员进行讨论，确认最终结果。

10.1.9 业务流程模型的作用

业务流程模型是实现业务流程改进的重要基础。对业务流程进行建档，是企业建模的一种方式。通过工业和公共事业中的各种应用实践，业务流程建档被证明是非常有用的方法。它可以获得业务流程的全局视图，并能洞察详细的执行信息。也有利于流程建模团队相互协作的团队精神的培养。业务流程模型的分析通常会带来流程绩效的显著改善。

画业务流程图，实际上是建立企业模型的第一步。如果停留在模型阶段，模型的潜力就无法发挥出来。运用模型来进一步分析、改进业务流程。

可将流程模型用作验证、管理，甚至可视化仿真的基础图画。不必耗用成本和时间就可以运行改进方案，评估其可行性。即使没有机会进行基于模型的仿真实验，也实现了模型的重用与知识管理。

业务流程再造（BPR）与业务流程改进（BPI）都依赖业务流程模型这一基础。

10.2 业务工程方法

所有的组织都建筑在三个主要的基座上：流程、人员和技术。流程重新设计时，必须使这三个因素适应市场和顾客的需要，并且互相之间协调一致。流程的绩效要受人员技能、知识和积极性的制约，也会受到技术的影响。技术的应用（特别是通信技术）则可帮助减少流程活动的多余环节并增进组织部门之间的协调。技术、人员与流程管理的结合是 ERP 系统成功实施所追求的目标。

10.2.1　SAP R/3 中的业务工程

信息技术（IT）和业务流程重组（BPR）并肩前进，这两个概念的组合导致了业务工程（Business Engineering，BE）的产生。BE 将信息技术的创新与创建更好的业务流程相结合，从根本上说是一种基于流程的业务解决方案。

业务工程使公司更关注客户，对市场变化的响应更快。它围绕业务流程重新调整组织结构，以获得高的绩效。BE 不是通过完全自动化业务来实现改变的，而是用完整的或面向流程的术语重新定义公司任务。只有当公司拥有不断创新的员工、产品和服务以及比较短的开发周期的时候，它才能够保持竞争力。通过最大限度地发挥员工和集体的创造性，强调突出面向流程的方法，BE 可以让公司实现这些目标。

业务工程的主要目的是优化业务流程，BE 可确保业务流程的主要步骤（即从客户订单起，至公司交货给客户）尽可能的高效、敏捷，而且面向服务。要实现这些目标，在 BE 中可以通过下列方法重新设计业务流程：

（1）确保公司重点放在为客户和供应商创造价值；

（2）集成所有重要的业务流程；

（3）进行整个业务流程的管理，而不只局限于单个任务的管理；

（4）减少或取消相互推诿责任的情况或复杂的业务流程链。

这样，BE 不仅影响了业务流程，而且也影响了管理方法、岗位定义及组织结构。在 BE 成功完成时，可使公司在自动化流程之前将所有的领域都进行简化。业务流程并不区分单独部门（如采购、生产、销售、会计和人力资源管理）之间的界限。当开始 BE 的时候，必须打破将公司分隔成不同部门的界限，不管它们是实际存在的，还是想象的。在 BE 中，员工要负责大范围的业务活动和决策。公司的等级更少了，组织的界限也不再阻碍信息的流通了。公司、供应商及客户之间的交流和协同工作更为高效。得到一个更精简、效率更高的公司，可以快速响应客户需求和市场变化。

在业务工程中，IT 关注焦点从简单地管理一个公司的所有事务，扩展为从公司和客户的利益出发对事务进行全面优化。利用相应的软件来描述组织，对组织构建模型，以及考虑组织所产生的变化是如何影响业务流程的。业务流程的组织结构代表了实际的业务事务和公司的信息流通，被映射到信息系统的结构中。因此系统包括一个公司中如何完成事项的流程，其中包括信息流动和通信，以及有关公司任务和功能结构的信息。一个良好集成的信息系统不仅能改善所有的业务操作，而且能使公司更容易地确定进一步提高的领域。

尽管公司在优化业务流程后能获得较高的效率，但直到近来，许多公司才发现，它们处于业务流程重组后的困境。在认真检查它们现有的业务流程之后，许多公司完全放弃了它们的业务流程，并且创建出新的流程设计方案。在重复设计中浪费了大量的费用，而且要找到一个能与新的流程设计相匹配的软件解决方案的风险也是很高的。在实施工具和系统上花费了大量的资金之后，许多公司不得不放弃流程设计的大部分工作，这主要是因为它们的信息系统不能充分支持新的设计。

SAP认识到，此问题的解决方法是采用模型驱动的按需求配置。在按需求配置中，业务流程模型提供了预定义功能，以此作为基础，公司可根据各自的需要改变模型的参数，以建立它们定制的信息系统。因为这种方法消除了从头开始进行流程设计的需要，所以，它不仅能大大简化和加速IT的实施，而且能使公司快速调整信息系统，以适应不断变化的业务状况。

R/3业务工程通过提供样本业务对象和业务流程模板，反映成功公司内最好的业务实践，为R/3系统的模型驱动配置提供支持。公司能直接使用这些样本，或者对这些样本进行扩展和定制，从而满足它们各自的需要。在业务流程中，全面的业务蓝图提供了这些预定义的流程。

利用业务蓝图，公司能很快地将它们的业务需求映射到信息系统中，利用在本系统中已被证明有效的流程，根据需要进行修改。因此，在初始的流程设计或重新设计阶段及阶段性的实施过程中，软件的基本结构就能支持业务的建模。当采用业务工程时，这种方法对于公司来说是最有效的一种方式，它能最小化公司的实施风险和优化实施的结果。

10.2.2 事件驱动的过程链（EPC）方法

业务蓝图需要对业务流程生成易于理解的描述，并补充信息对象的描述，这对IT工程师有帮助作用。业务蓝图在信息内容和易理解性方面，必须达到一个平衡。对于很多结构相当复杂的公司来说，采用直接而简单的方法建模是不会成功的。因此为了可以在ERP系统中配置所有可能的组合建模，需要一个完整的图形。业务蓝图的描述还应关注业务用户，就是说要让最终用户和计划人员能够很好地理解和使用。ERP模型应选择一种清晰而又简单的描述方法，用少量符号组织起来。非专业人员也可以理解这种描述方法。

ARIS是一组基于过程的企业建模、仿真分析的工具集，可与SAP等ERP商业套件集成在一起，提供BPR、ERP系统实施、企业流程监控及持续改善等一体化的解决方案。它通过构建组织结构、过程、功能、数据、产品等模型，把与企业有关的诸多对象，按照对象间存在的各类关系有机地关联起来，并采用直观简洁的图形化方式，将企业流程的每个活动过程分层次地、由粗到细地描述出来。

ARIS结构包括数据视图、功能视图、组织视图、资源视图和控制视图（过程视图）。

（1）数据视图：描述事件和环境条件，它们是信息对象的各种属性。

（2）功能视图：描述业务流程中涉及的功能及功能间的关系。

（3）组织视图：描述使用者和组织单员的结构关系。

（4）资源视图：描述企业的设备和资产及它们的属性。

（5）控制视图（过程视图）：记录和维护组织视图、数据视图和功能视图间的关系。

ARIS结构中的这些视图间的关系是由控制视图来描述的。控制视图是ARIS区别于其他结构的重要特征，由一系列建模方法组成，其中最重要的是扩展事件过程链图（extended Event-driven Process Chain，eEPC）。在eEPC图中，业务流程由一系列功能（Function）、事件（Event）、组织单元（Organization Unit）、规则（Role）和关系（Connection）的有机序列组成。换句话说，EPC需要定义什么人必须在什么时候，采用什么方式做什么事。事件是业务流程背后的驱动力量，激发了一个或多个活动的发生。例如，“货物抵达”事件会引起“检查货物”事件的发生。依次，“货物检查完毕”会移至过程链中的下一个步骤，即“发放货物”“货物扣住”或“退回货物”。所有这些活动均建立在事件驱动过程链上。

EPC最重要的五个组件如下。

（1）事件：用六边形表示，代表一个活动的完成及下一个活动的触发。“什么时候应该执行某任务？”一个事件可以是一次定购、采购或交货，它会引发公司的过程链中的后续过程。例如，如果某客户发出了某产品的订单，那么“订单到达”这个事件会触发订单处理过程链的开始。事件会触发或驱动后续过程。

（2）功能/活动/任务：用圆角矩形表示，在实际业务中，“应该做什么事”？一个功能描述了企业员工实际要做的事情，而在信息系统中，一个功能代表一个和系统相关的具体的活动和功能。为了能够执行任务，计算机必须具有该任务的数据信息。这个数据反过来作为线路上其他相关任务的输入。功能树显示了联合保存在参考模型里的不同任务的方式。

（3）组织：用椭圆内加一竖表示，表明了功能由谁来执行。“什么人应该执行任务？”组织可以是一个企业、一个部门、一个场所或一个人员。企业面临的最大挑战之一就是如何去优化组织结构，在实际操作中，人们往往在组织结构上花费过多精力而对流程优化不够，这通常会导致分裂的流程链和不必要的冗余，出现过多的系统接口，导致部门、人员之间发生过多不必要的事务。因此在流程中对组织加以定义是必要的。

（4）信息：用矩形表示，表明了执行功能所需要的输入/输出数据。“需要什么信息来执行一个任务？”信息是完成一个功能所必需的，其可能来自信息系统内部也可能来自外部的输入。因此信息是流程发生所必不可少的，也是触发下一个流程的不可或缺的要素，如客户订单或采购申请的信息。信息对于正在进行的流程和下一个流程都是必要的。

（5）逻辑连接符（与 AND、异或 XOR、或 OR）：以圆形加上内部符号表示，代表了时间和功能之间的逻辑关系，主要有“与”、“或”、“异或”三种逻辑关系。通常一个流程不会是单线式的，中间会遇到许多分支事件或功能，这些分支可能是选择关系也可能是并发关系，同时不同分支会有不同的发生概率，这些都可以在逻辑连接符上定义。

EPC 主要符号如图 10-8 所示。

EPC 可以用一个图形模型表示，在这个图形模型里，用不同的符号表示相当复杂的业务流程的事件链（具有大量的分支和并行结构），如图 10-9 所示。在不同过程之间的导航，可以通过起始事件和结束事件进行。用“连接运算符”表示流经过程链的另一个或并行的信息流；用虚线箭头表示业务流程；用实线箭头表示输入一个任务或由该任务生成的信息；用连接线表示哪个任务配置给哪个组织单元。

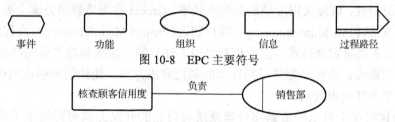

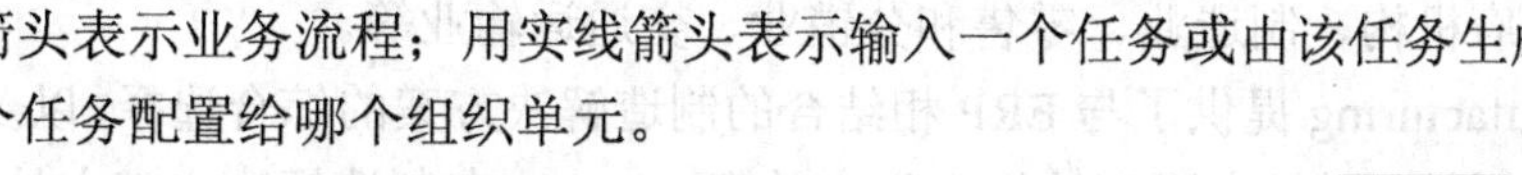

图 10-8 EPC 主要符号

图 10-9 EPC 中的功能与组织举例

EPC 对复杂过程进行建模，清楚地描绘了所涉及的任务、数据、组织单元之间的关系及逻辑时间顺序。EPC 至少要有一个起始事件和结束事件，将负责执行任务的组织单元加到过程链中，以显示任务执行的完整视图，如图 10-10 所示。在 eEPC 图中，由事件、功能和逻辑模块，经过逻辑连线的连接构成了一个基本的链图模型。由于功能操作是对数据、资源等对象的处理和加工，所以模型中的功能实体存在着数据、资源等对象的输入和输出；

同时功能是由相应的组织实现完成的，所以模型中的功能对象与组织对象也发生着密切的关系。用EPC方法构建业务流程模型，可在不同的视图模型中间建立联系，组合四种不同的视图，形成业务流程的总体模型。

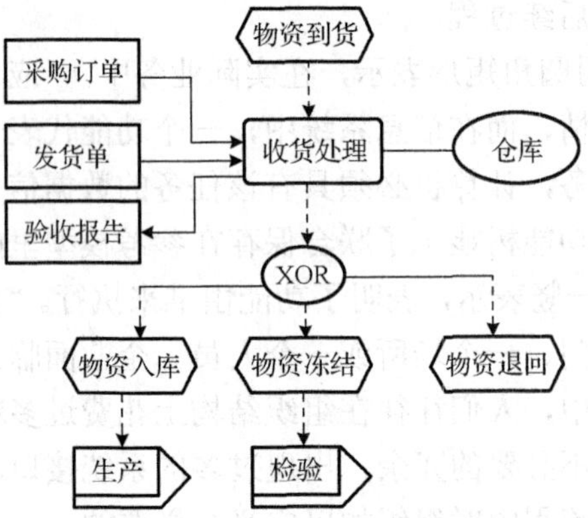

图10-10 EPC举例：物资采购到货处理

SAP将R/3参考模型作为业务工程的基础，采用事件驱动的过程链（EPC）方法描述现有业务过程，同时加入了组织单元、功能、数据和信息流的描述，帮助加速实施R/3项目，支持业务过程工程，促进用户、管理人员和系统顾问与SAP的沟通。

10.2.3 Oracle Designer需求建模

Oracle（http://www.oracle.com）电子商务套件是一套完整的商务应用程序，能够帮助企业高效管理客户交互活动、制造产品、发货和财务等。电子商务套件包括了市场营销、销售、服务、合同、财务、人力资源、供应链管理、订单管理、项目管理、采购管理、资产管理、生产管理等。电子商务套件适应全球化的需要，是一个完整而集成的套件，可以将所有的部门连接成一个无缝的信息流。它采用最新的互联网商务实践，简化流程，而不是修改软件来配合过期的业务流程，并实现快速实施。Oracle提供了行业解决方案，包括汽车业、电信业、金融服务业、政府机构、制造业、零售和分销业、交通运输业等。

Oracle Manufacturing提供了与ERP相结合的制造解决方案的综合选择，以及同时利用这些解决方案的灵活性，以最大限度地提高生产效率。Oracle在制造解决方案上处于领先地位。它在开发混流制造（Flow Manufacturing）、项目制造（Project Manufacturing）、流程制造（Process Manufacturing）和批量定制技术方面的创新是引人注目的。这些制造方面的产品与Oracle电子商务套件全面集成，为客户提供了高性能的制造解决方案，使他们能够在当今不断变化的市场中获得竞争力并取得成功。

Oracle的优势在于自己的数据库管理系统与自己的开发工具对网络电子商务的支持。Oracle Designer是Oracle公司的开发工具CASE产品，代表了Oracle公司的业务建模成果，能支持系统开发生命周期的所有阶段。Oracle Designer有四个主要的功能，包括系统需求建模、初步设计生成、设计与生成、实用程序，每个功能都有图示化工具。系统需求建模用于策略和分析工作，提供了四个主要工具：业务流程建模器（BPM）、功能层次图（FHD）、实体关系图（ER）、数据流图（DFD）。

业务流程建模器可以显示从一个处理过程到另一个处理过程的动画流程，建立了已有业务过程或新的业务过程、数据流及拥有它们的组织单元的可视化展示，还可以显示业务过程的外部触发事件及输出，支持业务过程重组。

借助业务流程建模器，可以通过发送时间量给过程和流仿真一系列业务过程的时间序列，并提供同时发生的事件概览，以了解系统中可能成为瓶颈的过程。

功能层次图显示系统中功能或过程的层次关系。采用实体关系图创建实体和属性定义表示出数据之后，将数据元素关联到每个过程。实体关系图显示实体及其代表数据的逻辑模型的属性与关系（子类/父类与互斥关系）。

数据流图显示业务功能、数据流和数据存储，可表示系统外部实体及系统过程与外部过程间的数据流。数据流图表示了数据元素（实体与属性）与功能、数据流、数据存储的关联，而业务流程建模器忽略了这一点。业务过程建模器和数据流图可选择其一，如果选择业务过程建模器，则需认真考虑利用功能层次图这类工具来建立功能与数据的关联。

10.3 业务流程管理

10.3.1 业务流程再造（BPR）

20世纪80年代中期，一些著名的咨询公司如Peat Marwick和McKinsey开始提出对业务过程进行再设计（Redesign）的思想。1990年，Michael Hamme提出了业务过程再造（Business Process Reengineering，BPR）的概念，确立了以业务过程为中心的思想，后来又进一步提出，BPR就是要“针对竞争环境和顾客需要的变化，对企业的业务流程进行根本的（Fundamental）再思考和彻底的（Radical）再设计，从而获得在成本、质量、服务和速度等方面绩效的显著（Dramatic）改善”。简单地说，就是指对组织内或组织之间的工作流和流程进行分析和重新设计，以大幅度提高业务流程的效率和绩效。业务过程再造的思想提出后，掀起一股再造的热潮，但是根据1994年CSC Index公司的统计，有70%的再造项目失败了。在残酷的现实下，业务过程再造的一系列原则受到质疑和挑战。

业务流程再造的核心是重新认识并打破构成经营基础的过时规则和基本假设。特别是在ERP化的业务工程中应该充分地认识到使现有流程自动化不可能取得企业绩效的显著改善。BPR的主要思想是从战略角度与系统角度对组织结构和业务流程进行激进式变革。“从一张白纸开始再造”的激进式变革概念受到挑战。很多企业不愿意投入大量时间和资金从一张白纸上开始，而且一些企业发现连续改进所获得的收益从长远来看可能比完全重新设计更大。还有一些企业愿意从一张白纸上开始设计新业务过程，却不愿从一张白纸开始实施设计方案，因为他们不愿意完全放弃已有过程，丢弃积累的经验与知识。

与急剧变革相对应的绩效巨幅提升的观点也受到质疑，因为评价再造绩效的改进非常困难，许多组织内部的小幅度改善累计所产生的绩效改进很难与再造所产生的绩效改进区别开来。再造必须自上而下推行的原则也受到了挑战。首先，企业中通常是对过程的细节最了解的人在实施再造，上层领导者对再造的细节并不了解。其次，实践证明许多由一线工人所发起的，底层的过程更改在实施后才得到高层领导者的了解和承认，并且获得了成功，而相反，在有些业务过程再造的案例中，运营层工作人员不肯接受别人替他们设计的工作而使整个再造项目的进行遇到巨大的阻力。

尽管信息技术推动着业务模式的变革，但是信息技术在业务流程再造中的作用也受到质疑。人们越来越倾向于认为信息技术是再造项目的催化剂，但却不是再造必不可少的要素，因为很多组织上的创新包括对人员、岗位、技能、组织结构等的调整和改进能够推动组织向基于过程的组织改进，但并不需要涉及信息技术。但是信息技术仍然具有如下重要的作用。

（1）能够将非结构化的流程转变为程序化的事务。

（2）消除地理位置对业务流程及顾客服务的影响。

（3）能够将业务流程自动化，能够对业务流程进行复杂在线分析。

（4）能够给业务流程带来海量的信息，使得业务流程的执行顺序可以发生更改，特别是某些任务可以并行完成。

（5）使得捕获和转播有关知识以改进业务流程成为可能。

（6）使得人们可以追踪业务流程的状态。

（7）某些流程间的交流可以不通过中介而直接进行。

毫无疑问，企业需要一个基本的IT 设施能力以实施业务流程管理，具有高水平的IT设施能力的企业能够对其业务流程实施更广泛的变革。群组支持系统（Group Support Systems）可对参与流程改进的人员进行授权，支持他们之间沟通，表达他们的担忧与焦虑等。IT是业务流程管理成功的前提和基础，为业务流程管理的实施提供了许多先进工具和技术，能帮助和促进业务流程管理的顺利完成。

尽管业务过程再造的实践遭遇了失败，其部分概念和原则受到人们的挑战和质疑，但这并没有影响其思想中的闪光点：以客户需求为出发点，以过程为中心，打破组织部门界限进行业务过程改进，并将这些思想集成起来运用。

10.3.2　BPR原则与过程

以下列出BPR的几个原则。

（1）围绕企业产出（而不是任务）组织流程，以跨职能方式重新思考流程。

在传统管理模式下，劳动分工使各部门具有特定的职能，同一时间只能由一个部门完成某项业务的一部分。而BPR打破了职能部门的界限，由一个人或一个工作组来完成业务的所有步骤。使用过程的输出者执行过程；将并行活动关联起来，协同进行。

（2）将决策点放在工作执行点，并对过程加以控制。

在ERP系统的支持下，让执行者拥有工作上所需的决策权，可消除信息传输过程中的延时和误差，并对执行者有激励作用。将信息处理与信息输出结合起来；将地理上分散的资源视作统一集中的资源；只在信息源处获取一次信息。

（3）取得高层领导的参与和支持。

高层领导持续性的参与和明确的支持能明显提高BPR成功的概率。特别是BPR常常伴随着权力和利益的转移，有时会引起一些人，尤其是中层领导的抵制，如果没有高层管理者的明确支持，则很难推行。

（4）选择适当的流程进行重组。

应该选择那些可能获得阶段性收益或对实现企业战略目标有重要影响的关键流程作为重组对象，使企业尽早地看到成果，在企业中营造乐观、积极参与变革的气氛，减少人们的恐惧心理，以促进BPR在企业中的推广。

（5）建立通畅的交流渠道。

要向职工宣传 BPR 带来的机会，如实说明 BPR 对组织机构和工作方式的影响，特别是对他们自身岗位的影响及企业所采取的相应解决措施，尽量取得职工的理解与支持。

企业业务流程再造要求企业上上下下必须彻底变更原有的思想观念，重新构造企业的管理流程和管理组织。这种彻底性的变更必须遵循科学的方法，同时与企业实际、市场情况相结合。业务流程再造应该分阶段不断改进、不断提升，是一个螺旋式循环上升的过程。成功的 BPR 实施可以分为如下步骤。

- 分析现状，建立组织远景和目标。
- 评估企业当前现状。
- 需要在哪些方面改变？
- 变革后的状况如何，是否符合组织远景与目标？
- 进行广泛的沟通，发动员工。
- 设立流程重组工作机构，确定业务流程重组的方向。
- 设立工作小组，确定其任务。
- 挑选人员：公司副总裁负责管理控制项目的实施，同时聘请一名专家参与管理，吸收高层管理人员，要求其投入 20%～50%的时间与精力参与。根据项目的不同阶段增加相应人员。
- 选择 BPR 的突破口，挑选有代表性的试点单位。
- 进入流程分析工作，理解现有流程，识别流程关键环节与瓶颈。
- 系统调查，明确核心主流程，收集信息。
- 寻找潜在的变革支持者。
- 流程建模。
- 评估当前企业战略、顾客需求。
- 识别流程瓶颈与不合理之处。
- 制定流程整合方案，确定新的蓝图。
- 确定流程改进余地最大的部分。
- 确定对公司战略与顾客需求起重要作用的关键流程。
- 基于企业未来战略，规划企业新的流程目标。
- 比较新旧流程，认识实施重组的障碍与所需资源要素。
- 采取头脑风暴、专家咨询等方法形成系统整合方案。
- 为新的流程建模，产生系统的蓝图。
- 蓝图实施与变革管理。
- 制定实施策略与具体计划。
- 实施新的组织机构，设定员工任务与职责。
- 新流程与新技术的培训。
- 分阶段控制与动态调整。
- 评估新流程的绩效。
- 企业文化的塑造与持续改进。

持续改进应成为公司企业文化的一个重要部分。在 BPR 过程中应注意：BPR 不仅仅是工作方式的改变，不仅要关注任务与过程，也要关注人，防止人们热情耗尽；借助企业建模技术与方法论，处理复杂问题，集成流程、信息等，借助过程建模工具对过程进行建档，实现过程的知识管理；跟踪BPR项目实施进展情况，激励体系应包括流程改进的目标与指标；不能将BPR视作包治百病的“魔方”；在彻底的重新设计后，导致人员精简时，应注意防止大量宝贵经验的流失。表10-1所示为248家企业在业务重组工程的不同阶段所开展的工作①。

表10-1　多数企业BPR开展的工作

阶　段	相关活动
计划和启动	● 识别准备变革的关键业务并评估如果不进行变革将产生的结果 ● 识别重组的关键流程 ● 任命高级主管并成立专门委员会 ● 获得高层经理人员对业务重组项目的支持 ● 准备一份项目计划书：定义项目范围，确定可以量化的目标，精心挑选实施方法及详细的项目进度计划 ● 与高层经理人员在项目的目标和范围上取得一致 ● 经过挑选的业务重组小组 ● 精心挑选的咨询顾问或外部专家 ● 排除会议干扰 ● 向小组主管传达项目目标，并开始与（企业）组织进行沟通 ● 训练业务重组小组 ● 开始（业务）变更管理行动并有一个精心准备的沟通（交流）计划
调查研究及发现	● 对其他公司进行基础性的研究 ● 通过与客户面谈，核心小组识别当前需求及未来需求 ● 与雇员及经理人员交流，以了解业务实际，并通过头脑风暴法获取业务变更的灵感 ● 研究相关著作及期刊以了解行业发展趋势并寻找最佳实践方法 ● 在一个较高的层次记录“As-Is”流程及相关数据，寻找差距 ● 回顾技术改造及可选项 ● 与委员会主管及关键的高级经理交流 ● 深入现场或参加学术交流 ● 从外部专家和咨询顾问获取有用的信息
设计	● 创新设想（头脑风暴法、灵机一动），创造性思维 ● 进行“如果——那么——”设想，其他公司的成功经验 ● 由领域专家形成3～5个模型；吸收不同模型的长处形成综合模型 ● 建立理想的流程场景 ● 定义新的流程模型并用流程图描述这些流程 ● 设计与新流程适应的组织结构模型 ● 定义技术需求；选择能够支持新流程的平台 ● 将短期成果与长期效益分开
审批	● 代价与收益分析报告；明确的投资回报 ● 对客户及雇员影响的评估；对竞争地位变化的评估 ● 为高级经理人员准备实际案例 ● 争取向委员会和高级经理人员展示评估报告并获得批准（项目实施）
实施	● 业务流程及组织模型的详细设计；详细定义新的任务角色 ● 开发支撑系统 ● 实施的导航方案及小范围的实验 ● 与员工就新的方案进行沟通；制订并实施、变更管理计划 ● 制订阶段性实施计划并实施 ● 制定新业务流程和系统的培训计划并对员工进行培训

① 钱强编译，BPR方法学基础. www.AMTeam.org。

续表

阶　段	相关活动
后续工作	● 定义关键的衡量标准以进行周期性的评估 ● 评估新流程的效果 ● 对新流程实施持续改进方案 ● 向委员会和高层经理人员发表最终报告，以获得认可

10.3.3 BPR实施的成功与失败因素

尽管业务流程再造形成了世界性的浪潮，并且有许多异常成功的案例，但是仍有超过一半的业务流程再造项目走向失败或是达不到最初设定的目标。这中间最大的三个障碍是：缺乏高层管理人员的支持和参与；不切实际的实施范围与期望；组织对变革的抗拒。针对这种状况，理论界和工业界越来越关注对业务流程再造的“关键成功因素”的研究。

企业业务流程再造的成功牵涉到企业的定位与战略、绩效的度量与激励、企业的组织模式、企业文化与价值观、信息技术、员工素质等多重因素。在重组过程中，必须密切关注这些因素对企业总体运营绩效的影响，否则根本不可能产生任何有实际意义的重组效果。

综合现有的研究成果和实践经验，可以得出以下导致企业BPR实施成功的几大关键因素。

（1）核心管理层的优先关注。

一般而言，当组织中至少有一个关键的决策者认识到重组的需要而高层经理们也并不激烈地反对时，或者当高级管理层支持内外部专家的重组方案并愿意为之提供必要的资源时，或者当企业内所有的高层管理人员均对重建计划承诺义务时，BPR成功的可能性将显著提高。企业核心管理层必须贯穿于项目工作的始终，项目的发起人应是高层行政管理人员，最好是首席执行官或对重组项目负责的行政主管。这样有助于重组业务小组的各种需求能及时得到满足，并使得各部门之间的配合更为有效，减少不必要的人为阻力。

（2）企业的战略引导。

处于成长及市场扩充时期企业的BPR项目比处于缩减规模及削减成本时期的企业成功机会更多，因为他们具备更多的热情及更少的阻力。BPR经常被视为发展业务及拓展市场的充满活力的机会，全体员工会紧密团结于前瞻性的企业战略目标，这在那些仅关注成本的企业是不曾有的。在成长阶段构架BPR项目的关键取决于团体战略。在这方面追求新客户或革新运营战略的企业与追求运营效率战略的企业有着很大的区别。

（3）可以度量的重组目标。

如果企业领导对现存问题和机会有透彻的理解，并制定现实的BPR目标，则会有更高的成功机会。对BPR的透彻理解有助于行政管理人员设置现实的预期。如果一个项目需要18～24个月，而领导期望6个月见效，则是不现实的。

（4）团结协作的项目实施小组。

无论在BPR项目实施中或实施后，均需要有来自不同部门且已授权的人员组成重组业务小组，以协作的模式共同工作。在项目进行中需要有授权的小组成员确定及重新设计企业流程；项目完成后需要相互协作的小组成员在运作重新设计的企业流程中将流程不断发展完善。因此在开始重建前建立起协作的工作模式是必要的。

如果能够分配固定人员专职从事重组原有的企业流程并且在重组小组中形成相互信任的关系，则BPR项目往往会事半功倍。此外，一个重组企业流程的小组应包括本过程内部及外部的成员。内部成员帮助定义当前步骤及确认附加操作的价值，外部成员尤其是供应商和客户经常会带来创造性的观点。当然，如果将各个部门最优秀的员工分配到 BPR 项目小组则效果更好。

（5）充足的财务预算。

经常有公司在没有预算或预算不充足的条件下尝试重组项目，经理们经常错误地认为 BPR 项目能在运作过程中自行筹措资金，甚至能在短期内完成。这种想法通常是不现实的，在财政困难的条件下会使重组项目产生新问题。当新的信息技术应用于重建的企业流程时，充足的预算是尤其重要的。因此要想取得突破性进展，公司需要准备充足的预算并愿意投资于新的信息技术。

（6）面向客户和供应商整合企业业务流程。

全球经济一体化时代的企业竞争，已不是单个企业同单个企业的竞争，而是企业的战略联盟集团，同另一些企业群体的战略集团的竞争，一个企业集团的供应链同另一个企业集团的供应链间的竞争。谁的供应链是最优化的重组与整合，形成集团的核心竞争优势，谁就能赢得竞争的胜利。单枪匹马，一对一的孤军作战的时代已经过去。整合企业业务流程时，如果将客户和供应商纳入其中，不仅能够使客户和供应商的资源充分“为我所用”，而且有助于与他们一道共同构建一个以“双赢”为指导思想企业联盟体，从而更好地在国际化竞争的大环境中谋求不断的胜利。

（7）分享远景。

首先，成功的 BPR 项目需要一个清晰的远景，即一个企业对存在问题的企业流程如何改造才能达到战略目标的明确认识。其次，必须在企业内充分分享这个远景，如不在企业内部分享就不会获得多少支持和帮助。在许多企业中不同管理层存在着沟通障碍，结果导致高级领导人的远景不能被广泛地分享，这将不利于 BPR 项目的顺利实施。

（8）健全的管理机制。

实践证明最有可能获得重组成功的企业往往是那些不依靠 BPR 同样能够成功的企业。那些起步于健全的管理机制的企业有更多的获得重组成功的机会。因为包括战略规划、资产预算、费用预算、财务、设备投资及员工评估、报酬在内的管理机制必须对重组项目的顺利实施行之有效，才能更好地开展 BPR 项目。许多企业的 BPR 项目起始于管理机制而不是企业流程，这并不令人惊奇，因为重组企业流程首先会对不健全的管理机制施加额外的压力。

（9）外脑支持。

企业领导往往对企业自身的现状比较熟悉，他们对企业业务流程再造的目标绝大多数情况下是基于企业现状而做出的，这样会带来重组目标不盲目脱离实际的好处，但也存在“不识庐山真面目，只缘身在此山中”的弊端。所以，寻求外脑的帮助便是一项行之有效的途径。外脑往往专门从事企业、业务流程再造的咨询实施工作，他们具有专业的理论知识、丰富的实践经验，他们能够根据企业存在的问题提出不受企业束缚的改造建议，更有创造性；在寻求外脑支持的过程中，两方面的注意非常重要。首先，要使外脑们能够充分地了解企业现状；其次，企业管理者与员工要能够以一种开放的心态听取外脑们对于 BPR 的关键性假设。

实施 BPR 的过程中往往伴随着大量的风险，因此，如何准确地衡量 BPR 的进度与成效，及时地识别 BPR 可能失败的征兆，在实践中不仅是一项复杂的工作，也是一项非常必要的工作。

由于 BPR 的绩效评价并没有一套固定的标准，而未来环境变化中的不确定性也使得企业难以进行完全的量化或进行精确的成本核算——收益分析。但就通常情况而言，一旦 BPR 项目实施过程中出现如下迹象，那么，企业就不得不提高警觉，反思实施 BPR 的全过程，以寻找项目失败的原因，并对症下药：

- 生产不稳定；
- 产量下降；
- 员工士气消沉；
- 人力资源管理成本上升；
- 企业的近期盈利水平下降。

企业实施 BPR 没有成功，其原因是多方面的。但综合分析企业界多年来 BPR 失败的教训，可以发现导致 BPR 失败的最主要原因有以下几点。

（1）不恰当的项目发起人。

不恰当的项目发起人将始终影响 BPR 项目的顺利进行，他们大多为：低层管理人员；专业技术人员；即将退休或调动工作的人员；不可靠及缺乏领导才能的人员；不能与内部及外部的 BPR 顾问建立良好的工作关系的人员。

（2）一味强调削减成本。

如果一味强调削减成本，企业领导不会情愿投资于重组的企业流程，因为新的企业流程一般都需要配备新的信息系统。即使投资于信息技术，企业也不会投入足够的人力。在实际运作中相当多的咨询顾问认为人力资源开发的成本等于甚至超过了用于新信息系统的预算。此外，削减成本制约了重组小组成员的创造力，他们不会去寻找业务发展的机会，并尽量避免威胁到他们自身利益的业务变动。

（3）“一切为我做”的工作态度。

多数持此态度的咨询顾问消极地对待企业流程重组客户，而且有些行政长官想重组企业流程，可又不想全心参与，不愿意将最优秀的人才用于此项目，打算无痛苦地雇用外部小组来运作此项目。这种类型的公司不情愿在管理方式及优先权上做必要的人事变动。

（4）过分集中于狭窄的技术范畴。

在某些 BPR 项目中，主要的动机是技术方面而不是企业战略。如替换过时的操作系统的需求往往比寻找打开市场的新方法的需求更易觉察到。事实上技术型 BPR 项目的成功比率很小，除非有高度远见的高层行政管理人员作为后盾。一般当技术型项目与企业战略需求方向一致时，这种支持才成为可能。总体上讲，硬件应被看作支持 BPR 项目的必要因素而不是改变的关键因素。

（5）相互影响的管理机制。

尽管在员工中间采用协作的工作形式会产生积极的效果，但当在企业的高层管理中采用相互影响的决策形成机制则会延迟重组的效果甚至导致失败。毫无疑问，能对下属的需求有清晰了解的强有力的首席执行官比那些所有决策都要依靠讨论来形成的首席执行官在重组项目中成功的机会更多。

（6）不健康的财务状况。

在多数企业中，当存在过多债务导致财务状况不健康，或者同时有太多不同的业务或太多的牵连而不能对重组投入所需的资金时，不大可能获得重组的成功。一般情况下重组项目在短期内不能自筹资金，而且不少企业不能或不愿投入过多的资金。

当多个项目同时运作时重组项目只被看作企业内部的另一个普通项目。不同的改进项目不可能被有效地规划和高度地集成，有时会出现相互抵制的情况，甚至会延迟效果或导致失败，最终形成过多的项目争夺有限资源的局面。

（7）忽视信息技术的应用。

在现实中，我们发现很多企业管理者并不重视信息系统的作用。信息系统专家常被误解为在重组项目中仅局限于处理技术问题。当开始重组项目时，企业管理者往往会脱离信息系统，特别是在规划阶段。结果，重组规划往往没能考虑到应用有利于企业流程重组的新信息技术的潜在可能、信息系统维护的需求及设施变动带来的不便。当信息系统专家于项目后期参与时，因为没有参与决定项目成功的关键性工作，而时常混淆某些问题。此外，信息系统专家及人力资源部门间缺乏联系会导致许多额外的问题，因为大多数重组成果需要精心协调技术及人力双方的变动。

（8）过分依赖信息技术的应用。

技术本身不过是种推动因素，是实现目的的手段，不是目的，因此，将实施BPR等同于将IT运用在企业各个环节中的观点是错误的。IT的真正价值在于它提供了必要的工具和手段，使得人们有能力打破传统的管理规则，创造出新的工作方式，从而给企业带来活力。因此，信息技术是建立新流程的重要推动因素，在BPR中起着至为关键的作用。但是，过分依赖信息技术的应用，必然会导致忽视人的能动性和创造性，从而必将导致BPR的彻底失败。

（9）误择时机。

对于大多数企业来说，误择时机或缺乏实施BPR项目的必要条件，是BPR项目失败的根本原因。缺乏高层管理人员的支持和参与，大多数组织成员对BPR项目不了解、有着不切实际的期望，或存在普遍的抵制情绪时，意味着当前并不是企业实施BPR项目的适当时机。

（10）不适宜的组织文化。

从企业的具体运作情况看，如果企业不仅不具备有助于BPR成功推进的因素，还存在BPR的发起者或倡导者的行为超出其职权范围或不符企业文化所容忍的限度的时候，BPR在推进与实施的过程中大多会遇到不小的阻力。特别是当组织明显存在以下因素时，可能意味着眼下并不是适合实施BPR或引入其他组织改进或变革方案的好时机。

- 一个远离顾问的或过于沉溺于现实的管理者是无法感觉到需要变革的。决策者一意孤行，拒绝变革的意见，更喜欢保持原样。
- 管理者或员工不愿听到组织发展的主要设想，而更喜欢高压统治。
- 互不信任，这个现象是普遍的存在于决策者们之间，以至于他们都不愿与另一个着手解决争端的人说话。面对这些情况，组织成员宁可离开也不愿意解决他们的问题。
- 组织的文化过于强硬，管理者不愿从组织外请求专家的帮助。

面对上述情况，企业务必要考虑一些符合当前内部运作风格和文化氛围的调停方案来改变这些因素，再适时考虑推行BPR的可能性。因此，BPR项目的预备阶段往往是一个在频繁的、大量的信息传播和沟通中实现组织成员观念更新和达成共识的漫长过程，而这个过程对于成功实施BPR而言，是不可或缺的，甚至是至关重要的。

（11）低估变革阻力。

低估变革阻力，其恶果大多以组织的变革活动失去方向感，或发生全局性溃败的形式表现出来。比如在项目推进时间稍长之后，最高管理层出现指挥错误，期望值过高而现实落差过大造成信心危机，对项目进度、任务期限、所需资源管理不当，都会导致 BPR 项目与企业正常经营活动或战略规划脱节。

10.3.4 BPR 与其他技术

企业流程再造和其他管理技术的区分对于各组织机构取得成功很可能是十分重要的。以下将列出常与企业流程再造混淆的各项应用广泛的技术，如图 10-11 所示。

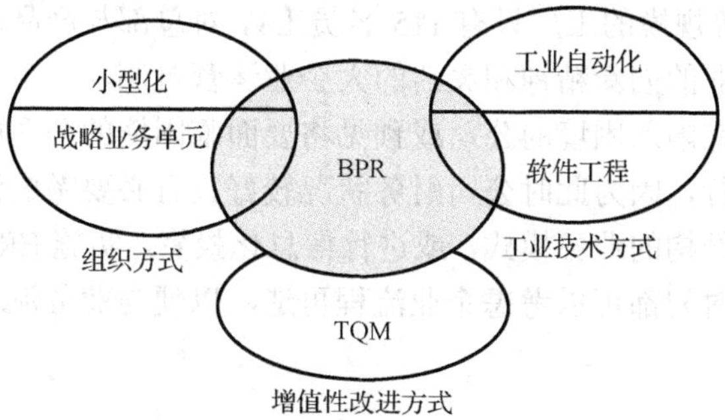

图 10-11 BPR 与其他技术的交叉

1. 企业流程再造和工业技术

企业流程再造中总是混合着两种工业技术——自动化和软件工程。当信息技术应用于现有低效企业流程时，常常不成功。正如有人所说的“仅有助于更快的做错事情”。但是那些完成自动化，同时已着手进行企业流程再造的组织却获得了成功，从信息技术的投资中获得了重大的收益。软件工程在增加现行系统的新功能、简化软件维护、降低软件成本方面有些成效，BPR 需要软件工程支持新设计的业务流程。

2. 企业流程再造和增值改进方式

质量改进计划的实施常与企业流程再造混淆。表 10-2 所示为 BPR 与 TQM 的主要区别，全面质量管理和企业流程再造也拥有许多共同的特征，如流程原理、组织和文化变革的必要性、基本标准的使用、对顾客需求的关注、流程度量的重要、通过改善业务绩效以达到提高竞争性收益的目的。

表 10-2 BPR 和 TQM 的主要区别

	性 质	范 围	目 标	IT 的作用
TQM	增值性、改进的、连续的	部门内有限的业务	质量	不重要的
BPR	根本的、革新的	一个或多个跨职能业务	质量、成本、速度、时间、柔性	决定性的

3. 企业流程再造和系统的方法

企业流程再造与组织小型化、结构扁平化听起来相似，所以也被混淆了。然而，这些方法在动机、结果和流程上均不相同。组织小型化是通过淘汰掉不能赢利的事务或部门来减少企业规模，以达到高效、经济的运作水平。BPR 也可能会导致组织员工的削减，但它不同于小型化，小型化将人员削减定为其主要目标，并不需要为了战略上的利益创新业务流程。组织结构扁平化是要减少中间管理层次、减少组织中各层次人数，进而改变组织结构的，其焦点是组织中的阶层结构，而不是基本的业务流程。

在全球动态环境与信息技术迅猛发展的形势下，企业必须进行再造工程，以提高企业的竞争力。企业的再造包括了组织与文化的变革、业务流程再造（BPR）、ERP 化的业务工程，企业再造可以在战略上进行整合，也可在管理层与运作层进行重新设计。如 APPLE 公司 Steve Jobs 接手公司时根据市场状况，变革了 Macintosh 兼容机的生产和销售授权方式与主流程，调整了产品结构，进行了业务的战略整合，同时又重新审视、重新设计了运营系统的流程，压缩了库存规模。企业再造反映了企业创新的成果。如 3M 公司通过组织设计规模相对较小的独立的产品部（如中等规模的工厂只有 115 名员工），对总部与产品部间的运作流程进行了重新设计，保持了小企业的创新精神和灵活的大企业运营机制。

企业再造往往首先在陷入困境的公司或预见将要面临困境的公司中进行，企业再造也会在处于巅峰的公司中进行，因为此时公司财务状况较好，有必要考虑沿供应链扩展企业，建立适应供应链集成体系结构的业务模式，或进行信息化投资，实施 ERP 化的业务工程。任何企业的业务流程在任何时间都可以考虑企业流程再造，以便与业务流程的持续改进相配合。

10.3.5　流程管理

业务流程再造与质量管理及其他基于流程的改进方法已经结合起来形成了一种集成的流程管理方法，业务流程再造的概念已经不能涵盖全部流程改进的方法，一个更加合适的概念"业务流程管理（Business Process Management，BPM）"出现了。业务流程管理是充分吸收了业务流程再造、全面质量管理、价值工程、并行工程、持续改善（Kaizen）等各种先进的管理思想和方法的精髓后形成的一种全面的集成的管理思想。业务流程管理的概念包涵了流程优化改进的多个方面的内容，包括技术、人力资本、变革管理、战略，以及业务流程的规划、测评等。企业进行业务流程管理运用多种方法收集信息、重新设计其流程（也可能是激进的，也可能是渐进的）并对新的流程进行评估。

流程管理是一种分析和改进组织基本活动（如制造、销售等）的结构化方法。可以把流程管理定义为"以规范化地构造端到端的卓越业务流程为核心，以持续地提高组织绩效为目的，通过分析、改进、控制和管理业务流程，实现产品或服务质量提升的系统化、结构化方法"。

可以看出，流程管理思想突破了原来 BPR 定义中的彻底性、根本性局限，以流程为基础，并结合其他变革管理方法（如 TQM、SCM）的系统化、规范化和结构化，形成了一种新的变革管理理念，也是多种变革管理方法协同作用结果的体现。它强调从实际情况出发，围绕组织发展主题和管理任务，对流程进行系统的分析、评估，对现有流程进行优化改进，甚至在必要时进行重新设计，以达到绩效提升的目的。从这一点讲，流程管理包含三个基本的层面。

（1）规范流程。对于运行比较合理的流程，可以适当地进行规范。

（2）优化流程。如果流程中还有一些问题，存在冗余的或消耗成本的环节，可以采用优化的方法。

（3）再造流程。对于一些积重难返、完全无法适应现实需求的流程，就需要进行再造。

以流程为中心对业务流程进行改进可以提高企业应对挑战的能力。业务流程的改进可以是渐进的、连续的、温和的，也可以是突破性的、全面的、激进的；可以仅仅涉及企业运营层或仅限于功能部门内，也可涉及整个企业，甚至向两端扩展涉及整个供应链的改进，关键是要看是否适合企业的战略需求与实际状况。

业务流程管理方法论是指导业务流程管理的实施，使业务流程管理团队能够对业务流程中的活动进行重组、优化和管理的一套方法技术和指导原则的集合，应该提供‘一整套技术和指导方针以使业务流程的再设计能够对企业的业务活动和过程进行重新组织’。

业务流程管理方法可分为以下几个步骤：

- 确定远景，做好流程变革准备；
- 确定需要改进的流程；
- 当前流程描述；
- 流程诊断；
- 流程再设计及改进方案；
- 新流程的实施；
- 评测。

在流程管理中，要注意顾客价值的驱动，识别组织的关键顾客及其需求，识别重要的和关键的产品及服务特性，关注关键的业务流程。从实现顾客价值角度首先考虑对关键的业务过程进行优化和改进。

流程管理方法论不仅应注重整体组织流程，而且也不要忽视员工的角色和责任，充分认识人际关系、组织文化、变革阻力等各种“软”的因素的重要性。员工完成流程的每个活动，流程的任何改变要得到员工的认可和支持。也不能忽视绩效测评和连续改进，只有不断改进，流程管理方法论才能适应企业面临的变化环境。

业务流程管理方法论需具有一定的柔性，需要根据企业的要求进行适当的裁减和定制；为进行业务流程管理的企业管理人员及相关工作人员设置，而非为业务流程管理专家设计，降低企业对外部智力（咨询专家等）的依赖；强调绩效驱动，一方面，根据企业的资源能力，适当采用先进技术包括信息技术，强调短期收益和长期收益的平衡，另一方面，关注业务流程管理项目本身的成本/效益问题；采用一套简单易用的技术和工具系统来支持业务流程管理方法论的实施应用，以降低业务流程管理的实施难度和提高实用性。

10.3.6 业务流程改进

哈林顿（James H. Harington）博士集合自己多年的管理经验，将 ISO 9000、TQM、TPM、流程再造等方法中最有效的部分进行整合，提出一种崭新、先进、通用的改进方法——全面改进管理（TIM），以推动整个组织在质量、生产率和价值方面实践卓越绩效模式。TIM 的基石是为利益相关方顾客、员工、管理者、投资人创造价值。

哈林顿 TIM 五项规则如下。

规则 1 最先考虑的五个要素是顾客、顾客、顾客、顾客和顾客。

规则 2 赢利的五个关键要素是质量、质量、质量、质量和质量。

规则 3 赢得竞争力的步骤：（1）为顾客提供超出其期望的产品/服务；（2）返回第一步，但做得更好。

规则 4 领导驾驭全过程，员工在过程中工作。

规则 5 今天做得比昨天好，明天比今天做得更好。

哈林顿提出的“流程突破方法论”（Process Breakthrough Methodology），分为 5 个阶段。

（1）准备阶段，为竞争要素中最重要的质量而做好流程改进的组织工作（Organizing for Quality）。建立领导机构，成立流程改进执行小组，吸收业务流程改进支持者，并对他们加强培训；向管理阶层与员工传达流程改进的目标，重新审视企业战略与顾客需求，设计改进模式，选择关键流程，任命关键流程负责人，组织流程改进小组。

（2）理解流程，流程建模。明确流程范围和使命，确定流程边界；加强团队培训，以全局观点看待流程，设定流程的顾客、业务需求与期望；利用各种流程图了解流程的方方面面，收集流程的成本、处理时间、周期时间、价值等数据；流程改进小组成员利用流程图与各个部门人员进行深入沟通，亲自从头到尾地跟踪流程，遍历流程中的作业，“全程走一遍”，观察流程，进一步收集现存问题与障碍等信息，哈林顿称之为“流程穿越测试”。

（3）理顺、精简（streamlining）流程。对流程进行精简与优化，以提高流程效率，降低成本，增大流程效用，提高流程的适应性。通过团队的广泛培训与交流，不断发现流程的改进机会，如错误、返工、高成本、劣质、延迟、积压等；运用多种方式优化精简流程，建立流程管理的知识化管理体系，进一步选拔与培训员工。

（4）测评和控制。设定一个不断改进、控制流程的系统。设置流程的基准目标与评价指标；建立带有流程绩效的测量、评价的反馈系统，定期审核流程，形成高绩效、低成本的运营系统。

（5）连续改进。评价流程的全过程，建立流程的里程碑标志，定期执行流程的质量资格审查；确定流程中的问题并予以剔除；评估流程变革对业务和顾客的影响，设立流程的基准，不断加强团队的高级培训，形成流程持续改进的运营系统。

10.3.7 流程精简原则

流程具有多种特性：流动性（将输入转化为输出）、效果（满足顾客需求的程度）、效率（用于制造产出的资源的利用情况）、周期时间（将投入转化为最终产出所用时间）和成本（整个流程的费用支出）。

哈林顿提及了 12 个流程精简的原则：

（1）消除行政官僚主义，去除不必要的审批及文书工作；

（2）消除重复性的工作；

（3）对业务流程中的每项作业进行增值评估，确定其对顾客需求的贡献；

（4）简化、降低流程的复杂度；

（5）压缩流程周期时间，超过顾客期望；

（6）预防错误发生；

（7）保持设备、环境及人员的升级与更新；

（8）简洁的语言，以利于无障碍沟通；

（9）标准化作业程序；

（10）供应伙伴关系；

（11）跳出当前流程，进行全局改进；

（12）设备自动化/工厂信息化。

流程改进意味着变革流程，提高流程的效率、效果与适应性，超越顾客期望。变革流程要做到：

- 精简；
- 采取预防措施，防止错误到达顾客；

- 预防失效就要修正错误，追溯流程；
- 不断超越顾客期望，创建有竞争力的创新的流程。

10.3.8 流程改进的方法分析

制造业、服务业运营系统的流程改进都需要开发恰当的方法，当下列情况出现时，就需要采用方法分析，开发出新的方法：

（1）工具、设备发生改变；

（2）产品设计变更，或者新产品投产；

（3）材料发生变化，或者加工顺序改变；

（4）政府有关产业政策、法令的变化与调整；

（5）其他因素，如质量问题等。

方法分析的基本过程是：

（1）选择所要研究的操作流程，收集所有有关工具、设备、材料等相关因素的信息；

（2）同操作工人和技术人员共同讨论现有流程方法，获得流程信息；

（3）利用流程图研究现有工作流程，做出流程图表，并分析；

（4）提出流程新方案；

（6）实施流程新方案；

（7）重复检查方案，确保改进流程方法的实施。

方法分析要求对工作流程的内容（What）、原因（Why）、时间（When）、地点（Where）、工作涉及人员（Who）进行仔细分析。通过利用流程图表，能够使得工作流程的分析和方法改进变得更加简便。

流程图通过对操作人员的运动和原材料的流动重新审视和批判性检查，获取流程作业的加工顺序与信息，如表 10-3 所示。

表 10-3 作业流程图表

流程:		办公用品采购						流程汇总情况			
部门:		采购部									
开始的活动:		收集需求						活动	数量	时间（天）	距离（m）
结束活动:		将办公用品发送给用户						操作●	8	8.10	
								传送➡	1	0.10	76
								检查■	1	0.10	
								等待◗	4	7.50	
								存储▼	1	2.10	
步骤	时间（天）	距离（m）	●	➡	■	◗	▼	活动描述			
1	0.10		X					办公用品采购员收集需求			
2	0.20		X					需求汇总，填写申购单			
3	0.10	16		X				送达采购主管			

续表

步骤	时间（天）	距离（m）	●	➡	■	◗	▼	活动描述			
4	1.00					X		等待审批			
5	0.10				X			审核通过			
6	1.50					X		联系供应商			
7	0.50		X					确定供应商			
8	1.00	20	X					谈判及合同条款			
9	0.10		X					下达订单			
10	10.00					X		等待收货			
11	0.10		X					收到货物并检查			
12	2.10						X	存入仓库			
13	0.10	40	X					通知用户领用			
14	2.00					X		等待用户来领			
15	1.00		X					将办公用品发送给用户			

图表有助于管理者分析流程中生产率低下的环节与浪费，如延迟、积压、传送等。利用作业流程图表可以分析物料流动，研究公司文件的审批流程，分析外科病人的移动和护理，分析邮件处理流程，分析业务流程等。

分析员对流程作业图表的分析，可提出如下问题，以形成流程改进的方案。

（1）为什么会有延迟或积压？

（2）什么原因导致等待？可以缩短时间或取消吗？

（3）如何缩短或避免传输距离？

（4）能压缩作业时间吗？

（5）工作位置的重新安排会带来更高的效率吗？

（6）有些活动或作业可归并吗？

（7）有重复的活动吗？

（8）设施、技术、人员升级可以改进流程吗？

（9）自动化\信息化对流程改进有帮助吗？

（10）员工对于改进有想法吗？

10.4 业务最佳实践

10.4.1 标杆管理

标杆管理起源于 20 世纪 70 年代末美国向日本的学习运动，施乐公司首先使用。1976 年以后，一直保持着世界复印机市场实际垄断地位的施乐遇到了来自国内外特别是日本竞争者的全方位的挑战，如佳能、东芝、Savin、NEC 等公司以施乐的成本价销售产品且能够获利，产品开发周期、开发人员分别比施乐少 50%，施乐的市场份额从 82%直线下降到 35%。面对竞争对手的威胁，施乐公司最先发起向日本企业学习的运动，开展了广泛、深入的标杆管理。通过全方位的集中分析比较，施乐弄清了这些公司的运作机理，找出了与佳能等主要对手的差距，全面调整了经营战略、战术，改进了业务流程，很快收到了成效，把失去的市场份额重新夺了回来。

在提高交付订货的工作水平和处理低值货品浪费大的问题上，施乐公司同样应用标杆管理方法，以交付速度比施乐快 3 倍的比恩公司为标杆，并选择 14 个经营同类产品的公司逐一考察，找出了问题的症结并采取措施，使仓储成本下降 10%，年节省低值品费用数千万美元。

随后摩托罗拉、柯达、IBM、杜邦、通用汽车等公司纷纷仿效施乐，在全世界寻找经营实践最好的公司进行标杆比较和超越，从而赢得了竞争优势。

1979 年施乐公司将标杆管理定义为：制造部门通过对自己产品/服务和竞争者或行业领先者的产品/服务的特性、结构、组件与流程进行测评、比较，永无止境地发现、学习经验，评估最好的流程与绩效，并与企业现有的流程结合起来，提高其效率、效果与适应性，从而实现积极的自我超越。

标杆管理是不断寻找和研究业内外一流公司的最佳实践，以此为标杆，比较、分析、判断本企业经营实践和效果，结合自身实际加以创造性地学习借鉴并实施持续的流程改进，从而赶超一流公司或创造卓越绩效。标杆管理需要比较本公司与其他公司或本部门与公司内部其他部门的绩效。标杆管理通常有 3 种类型。

（1）内部标杆：观察本企业的内部状态，确定其他工作场所是否有相似作业，是否有明显的最优实践。将内部最佳实践作为标杆。

（2）竞争性标杆：调查并分析竞争对手的产品、服务和流程，通过与领先企业的绩效进行比较，确定标杆，在企业业务机构内实施流程改进，不断跨越标杆。

（3）通用标杆：包括了世界级运营的标杆与标准作业的标杆。跨越行业的界限，学习在流程应用具有通用性的世界级企业或标准作业标杆，以此为标杆进行跨越。

企业通过标杆管理获取竞争优势。标杆管理过程可分为 3 个阶段。

（1）规划阶段。规划阶段需要在现有流程绩效基础上，确定对什么进行标杆管理，确定标杆管理所采取的方法与技术路线，初选企业流程清单，制订数据收集的计划。

（2）分析设计阶段。分析设计阶段运用多种调查的途径、收集数据的方式（如文献检索、媒体信息、电话调查、行业协会访问、咨询专家聘请或拜访、企业参观等）获取数据，运用差距分析、流程建模等方法，确定新的流程蓝图。

（3）流程改进行动阶段。确定流程需要改进的行动方案，调整流程标杆，使之成为业务最佳实践。

10.4.2　业务最佳实践

由标杆管理形成的业务最佳实践如何进入企业 ERP 系统呢？这要从企业建模框架与方法论谈起。一般企业参考的架构与方法论是 ISO/FDIS 15704 的一部分，它对企业工程/企业集成所需的方法、模型、工具给出了全面的定义，提出了描述所有企业类型的企业集成所需组件的一般框架，给出了最完整的企业工程/企业集成的公共域文件。可用于单一企业、扩展的企业或企业的一部分。在其三维多视图企业模型体系框架中，定义了生命周期维、视图模型维及通用层次维，如图 10-12 所示。

（1）生命周期维，以企业系统的生命周期活动支持企业实体的建模过程。

（2）视图模型维，支持从不同视角支持企业建模的特定视图的可视化。视图将企业业务流程与各类模型关联起来，将企业的运营过程描述为集成化的模型，可向用户展示集成化模型的不同视图：功能视图、信息视图、组织视图、资源视图。视图的分类是可重叠的，ERP

软件商会根据实际情况及所拥有的工具系统来确定所采用的视图。

（3）通用层次维，表示了从通用、部分通用至特定企业的逐渐细化的过程。可在通用、部分通用层次建立企业系统的参考模型，行业参考模型就是部分通用的，针对具体的企业就是特定的模型了。ERP 软件商都提供了通用或行业通用的 ERP 参考模型。

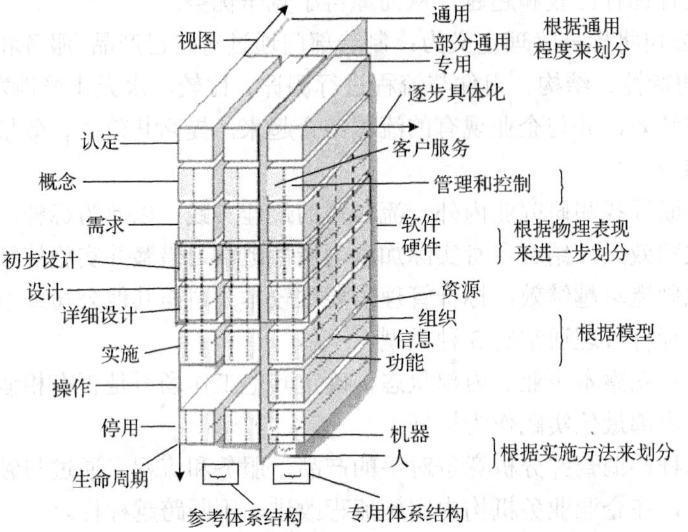

图 10-12　一般企业建模框架与方法论

ERP 软件商需要与行业经营成功的企业及合作伙伴合作，开发最佳业务实践。最佳业务实践又帮助那些需要实施 ERP 的企业可以采用可复用的原型作为起点，来迅速产生实用的特定解决方案。这样，ERP 实施就能有效控制成本、降低风险、缩短实施周期。

ERP 软件商把一些行业共性的业务特征预先设置在软件系统中，这些共性特征更多的是以该行业标杆企业的具体流程为基础的，而且已经被证明可帮助那些先进企业在市场上获得成功。因此，如果按照这些预先配置的系统实施 ERP 项目的话就能很自然地学习到这些先进企业的成功做法，从而帮助企业自身引进先进管理思想和方法、提高管理效率和效益。

最佳实践模板本身预留了很多供 ERP 实施企业灵活配置的参数，可以满足企业运营的个性化需求。对于在人力资源、销售、生产、财务等环节相对比较标准的流程，很自然地就可以进行预先配置。

最佳业务实践具有以下优势。

（1）利用类似于信息系统“原型法”的行业参考模型，形成了规范的实施方法论。

（2）从业务和技术两个角度，全面记录参考模型的应用情况，并不断改进。

（3）运用行业解决方案的预配置。

（4）使 ERP 实施企业的特定要求得到满足，并保持企业的运营特色。

国际化的最佳业务实践模板多数是基于国外先进企业的经验获得的，而中国企业已经在实践中摸索出一套相对适应于中国市场实际的管理手段和方法，这些需要对原有的通用模型及参考模型进行一些本土化的配置与变更，如 ERP 中的财务系统就针对财政部的规定做了相应的变更。

10.5　本章小结

企业建模有利于业务流程再造。建模过程中关注业务流程，而不是部门。组织战略目标的实现是由组织内部核心流程驱动的，业务流程是变革管理的核心对象，流程变革首先要考虑设计或重组现有的流程，使企业内部的流程满足战略变化的需要。组织由“职能型”向“流程型”转变是流程变革管理的核心任务。改变原来由职能部门分割的流程，建立新的以客户服务为中心的流程，这是流程为企业创造价值的集中体现。流程变革要求根据客户服务的需要，对企业内部现有流程进行调研、分析、诊断和再设计，然后重新构建新的、面向客户的、效率明显提高的流程。流程至关重要：流程是执行战略的根本途径，战略通过业务流程得到实施；客户需求通过业务流程得到满足；业务流程运营绩效得以提高。

思考题与习题

（1）如何理解面向业务流程的企业管理？

（2）调查某一组织，画出该组织的组织机构图、关系图，运用 IDEF0 图、跨功能流程图、层次流程图等对其重点业务进行流程建模。

（3）针对第（2）题中调查的组织业务过程，运用 EPC 方法进行建模。

（4）理解业务流程管理的内涵，说明业务流程管理常用的技术。

（5）什么叫标杆管理？

（6）什么叫最佳业务实践？企业如何获得最佳业务实践？谈谈自己的看法。

案例分析：LT 光缆公司 ERP 管理模式演变①

1. LT 光缆公司概况及 ERP 应用

LT 光缆公司在中国开展业务已超过数十年，现已成为中国最具实力和影响力的光缆生产企业，光缆年产能达 10 万皮长公里，产品已广泛应用于电信、联通、网通、移动、广电、铁路、国防系统、石油、高速公路等各个领域的网络通信建设。其中光缆产品在中国累计敷设超过 40 万皮长公里，光纤敷设超过 1000 多万芯公里，在国家一级干线的敷设量超过 3 万皮长公里。同时，还支持亚太地区及美国市场的产品业务，出口总量已达到 33000 皮长公里。从潮湿的南方到寒冷的北方，从西北沙漠到青藏高原，从国家级骨干网到省市级干线网，从东南亚到美国，LT 光缆公司的产品经受了各种地理气候环境和市场环境的考验，也赢得了客户的充分认可和信赖，为中国通信网络建设源源不断地提供着支持与服务。

伴随着中国电信业的快速发展，业务蒸蒸日上。业务做大了，生产规模上去了，随之而来的问题是业务管理的难度加大了，过去在生产、采购、库存、销售、成本控制等方面的管理方式都已无法满足业务发展后的管理需求。由于生产规模、市场因素等多方面原因，LT 光缆公司当时的信息化建设还处于比较初级的水平。在财务管理方面，借助一个功能相对简单的财务电算化系统，实现记账、报表等功能；在库存、采购等重要业务信息方面，采用 Excel 文件记录；在选纤管理方面，采用 FoxPro 工具自主开发的一套选纤系统。但是，上述这些系统彼此孤立，数据无法共享，许多业务流程都无法实现自动化管理，需要派专人与相关部门进行协调。由于没有及时、准确的数据提供支持，在采购、成本控制、库存等重要业务管理方面都只能进行粗放式的管理。随着业务量的增长，不断需要在具体的业务管理上投入更大的精力，而且稍有不慎，将会影响整个公司的生产和经营。为了彻底改变这种状况，LT 光缆公司决定上 ERP 系统，深化企业信息化建设，提高管理效率。

ERP 系统涉及企业生产、经营、管理的方方面面，融合了先进、实用的管理思想和手段。但对于每个行业、每个企业来说，都存在着生产经营管理的特性。对于光缆制造企业来说，选纤就是一个独具个性的业务流程要求。光纤成本是光缆制造企业的主要成本中心，光纤的利用率直接影响着企业的成本控制效率。在光缆生产中，合理利用光纤盘是成功控制成本的关键。而在通用的 ERP 系统中都没有涉及这一独特的业务流程。为此，LT 光缆公司要求 ERP 系统具有充分的灵活性，能够确保公司在 ERP 系统平台上容易开发客户化的选纤系统，形成包括光缆盘长、盘数等信息在内的订单信息、计划信息、库存信息、质量计划相关信息、生产线信息等完整、畅通的信息流。这是公司提高生产经营和成本控制效率的关键。

经过充分的技术选型之后，LT 光缆公司选定 Oracle 数据库和 Oracle ERP 系统。从 2000 年 7 月开始实施 ERP 系统，至 2001 年 8 月成功上线。共实施了总账、应付、应收、现金管理、固定资产、采购、销售报价、库存、生产、BOM、成本、质量管理、MPS 等 13 个模块。以 Dell 6400 和 HP LH6000R 为硬件服务器平台，采用 Windows NT 操作系统。通过部署 Oracle ERP 系统，并借助 Oracle 完整的产品线和 ERP 系统架构的灵活性，成功开发出了在光纤企业控制成本方面发挥着决定性作用的选纤系统，从而形成了畅通、完整的数据信息流，并全面实现了包括库存、生产、销售、采购等重要信息一目了然，大幅度提高了管理效益，为公

① 此案例为 MBA 研究生潘华锦与作者共同编写。

司实现发展目标提供了强大的平台支撑。系统运行 10 年多，不仅为公司带来了巨大的管理效益，同时，为公司能够灵活应对光缆市场的快速变化、更有效地把握中国电信快速发展所带来的巨大市场机遇提供了强大的管理平台支撑，使公司能够保持健康发展的态势。

2. LT 光缆公司 ERP 管理流程

LT 光缆公司的管理是以同步化、集成化的生产计划为指导，以各种技术为支持，尤其以 ERP 为依托，围绕供应、生产、物流、满足客户需求进行实施的。职能领域主要包括产品工程、产品技术保证、采购、生产控制、库存控制、仓储管理和分销管理，而辅助领域主要包括客户服务、生产制造、设计工程、会计核算、人力资源和市场营销。分析 LT 光缆公司管理的现状，其总体流程如图 10-13 所示。

LT 光缆公司的管理模式按照销售预测规模化生产，通过有效地利用各种生产资源，增加了系统产出和提高了设备利用率，节约了生产成本，实现了运输和制造的规模经济。

销售人员跟踪各种项目，每周填写相关区域的销售机会；销售区域经理根据本区域业务情况进行评估，按周进行调整和更新；市场部市场分析师根据销售区域经理提交的销售机会，结合经验和整个市场的需求，每周做出销售预测报表，并提交采购计划工程师和生产计划工程师。

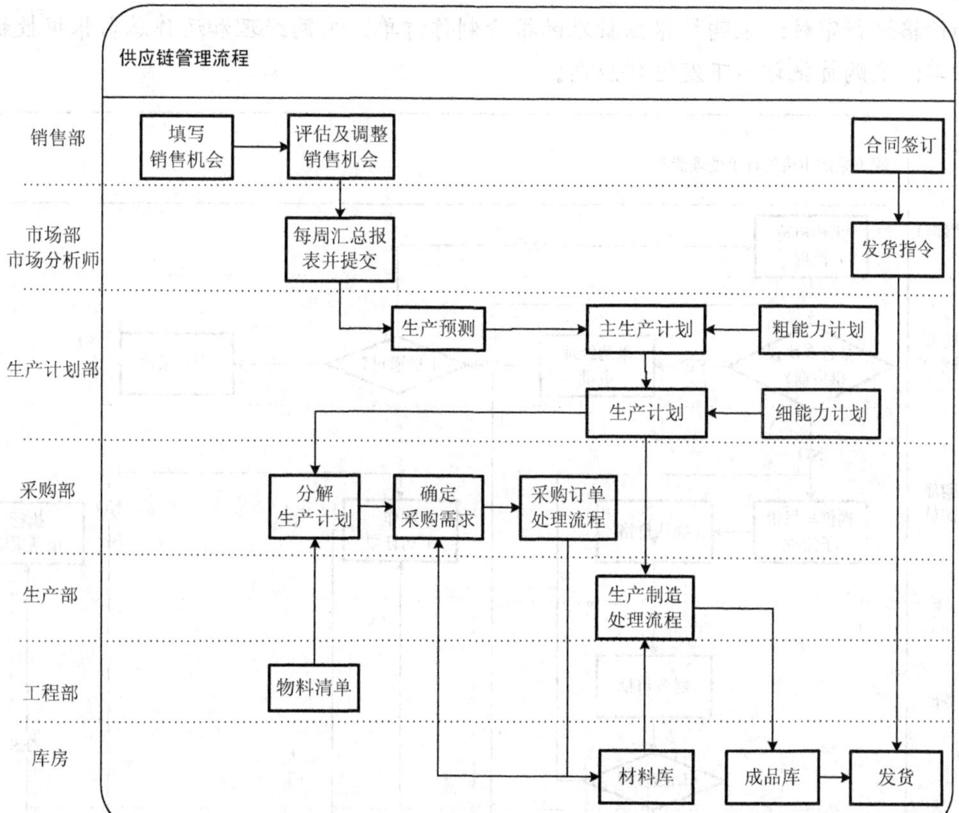

图 10-13　LT 光缆公司供应链管理流程

生产计划工程师根据销售预测和生产能力制订主生产计划，并且根据生产情况制订当天及未来一周的生产计划。

采购计划工程师根据生产计划和物料清单进行采购物料毛需求的分解，结合物料的库存情况，确认采购物料的净需求，根据采购计划，选择供应商，制作采购订单；生产部按照生产计划安排生产，产成品完工后入库；销售部收到客户订单以后再从产成品库选择合适的产品发货。下面详细介绍LT光缆公司供应链管理的子流程，包括采购订单处理流程、生产制造处理流程和库存业务处理流程。

采购订单处理流程

LT光缆公司的采购业务主要由采购部执行，采购物料分为原材料及缆盘、生产间接用消耗物资、设备备件、固定资产、工程部外加工品（含模具、生产辅助设备等）、电工电料、办公文具、打印复印耗材、生活杂品、劳动保护用品和礼品等。不同物料的采购流程略有不同，除采购部具有采购权限外，某些物料的采购由申请部门执行。但除进口原材料外，所有采购物料的询价、报价过程均由采购部执行。根据采购订单的来源不同，采购订单流程主要分为源于采购申请的订单处理流程和源于采购计划的订单处理流程。

源于采购申请的订单处理流程如图10-14所示，采购申请流程申请人提交主管经理审批，通过后提交采购经理审批，超出采购经理的审批金额权限时需提交总经理审批；采购员按照采购要求寻找供应商询价；采购员在采购申请上填好价格，并提交财务审批；财务经理判断采购是否在预算内，如超出预算，需总经理签字；由采购经理和运作总监对采购员确认的供应商和价格进行审核；采购员根据批准的报价制作订单。采购经理和运作总监根据授权审批采购订单；采购员把订单下发给供应商。

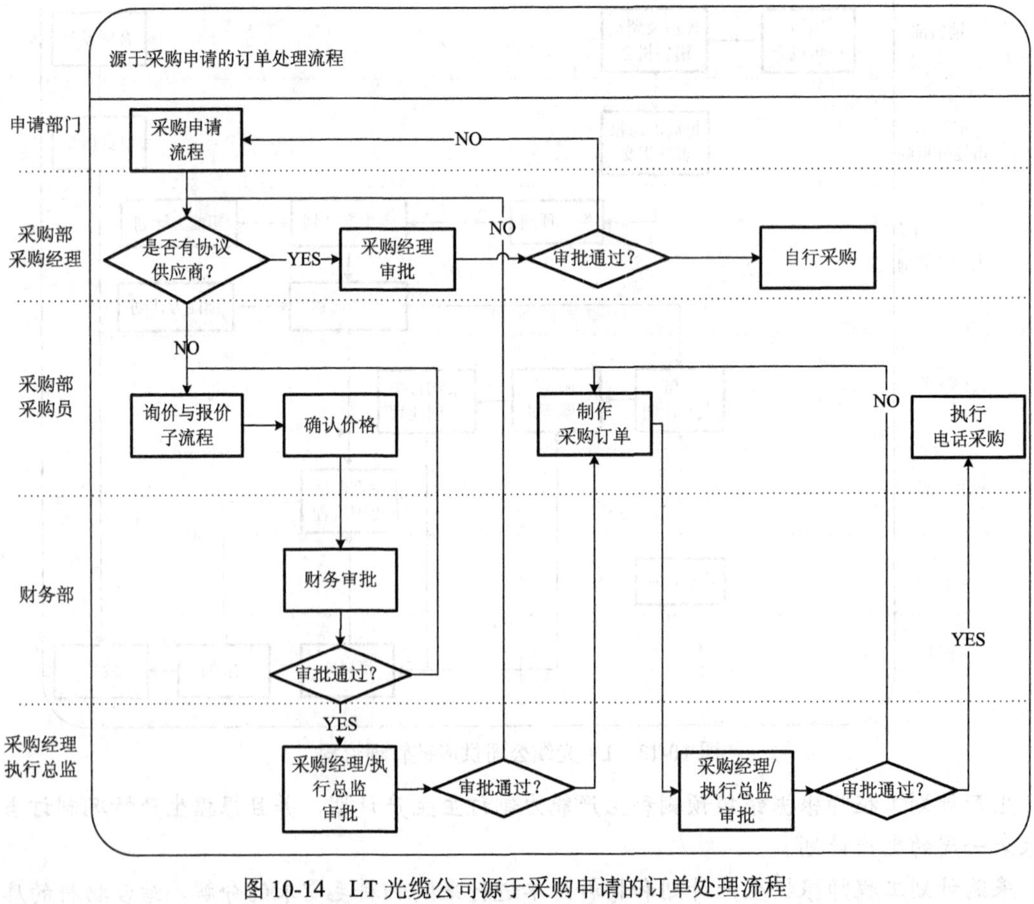

图10-14 LT光缆公司源于采购申请的订单处理流程

源于采购计划的订单处理流程与前者的主要区别就是没有采购申请，采购订单是按照生产计划生成的，ERP 系统根据生产计划、物料清单和库存情况，计算出物料采购需求，自动生成采购订单。

生产制造处理流程

LT 光缆公司的生产方式为离散方式，但各工序主要是流水线式生产。光缆的整个生产过程可分为三大工序：着色、成缆和包装，其中着色和成缆都是流水线生产方式。车间未设置专门的仓库，从库房领来生产物料直接进生产线进行生产。生产制造流程如图 10-15 所示。生产计划部将计划下达至采购、生产、配纤等部门；配纤工程师根据生产计划通过选纤系统下达着色工作单；生产部操作工根据着色工作单进行着色；质量部对着色光纤进行测试，光纤库管员对着色光纤进行入库；配纤工程师根据生产计划选择符合要求的色纤，打印成缆工作单和光纤数据单，将单据和配好的色纤放入生产线指定区域；生产部操作工按工艺文件设定工艺参数进行生产；质量部测试员对生产部完工的产品进行测试，合格后填写光缆成品入库签收单，办理入库；生产部完工后的产品经质量部检验后确认为不合格品的，需返回生产部进行修理或复绕，并填写光缆复绕切割记录，记录复绕的详细情况，然后再送质量部进行测试，合格后包装入库；质量部测试员对成缆后剩余的光纤进行测试，光纤库管员将剩余的光纤置位回库；生产部包装工对质量部检验合格的成品光缆进行包装。

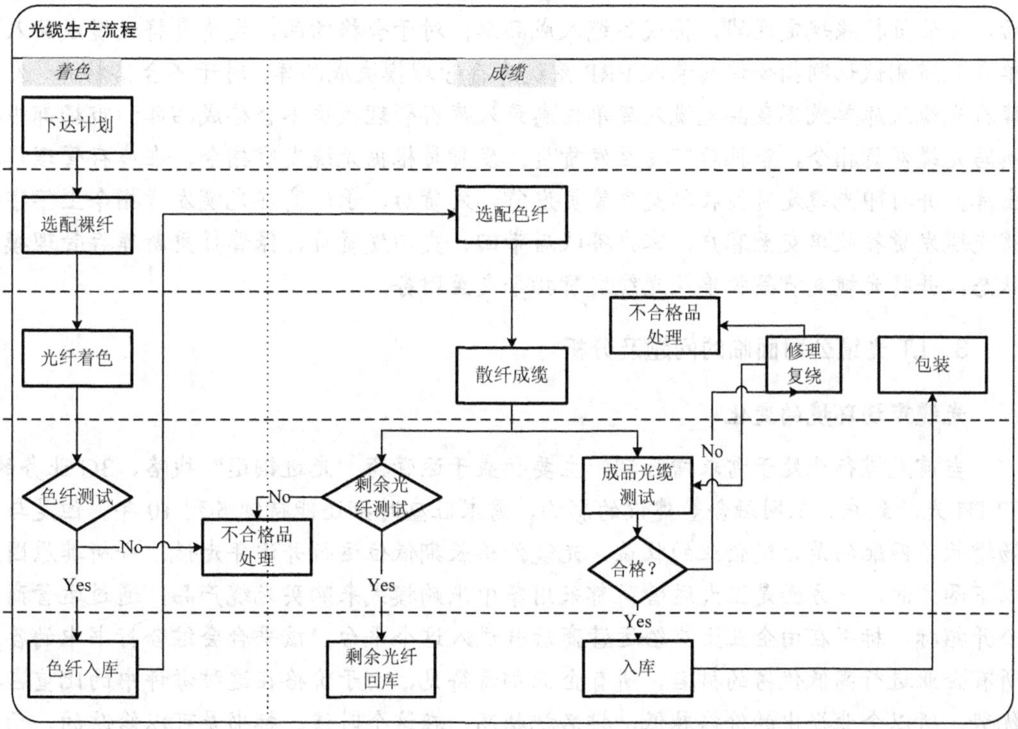

图 10-15　LT 光缆公司生产制造流程

库存业务处理流程

LT 光缆公司有 9 个逻辑库，分别为：光纤库，有裸纤、色纤、带纤；其他原材料库；成品库，成品光缆；在线原材料库，包括其他原材料及完成了配纤的光纤；化学品库，为化学性原材料；有害废物库，有化学易耗品的包装及办公耗材废弃物；易耗品库；不合格光纤库，包括裸纤和色纤；接头盒、礼品及办公用品库。库存物料编码规则：按照物料的分类、名称及规格对不同物料加以区别，同种物料还有盘号或批号进行区分，每盘光纤的系列号是唯一的，为便于追溯，在生产过程中产生的各 ID 号为系列号，其他原材料批号由供应商生成。批号可保证物料的可追溯性，便于出现质量问题时向供应商索赔。目前对其他原材料按照区域、货架层进行管理，对光纤按光纤架及可移动的光纤车进行管理。

采购部根据采购订单填写物资采购到货通知单，下发至库房及质量部；到货后库房与采购员、质检员一同对到货进行数量及外观检验；货物先存入待检区，库管员填写原材料检验入库单，交至质量部 IQC；对于没经检验的原材料需急用，则由需求部门填写紧急放行申请，交由运作总监批准；由库房和生产部对紧急放行原材料进行标识，以便于追溯；质量部抽样进行质量检验，若不合格，按照不合格品的控制进行；合格品由库管员按照规定区域及货架，将原材料入库，并贴标签；对不合格需退货的物品做退货处理；库管员将原材料的相关信息输入 ERP 库存管理模块。

成品出入库流程是这样的。生产部生产完成后，提供工作单至质量部测试。质量部测试合格后将测试表格及产品标签交生产部包装，同时填写光缆成品入库签收单或光缆测试切割指令交库房及发货员；如果测试不合格，先按不合格品控制程序执行，将测试表格及产品标签交生产部包装，同时填写库存光缆入库单或不良品光缆入库单交库房及发货员；包装完成后，库管员按照规定区域，将成品缆入成品库；对于合格物品，发货员将光缆成品入库签收单或光缆测试切割指令信息录入 ERP 系统库存管理模块成品库；对于不合格物品，发货员将库存光缆入库单或不良品光缆入库单信息录入库存管理模块不合格成品库；市场部根据合同填写光缆发货指令，审批后下发至发货员；发货员根据光缆发货指令，在库存管理模块办理出库，并打印光缆发货签收单交库管员发货；发货后，承运商在光缆发货指令上签字并负责将光缆发货签收单交至客户，客户签收后带回，交回发货员，保管员更新库存管理模块发货状态，并将光缆发货签收单及光缆发货指令交至财务。

3. LT 光缆公司面临的问题及分析

光缆市场环境的变化

当前光缆行业处于需求增长期，主要受益于运营商“光进铜退”战略、3G 业务的发展、FTTH 光纤到户、三网融合等建设的影响，需求旺盛时期还能持续 5 到 10 年。但是与这种市场增长不匹配的是光缆企业的收益，光缆价格长期低位运行并逐年走低。分析其原因主要有以下两方面。一方面是三大运营商都采用集中采购模式来购买光缆产品，通过运营商的平台公开招标，标书在由企业上交给运营商后就进入这个平台，该平台会综合标书中的各因素对所有企业进行高低优劣的排名，所有企业都看得见，由于价格在这种考评中的比重占据绝对优势，所以企业提出的价格越低，排名就越高，在这个时候，标书是可以修改的，于是企业就会盯着自己的排名不断降价，为了保住市场份额，企业往往会牺牲自己的利益，将价格降到成本之下，造成低价恶性竞争。另一方面是有的生产厂家不断扩大市场规模、改进生产工艺，但也有部分厂家是为了在市场竞争中避免被市场淘汰而采取的短期行为。这部分以超低价进行市场竞争的厂家并不具备长期可持续的发展能力，却给市场一个错误的信号，即光缆产品还有很大的降价空间，而实际上，目前我国绝大部分光缆企业属于微利甚至亏损状态。

由于技术上的相对成熟和稳定，现在的光缆市场已经不再是站在技术针尖上跳舞，从国内行业现状来看，共有约 200 家光缆企业，目前总的光缆生产能力是国内市场需求的 3～4 倍，光缆市场呈现饱和状态，竞争异常激烈。许多企业之间都是技术和产品相互复制，毫无差异性和特色可言，甚至出现采用劣质光缆原材料的行为，如采用回收聚乙烯材料顶替优质聚乙烯护套料，以镀锡钢带取代镀铬钢带，采用不符合标准的油膏等，这样生产出来的光缆，通过检测手段往往不太容易发现问题，却会给网络带来极大的安全隐患。

在这场激烈的市场竞争中，光缆生产企业的优胜劣汰势在必行，随着市场的规范化发展，光缆生产企业必须改变销售机制，提高产品质量和强化售后服务，以适应当前买方市场形势的需求。企业应积极加大对客户的细分力度，根据细分的客户来细分市场，根据细分的市场来开发更多具有竞争力的差异化产品，避免产品的同质化竞争和陷入价格战的泥潭，逐步形成适应不同应用领域、不同客户需求的完整的光缆产品格局，只有这样才能具备与同类产品抗衡的能力，提高对市场的反应能力和企业的抗风险能力。

需求预测与库存管理的问题

为了应对光缆市场环境的变化，竞争对手纷纷推出了光缆的新产品，公司原有产品的市场占有率逐年下降，并且价格被压得很低，为了争取客户，公司必须开发其他适合客户需要的产品，但是新产品产品结构和生产工艺很难统一，产品种类复杂且定制化程度高，需求量也不稳定，势必很难做出准确的需求预测。

LT 光缆公司的需求预测需要考虑多方面的因素，首先是密切关注网络建设项目带来的市场机会，2009 年就因为运营商大力建设 3G 网络给市场带来了很大的需求量，当年市场需求量增长率高达 81%，用量达 8800 万纤芯公里左右，占世界总用量 18000 万纤芯公里的 48%，工厂满负荷运行仍然满足不了客户的需求，2010 年的三网融合项目也增加了市场的需求量。其次是季节因素和周期性因素，由于光缆的铺设环境大多数都在室外，冬天的需求量会明显减少，运营商的集采招标一般在每年四五月份才开始，需求量会在那之后才开始释放。最后是历史的产品销售记录，做长期需求预测会参照历史同时期产品的销售量，再结合其他因素进行。

由于 ERP 中计划的排定是根据提前期推算的，对于一些采购提前期较长的产品，如提前期为 1 个月，甚至几个月的物料产品，尤其是提前期需要 2 个月以上从海外购货的物料，在 ERP 系统中排出的计划往往会存在一个库存的风险。因为市场是随时变化的，而且难以预料，如果到产品生产出来或生产到一半时，市场需求发生变化，就难免会发生缺货或库存积压。一般库存积压现象出现的比较多，原因在于企业计划人员为避免缺货都将安全库存设置增大，并且考虑到需求预测的不准确，企业一般也会通过增加安全库存来应对需求的不确定性，这样往往会产生库存的积压，占用企业资金和产生较高的存储费用。

LT 光缆公司产品战略的调整

LT 光缆公司的主要产品包括中心束式光缆和层绞式光缆，它们各有优势：前者具有直径小、重量轻、容易敷设的特点，而后者光缆敷设方式多，适用于架空、直埋、管道、水下等各种场合。这与它们不同的技术结构息息相关，中心束式光缆是将光纤套入由高模量的塑料做成的螺旋空间松套管中，套管内填充防水化合物，套管外施加一层阻水材料和铠装材料，两侧放置两根平行钢丝，并挤制聚乙烯护套成缆，如图 10-16 所示。层绞式光缆是将已着色光纤与油膏同时加入到高模量塑料制成的松套管中，光纤在套管内可以移动，不同的松套管沿中心加强芯绞合制成缆芯，缆芯外加防护材料制成松套层绞式光缆，如图 10-17 所示。

比较两种光缆，层绞式光缆具有以下显著的优良特性：在结构上，层绞式光纤余长比中心束管式光纤余长更容易控制。在防水性能上，层绞式光缆优于中心束式光缆，这是因为中心束式光缆松套管直径比层绞式要粗，前者纤芯都封装在一个松套管内，而后者有多个不同的松套管组成，直径相对较小。在机械性能上，层绞式光缆抗拉强度优于中心束管式光缆。在芯数上，层绞式光缆优于中心束式光缆，层绞式光缆能做到几十芯，甚至几百芯，而中心束式最多仅能做到几十芯，做不了大芯数。通常推荐在芯数超过 24 芯时采用层绞式光缆。在敷设方式上，层绞式敷设方式多于中心束式光缆，并能适用于各种场合，包括架空、直埋、管道、水下。在安装上，层绞式光缆优于中心束式光缆，中心束式光缆所有纤芯都在同一松套管内，光缆开剥后，所有光纤全部裸露，而且充满油膏，不便于安装，层绞式光缆由多个不同的松套管组成，可以有选择地开剥松套管，便于安装使用。

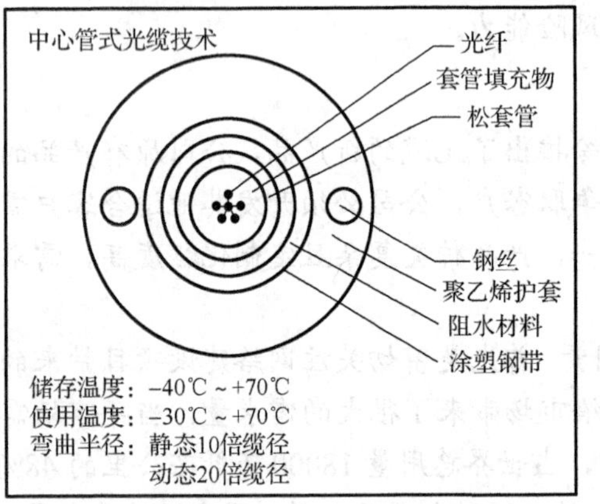

图 10-16 中心束式光缆结构

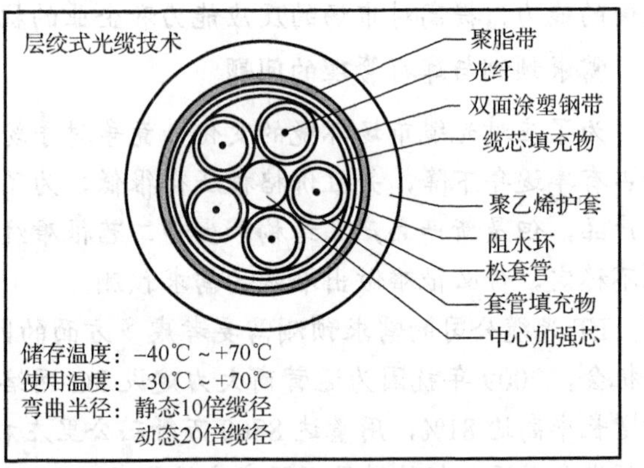

图 10-17 层绞式光缆结构

LT 光缆公司是从做中心束式光缆做起的，这种光缆产品工艺较简单，产品差异小，市场需求较为稳定，随着市场上的竞争对手增多和层绞式光缆的广泛应用，中心束式光缆的价格成为客户选择此产品的关键因素，所以生产此类产品时成本控制就显得尤为重要。

由于中心束式光缆的应用范围没有层绞式光缆那么广泛，并且随着层绞式光缆工艺的日益成熟，市场竞争非常激烈，中心束式光缆的价格优势越来越小，利润空间也已经被挤压得所剩无几。所以，近年来，LT 光缆公司投入了大量的人力、物力和财力研发层绞式光缆和新建了多条层绞式光缆生产线，由于公司进入层绞式光缆领域比其他竞争对手晚，所以公司采取的战略是分三步走。首先是研发和生产当前市场上主流的层绞式光缆产品，这些产品主要是运营商集中采购清单中的产品，因为运营商的需求占整个市场的份额很大，并且集中采购的产品类型也是应用较广泛的，属于市场的成熟产品，相对来说研发难度也较小，公司从这些产品入手，可以更快地进入整个层绞式光缆市场，争取一定的市场份额。其次，为了应对运营商市场竞争激烈的状况，公司在有了一定的层绞式光缆技术之后采取产品差异化战略，开发非运营商客户，满足客户的特殊光缆需求，虽然这部分市场份额不大，但是因为只有少数企业能生产这种特殊光缆，产品利润空间大。最后，利用公司的新产品和新技术拓展国外市场，由于公司以前就有国外业务，可以借助原来的销售网络销售和推广新产品，还可以响应客户的特殊需求，开发满足客户需要的产品。

层绞式光缆属于公司新进入的领域，并且公司采取产品差异化策略，其产品需求必然很不稳定，所以需要对市场需求做出快速的响应。根据客户订单和交货期制订生产计划，按照物料需求和库存情况制订采购计划，生产完工之后就可以立即发货。

光缆市场目前还处于供大于求的局面，很多企业都在研发新产品和开拓新市场，各个市场随着竞争对手的跟进，都难免导致价格战的发生，所以，LT 光缆公司一方面要快速响应客户需求，另一方面还必须寻求高效率的生产模式。拉式供应链管理模式按照订单生产可以快速响应客户需求，但是按照客户订单的单批量生产会影响生产效率，为了提高生产效率，可以在接到客户订单之前，根据需求预测，采用推式供应链管理模式先规模化生产半成品，在收到客户订单以后，再把半成品生产为成品发货，这样既节省了收到订单后的生产时间，更快速地响应客户需求，又能使半成品的生产形成规模效应，降低成本。

4. LT 光缆公司管理模式演变

为了适应公司产品战略的调整，公司必须改变原有管理模式。公司根据销售需求预测制订半成品生产计划，再依据经过 ERP 分解后的原材料需求计划和原材料库存情况制订采购计划，将采购订单下达至供应商，供应商按照采购订单进行供货。

光缆的生产，在接到客户订单后，公司下达成缆计划，根据成缆所需的物料从库存中领出相应的半成品和原材料，根据客户的要求进行生产，生产完工之后将产品发往客户。

对于层绞式光缆，半成品主要有三种：色纤、松套管和缆芯。光缆除了在成缆阶段的差异性大之外，还与半成品的芯数和光纤种类有关，芯数是指一根光缆里面有多少根光纤，光纤种类对光缆的传输指标等参数也有很大影响，所以，半成品生产到哪种状态还要取决于对客户的需求预测，对于需求预测是常规产品的可以把半成品加工到缆芯状态；对于对光缆芯数还不确定的需求，可以把半成品加工到松套管的状态，因为不同芯数的光缆需要在绞合工序把不同数量的松套管绞合成缆芯；对于对光纤指标有特殊需求的客户，可以把半成品加工到色纤的状态，如图 10-18 所示。

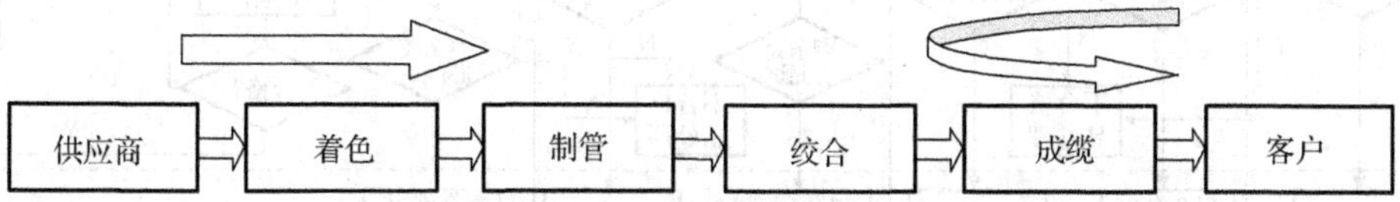

图 10-18 总体生产流程

生产流程

层绞式光缆的生产工艺流程包括着色、制管、绞合、成缆四个工序。着色是将光纤染成 12 种不同的颜色，用于光缆连接时按照颜色一一对应；制管是将已着色的光纤与油膏同时加入到高模量塑料制成的松套管中，光纤在套管内可以移动；绞合是将不同的松套管沿中心加强芯绞合制成缆芯；成缆是在缆芯外加防护材料制成松套层绞式光缆。一般层绞式光缆在着色制管绞合阶段所使用的原材料相差不大，只是在最后成缆阶段有较大差异，如防水光缆需要阻水粉和阻水带、防鼠光缆需要特殊的防鼠咬材料、阻燃光缆要求光缆里有阻燃材料，根据光缆的抗压强度有的光缆用铝带、有的光缆用钢带。所以，色纤、松套管和缆芯就可以按原有流程进行生产，在收到客户订单之前根据需求预测生产半成品，保持适当的半成品库存，客户下达订单之后，再根据客户的不同需求把半成品加工为成品，快速响应客户需求。生产流程如图 10-19 所示。

生产计划部将生产计划下达至采购、生产、配纤等部门；选纤部门配纤工程师根据生产计划及合同会签通知单通过选纤系统下达着色工作单；生产部根据着色工作单进行着色；质量部测试员对色纤进行 OTDR 测试，合格后由光纤库管员入库；选纤部门配纤工程师根据生产计划及合同会签通知单选择符合要求的色纤，打印光纤套塑制管工作单；生产部根据光纤套塑制管工作单制作光纤套管；质量部测试员对套管进行 OTDR 测试，合格后由光纤库管员入库；质量部测试员对制管后的剩余色纤进行 OTDR 测试，并由光纤库管员在选纤系统中置位回库；选纤部门配纤工程师根据计划及合同会签通知单选择已生产好的符合要求的套管，打印 SZ 绞合工作单；生产部根据 SZ 绞合工作单制造缆芯；质量部测试员对生产部完工的缆芯进行 OTDR 测试，合格后由光纤库管员入库；质量部测试员对绞合后的剩余套管进行 OTDR 测试，并由光纤库管员在选纤系统中置位回库；选纤部门配纤工程师根据计划及合同会签通知单选择已生产好的符合要求的缆芯，打印成缆工作单；生产部按工艺文件设定工艺参数进行生产；质量部测试员对生产部完工的产品进行测试，合格后填写光缆成品入库签收单入库；质量部测试员对成缆后的剩余缆芯进行 OTDR 测试，并由光纤库管员在选纤系统中置位回库；生产部对质量部检验合格的成品缆进行包装。

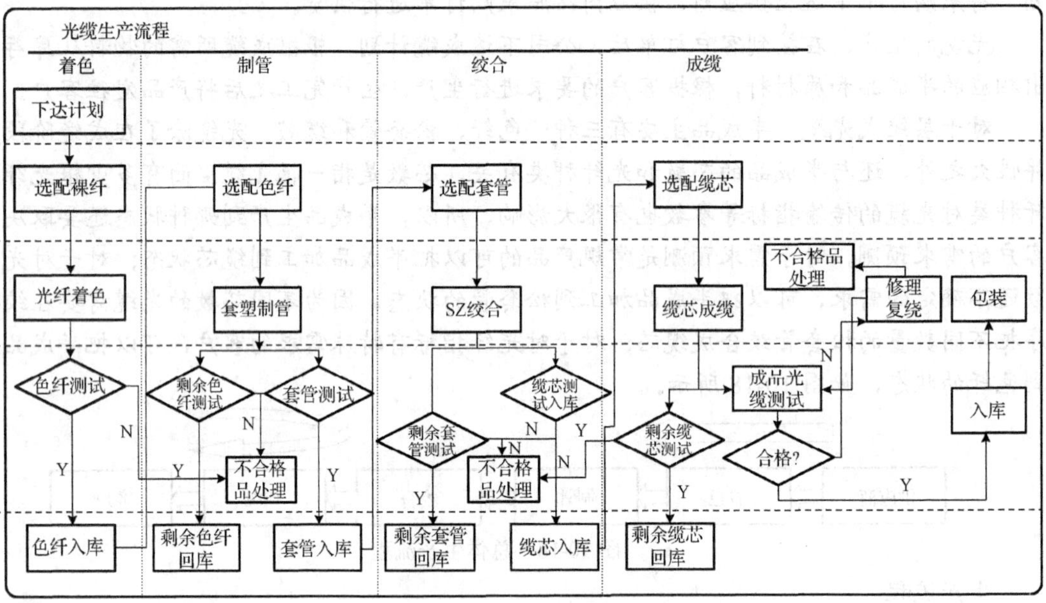

图 10-19 生产流程

还是不满意

由于按照需求预测只生产半成品，直到下达客户订单之后，才按照客户要求进行成缆，这样则有效地降低了光缆库存，但是原材料库存并没有减少。公司希望能尽量快速地响应客户的需求，所以在采购和半成品生产阶段，公司会采购足够的原材料。这种做法有加剧半成品和原材料库存的趋势。

再改变流程

与供应商合作，怎么样？供方管理库存（VMI）不失为一种解决方法，问题的关键在于如何在 ERP 系统中改变流程。

首先，原材料的选择，并不是所有的原材料都适合 VMI 模式，选择那些日常消耗量较大，需频繁重复订货的物料。光缆生产的四道工序当中，着色工序消耗最多的是油墨，制管工序消耗最多的是松套管，绞合工序消耗最多的是钢丝和芯管材料，成缆工序消耗多的有聚乙烯护套料、钢带、铝带、复合填充料等，这些物料都值得考虑。

其次，供应商的选择，选择合适的供应商是实施 VMI 的关键一步，在过去供需双方的交易关系中，公司往往选择多家供应商，通过供应商之间的价格竞争，使自己从中获利。实施 VMI 强调的是减少供应商的数量，主张同业绩优秀的供应商建立长期稳定的合同伙伴关系，需要克服过去供需双方的短期行为，对供应商要事先确定选择标准。对供应商进行综合评价，选择最合适的供应商作为合作伙伴并签订 VMI 协议，确定物资的明细、价格、预计的年消耗量和按单月消耗量制定的储备定额，明确供需双方的权利和义务，在公司专设供应商库位，存放供应商库存，公司按实际消耗量定期与供应商结算货款，供应商定期补充库存。

最后，信息共享实现双赢，库存状态信息对供应商透明是实施 VMI 的关键，公司把采购计划信息、库存信息、物资消耗信息等共享给供应商，在实现公司零库存的同时，供应商也能通过这些信息及时跟踪和检查库存状态，从而迅速做出响应，合理安排和调整生产计划，确定补货策略，降低因信息不畅导致的库存费用过高的状况，做到持续改进，降低生产和运输成本。

新的模式实施后，与供应商形成长期稳定的合作关系，可以获得稳定的钢塑复合带供应，并且能够在原材料议价方面获得一定的折扣，从而降低采购成本。钢塑复合带的库存周转率有了很大的提高，相应的库存周转天数减少了。库存周转天数是指从原材料采购进来的当天开始计算，经过加工制造和销售到客户确认收入的当天终止这段时间的天数，库存周转天数是衡量产品生产及销售速度的指标，主要受产品制造技术及管理水平的影响，在保持一定利润的情况下，库存周转天数越短，意味着在公司的营运能力方面具有一定的竞争优势。另外，也降低了缺货风险、采购成本、库存成本和客户退货率。

5．结论

按照客户需求预测进行规模化生产，这样能够有效地提高生产效率，降低生产成本。随着光缆市场环境的变化，竞争对手的增多和企业生产规模的扩大，供给已经严重大于需求，导致企业的利润空间越来越少，面对这种情况公司改变产品战略，以层绞式光缆产品为主，开发非运营商客户和走产品差异化路线，满足客户的个性化需求。当这种模式不再适应公司战略变化时，公司需要改变管理模式，原有的 ERP 系统需要做出配置的改变。

讨论题

（1）运用流程建模理论说明变革推式供应链模式的必要性。

（2）在原有管理模式的基础上，如何改变才能适应当前产品战略调整？请说明理由。

（3）分析实施 VMI 的管理模式前后采购订单处理、库存管理的流程变化，画出演变前后的跨功能流程图。

第 11 章　用户培训与模拟实验

11.1　培训需求

企业实施 ERP 项目必然涉及企业众多的部门，涉及人员更是广泛。着眼于信息化总体发展目标，借鉴已成功实施 ERP 项目的经验，企业 ERP 系统实施的培训需求是多层次、全方位的，必须针对各类人员精心安排。

11.1.1　管理高层

高级管理人员需充分理解 ERP 系统及其管理理念，从而支持并推进 ERP 系统工程在企业内部的安排及实施。他们应最先接受教育培训。他们需要认识到 ERP 与企业管理的关系，认识到通过导入 ERP 对提高企业效率、提升企业竞争力的重要性；必须认识到 ERP 项目的长期性、艰巨性、复杂性、阶段性的特点，必须时刻保持清醒的头脑；咨询、监督、培训贯穿 ERP 系统从准备到实施的始终，而且直接关系到 ERP 项目实施的质量，甚至成败。

通过培训，可使高层管理者能理性地考虑如下策略性问题：

（1）公司的未来目标、电子商务经营模式与远景等；

（2）公司采取的信息化战略如何帮助公司实现未来目标；

（3）公司投资 ERP 系统及未来升级、维护成本及预算；

（4）ERP 系统为公司带来的经营方面的效益与竞争优势；

（5）ERP 系统是否适合公司的环境与制造类型；

（6）项目组的合适人选及需要做的事情；

（7）获得 ERP 系统的方式；

（8）公司导入 ERP 所需时间；

（9）导入 ERP 需要进行的流程改造；

（10）公司导入 ERP 的业务重点、先后次序；

（11）导入 ERP 前的准备及导入后的维护与评估。

11.1.2　关键用户及管理骨干层

ERP 系统实施的关键用户是管理业务的骨干力量，他们既要了解 ERP 的基本管理理念，更要充分理解 ERP 系统管理模块的功能概览。关键用户及部门负责人在项目准备、项目规划阶段需要确定项目范围及目标，并与外部实施方共同定义企业的项目蓝图。

11.1.3　技术骨干层

技术骨干层不仅要了解 ERP 的基本管理理念，充分理解与本部门业务相关的 ERP 模块功能，而且要熟悉 ERP 具体模块的功能详解，从而可与外部项目实施方共同工作，为后续长期独立支持企业内部项目运行奠定基础。他们应当是实现 ERP 系统知识转移的主力军。

项目组内的技术骨干及管理骨干还要接受项目管理的培训、实施方法的培训，因为 ERP 实施对企业来说也是一个大型变革项目，成功的 ERP 实施离不开成功的项目管理。

技术骨干人员也要接受特定领域的管理知识、ERP 管理流程的培训，掌握专业的系统配置技巧及 ERP 软件的基本操作。ERP 实施的管理新流程需要切换。对新流程的原理和效率的改进，需对相关人员进行培训，以便他们能真正理解这一改变并逐渐适应。

11.2　培训服务

SAP 作为 ERP 系统的领导者，已经形成了各类层次的培训体系与培训课程，对 ERP 系统的培训具有示范作用。SAP 可以提供以下三类培训服务。

11.2.1　顾问学院培训

以集中强化的方式使学员对某一特定模块的功能有一个系统全面的认识，从而掌握某一模块的基本系统配置技能。此课程内容结束后，学员可以参加全球认证考试，考试通过，可得到由 SAP 颁发的认证咨询顾问资格证书。SAP 在中国设有 SAP 中国培训部。

11.2.2　标准培训

标准培训主要是基于 SAP 标准的课程架构，定期在 SAP 的培训中心面向广大 SAP 客户开设公开课。培训过程中会应用 SAP 标准的教材内容，使用专业 SAP 培训系统来讲授相关课程。SAP 北京和上海的培训中心定期公布培训时间表。

11.2.3　客户化培训

根据具体客户的项目实施需要，SAP 培训部既可为特定客户量身定做课程内容，又可灵活安排培训时间及培训地点，最大限度地照顾客户具体项目实施的具体需求。同时在培训实施过程中，会动态地帮助客户调整培训重点，从而保证和加速项目实施的进程。

针对不同的项目阶段，SAP 培训从培训对象到培训内容有不同的侧重。SAP 的项目实施方法论 ASAP 把 SAP 的项目实施分成如下的 5 个阶段。第一阶段为项目准备阶段，第二阶段为蓝图阶段，第三阶段为实现阶段，第四阶段为项目上线前的最终准备阶段，第五阶段为项目成功上线。培训部针对上述不同的项目阶段，会安排适合于不同项目时期、不同培训对象的培训课程内容。在第四阶段之前，培训对象主要针对于项目组成员，重点培训内容为 SAP 核心应用及技术支持的相关课程内容；在第四阶段之后，培训对象转向最终用户，培训内容也会在传授现有系统知识的基础之上，做一些延续性内容的讲解和补充。

ERP 咨询培训公司往往根据客户具体的项目范围及项目应用，对标准的课程内容进行裁剪，形成客户化的培训课程，降低 ERP 项目风险。

11.3　培训课程及计划

针对不同的培训需求，ERP 系统供应商提供了相应的多层次的培训课程。如 SAP 公司就提供了 ERP 培训的三级课程，如表 11-1 所示。

表 11-1　ERP 培训的三级课程

课程级别	目标听众	培训目标	内容
一级	中高层管理人员、项目组成员	ERP 系统的概览性介绍	ERP 系统的概览性介绍 技术支持系统的概览性介绍 项目实施方法论的简单介绍
二级	业务部门关键用户及技术骨干，项目组成员	对照标准的业务流程来概述 ERP 系统中的相关业务情景实现	以标准的业务流程为切入点，引入 ERP 模块的系统理念
三级	项目组成员、专业技术顾问	ERP 系统细节功能详解	细节功能介绍、后台配置讲解、跨模块应用等

11.3.1　一级课程

针对于整个 ERP 产品做概览性介绍。借助于对管理流程中相关业务模式的流程介绍引入 ERP 产品理念，使参加者对于 ERP 系统的功能、对客户的服务支持、实施构架和 ERP 专用术语有一个总体了解。除此之外，学习者还可以充分理解不同业务领域如何在 ERP 系统中实现相关数据的共享和集成。

11.3.2　二级课程

二级课程是针对于 ERP 产品在某一特定的业务领域的概览性功能介绍。便于具体业务部门的相关人员初步了解与自己业务相对应的 ERP 产品功能。尤其是对关键用户及部门负责人在项目准备阶段定义项目范围及目标，会有很大的帮助。

11.3.3　三级课程

三级课程是针对于某一特定的业务领域，做 ERP 产品的相关功能详解，帮助项目小组成员获得专业的系统配置技巧。这些课程主要适用于咨询顾问及企业内部的技术骨干。

11.3.4　培训计划

针对企业确定的 ERP 项目所涉及的模块，为企业确定客户化的培训课程计划，表 11-2 所示为某企业 ERP 项目准备阶段及之前的一级培训课程安排，表 11-3 所示为某企业 ERP 项目准备阶段的二级培训课程安排。针对企业的技术骨干，可在项目进行蓝图设计阶段，结合企业项目范围及业务为其安排相应的三级培训课程，如表 11-4 所示。

表 11-2　某企业 ERP 项目准备阶段及之前的一级培训课程安排

课程名称	培训内容	参加培训人员	建议天数
ERP 概览	管理理念培训	企业管理层	1
ERP 概览	ERP 理念培训、ERP 功能概况	关键用户层，技术骨干层	2
SAP 技术概览	SAP 系统概况	信息技术骨干层	2
小计			5

表 11-3　某企业 ERP 项目准备阶段的二级培训课程安排

课 程 名 称	培 训 内 容	参加培训人员	建 议 天 数
供应链管理	全过程管理的标准功能	关键用户层及技术骨干层（物料组、销售组）	4
财务会计成本控制	标准财务及成本控制功能	关键用户层及技术骨干层（财务组）	8
销售和分销	标准销售功能	关键用户层及技术骨干层（销售组）	4

续表

课程名称	培训内容	参加培训人员	建议天数
采购	标准物料管理功能	关键用户层及技术骨干层（物料组）	4
生产计划与执行	标准生产功能	关键用户层及技术骨干层（生产组）	4
系统管理	总体了解 SAP 系统	技术骨干层（IT）	4
SAP 编程语言基础	编程	技术骨干层（IT）	4
小计			32

表 11-4　某企业 ERP 项目蓝图阶段的三级培训课程

课程名称	培训内容	参加培训人员	培训天数
财务及成本控制模块	总账科目及应收、应付	（财务组）技术骨干层	4
	资产会计		4
	成本中心会计		2
	生产成本计划		4
	产品成本核算		2
销售模块	销售功能介绍	（销售组）技术骨干层	4
	发运		2
	开票		2
	定价		2
	销售中交叉功能配置		2
物料模块	库存管理	（物料组）技术骨干层	3
	库存盘点		
	发票校验		2
	采购		4
	物料管理后台配置		4
生产模块	生产主数据	（生产组）技术骨干层	4
	生产计划		4
	生产订单		4
编程工具	报表编程	信息技术骨干层（IT 组）	3
	数据字典		2
系统管理	高级系统管理 II	信息技术骨干层（IT 组）	3
	高级系统监视		2
	系统性能分析与优化		3
小计			66

这些技术骨干在蓝图阶段完成三级培训后，对于系统的实现意义重大，更是方便系统的上线准备。这些技术骨干可配合咨询顾问完成用户手册的编写，进而在各个小组内在系统上线准备阶段完成对小组成员的操作培训。

11.4　制造企业运营模拟

企业资源计划通过系统的计划和控制能力，结合企业的流程优化，有效配置各项资源，加快对市场的响应能力，减低成本，提高效率和效益，从而提升企业的竞争力。

ERP 沙盘模拟及 ERP 模拟软件以其科学、实用、趣味的设计，被广泛应用于推广 ERP 的管理理念和管理内涵。

11.4.1 ERP 沙盘模拟

国内很多企业开发了企业 ERP 运营沙盘模拟系统，这里以我国著名 ERP 软件商用友公司开发的 ERP 沙盘模拟系统为例来说明。其实不用沙盘，也可以进行模拟运营，但是缺少了现场竞争的气氛。同学们可以充分了解公司的现状，然后开始公司的运营，在运营过程中可按照自己的经营策略，采取相应的行动。采取不同的行动，势必产生不同的结果，结果体现在财务报表中。

企业现状介绍如下。

以典型的离散型制造企业为例，公司长期以来一直专注于电子行业产品组 P 的生产与经营，目前生产的 P1 产品在本地市场知名度很高，客户也很满意。同时企业拥有自己的厂房，生产设施齐备，状态良好。当前的财务报表如表 11-5、表 11-6 所示。

（1）固定资产 53M（M 表示百万元，下同）：

- 企业拥有大厂房价值 40M；
- 手工生产线原值 5M，净值 3M；半自动生产线原值 8M，净值 4M；设备价值共计 13M。

（2）流动资产 52M：

- 原料库有 3 个 R1 原料，每个价值 1M，共计 3M；
- 4 条生产线上分别有不同周期的 P1 在制品 1 个，每个价值 2M，共计 8M；
- 成品库有 3 个 P1 产品已完工，每个价值 2M，共计 6M；
- 已下 R1 原料订单 2 个，用放在相应位置的空桶表示；
- 有 3 个账期应收款为 15M；
- 有现金资产 20M。

（3）负债 41M：

- 有四、五年的长期负债 40M；
- 应付税 1M。

表 11-5 模拟企业的初始利润表

		金额（M）			金额（M）
销售收入	+	35	支付利息前利润	=	8
直接成本	-	12	财务收入/支出	+/-	4
毛利	=	23	额外收入/支出	+/-	
综合费用	-	11	税前利润	=	4
折旧前利润	=	12	所得税	-	1
折旧	-	4	净利润	=	3

表 11-6 模拟企业的资产负债表

资　产		金　额	负债+权益		金　额
现金	+	20	长期负债	+	40
应收款	+	15	短期负债	+	0
在制品	+	8	应付款	+	0
成品	+	6	应交税	+	1
原料	+	3	一年到期的长贷	+	0

续表

资　产		金　额	负债+权益		金　额
流动资产合计	=	52	负债合计	=	41
固定资产			权益		
土地和建筑	+	40	股东资本	+	50
机器和设备	+	13	利润留存	+	11
在建工程	+	0	年度净利	+	3
固定资产合计	=	53	所有者权益合计	=	64
总资产	=	105	负债+权益	=	105

企业模拟运营已知数据如下。

市场开发与拓展（M：百万元，Q：季度）

市　场	持 续 时 间	开 拓 费 用
区域	1 年	1M/年
国内	2 年	1M/年
亚洲	3 年	1M/年
国际	4 年	1M/年

厂房购置与租赁

厂　房	买　价	售　价	租　金
大厂房	40M	40M（4 Q）	5M/年
小厂房	30M	30M（4 Q）	3M/年

生产线购置、安装、调整与维护

生产线	购买价格	安装周期	生产周期	转产周期	转产费用	维护费用	规定残值
手工线	5M	无	3Q	—	—	1M/年	1M
半自动	8M	2Q	2Q	1Q	1M	1M/年	2M
全自动	16M	4Q	1Q	2Q	4M	1M/年	4M
柔性线	24M	4Q	1Q	—	—	1M/年	6M

产品 BOM 结构如下。

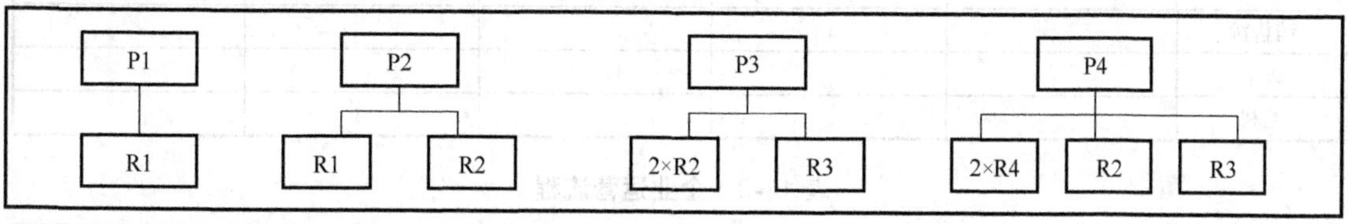

生产加工费支付

产　品	手　工　线	半　自　动	全　自　动	柔　性　线
P1	1M	1M	1M	1M
P2	1M	1M	1M	1M
P3	1M	1M	1M	1M
P4	1M	1M	1M	1M

产品研发投资

产品	P2	P3	P4
研发时间	6Q	6Q	6Q
研发投资	1M/Q	2M/Q	3M/Q

ISO 资格认证投资

管理体系	持续时间	所需投资
ISO 9000	2 年	1M/年
ISO 14000	3 年	1M/年

贷款融资与贴现

贷款类型	贷款时间	贷款额度	年利率	还款方式
长期贷款	每年年末	权益 2 倍	10%	每年付息，到期还本
短期贷款	每季度初	权益 2 倍	5%	到期一次还本付息
高利贷	每季度初	银行协商	20%	到期一次还本付息
资金贴现	任何时间	视应收款	1：6	变现时贴息

其他

管　理　费	设备折旧费	所　得　税
每季度支付 1M	余额递减法，折旧率 1/3	弥补以前年度亏损后计税，税率 1/3

现在就开始分年进行模拟运营，由自己做出决策。需要订单登记表（如表 11-7 所示）、产品核算统计表（如表 11-8 所示）。可以参照建议的企业运营流程（如表 11-9 所示）来进行模拟。

表 11-7　订单登记表

订单号									合计
市场									
产品									
数量									
账期									
单额									
成本									
毛利									

表 11-8　产品核算统计表

	P1	P2	P3	P4	合计
数量					
销售额					
成本					
毛利					

表 11-9　企业运营流程

提交广告方案				
竞单/登记销售订单				
支付广告费				
制订全年计划				
支付应交税金				
更新短期贷款/还本付息/申请短期贷款（高利贷）				
更新原料订单/原料入库/支付原料款				
下原料订单				

续表

更新生产/完工入库				
投资新生产线/变卖生产线/生产线转产				
开始下一批生产				
更新应收款/应收款收现				
向其他企业购买成品/出售成品				
按订单交货				
产品研发投资				
支付管理费				
其他现金收支				
更新长期贷款/还本付息/申请长期贷款				
支付设备维护费				
支付租金/购买厂房				
计提折旧				
新市场开拓/ISO 资格认证投资				
结账				
现金收入总计				
现金支出总计				
期末现金对账（请填余额）				

每年模拟运营结束后，完成财务报表如下。

营业费用明细表

项目	管理	广告	维护	租金	转产	市场	认证	研发	其他	合计
金额										

损益表

销售收入	+	
直接成本	−	
毛利	=	
营业费用	−	
折旧前利润	=	
折旧	−	
支付利息前利润	=	
长贷利息	−	
短贷利息	−	
贴现	−	
额外收支		
税前利润		
所得税	−	
净利润	=	

资产负债表

资产			负债+权益		
固定资产			负债		
厂房建筑	+		长期负债	+	
机器设备	+		短期负债	+	
在建工程	+		高利贷	+	
总固定资产	=		应交税	+	
流动资产			**总负债**	=	
现金	+				
应收款	+		*权益*		
在制品	+		股东资本	+	
成品	+		利润留存	+	
原料	+		年度净利	+	
总流动资产	=		**所有者权益**	=	
总资产	=		**负债+权益**	=	

11.4.2　ERP 电子化模拟

ERP 电子化模拟软件实现沙盘模拟教学，使沙盘模拟的数据更易于分析、比较，并且简化了沙盘模拟的过程，在保留了沙盘模拟的优点的同时，更为快捷简单地完成学习过程。ERP

模拟系统是利用ERP管理思想，在一个模拟的企业运作环境中，快速了解企业运作规律、熟悉企业运作流程和决策。该系统对企业运作的全流程进行模拟实践的功能，涉及营销、管理、财务、生产等各个方面的实验需求。相对于复杂的ERP系统来说，是很好的教学和学习工具。

Elyakim 管理系统有限公司提供了一个交互式 ERP 案例学习模拟器（ MICSS：The Management Interactive Case Study Simulator）。它通过建立简单的规则，将现实合理地简化，模拟企业运营的关键环节：战略规划、市场营销、生产组织、物资采购等。它是用于个人学习的软件，通过模拟器对现实情况进行模拟，在虚拟的情况中总结经验，以应用于现实环境。当然，同学们在了解了企业状态后也可以进行手工模拟，按照一定的规则，自行决定采取的策略行动，进而完成财务报表，模拟完毕。

1. 企业的初始状态

这是一家离散型制造业的小公司，公司只有4个部门：市场营销部、产品车间、采购部、财务部。并且这家公司只出售三种不同的产品，分别用A1、B1和C1表示。所用于生产的原料只有4种：Y1、Y2、Z1和Z2，产品的加工的所有工序由6台机器完成。这家公司在市场中的信誉很好，顾客很满意。但是在去年的经营过程中，却严重亏损。

2. 企业初始利润表

企业在一定期间的经营成果表现为企业在该期间所取得的利润，是企业经济效益的综合体现，由利润表来表述。利润表是用来反映收入与费用相抵后确定的企业经营成果的会计报表。

根据模拟公司所涉及的业务对利润表进行适当的简化。这家模拟公司当前的时间是20××年1月1日，它在去年这一年的时间里严重亏损。公司去年的财务报表如表11-10所示。

表11-10 利润表

销售收入		2 849 640
原材料消耗	–	1 432 996
直接劳动力	–	276 000
生产费用	–	168 000
折旧	–	420 000
生产直接成本		2 296 996
毛利润	=	552 644
市场营销费用	–	378 000
管理费用	–	396 000
支付利息前利润	=	–221 356
财务费用	–	–13 755
税前利润	=	–207 601
净利润	=	–207 601

通过这个利润报表我们可以看到这家模拟小公司在去年亏损207 601元。

从利润表中虽然可以了解企业的财务状况及经营成果，但不能得到更为细节的内容。设定模拟企业的初始状态如下。

（1）现金583 314元。

（2）在制品47 158元。在制品是指处于加工过程中，尚未完工入库的产品。生产车间内M1、M2、M5和M6号生产线正在生产A1产品。共有173个单位的A1产品正在生产。

（3）制成品 28 804 元。其中 A1 产品 149 单位，B1 产品 166 单位，C1 产品 43 单位。

（4）原料 Z1 库存量为 534 单位，Z2 原料库存量为 800 单位，Y1 原料为 679 单位，Y2 原料为 740 单位。

除此之外，还有已向供应商发出的采购订货，Z1 原料在途量为 422 单位。

3. 产品 BOM

表 11-11 所示为产品的几个参数。Quoted Lead Time（QLT）交货提前期的单位是“天”，即按工作日来计算。这家公司每天工作 8 个小时，每周工作 5 天，所以 30 天的交货提期相当于 6 个星期。

表 11-11　产品参数

产品	交货提前期 QLT	售价 Price	安全库存 SS
A1	30	500	0
B1	30	1000	0
C1	30	1500	0

Price 项可以供用户来设定产品的销售价格。Safety Stock（SS）代表安全库存。

生产按物料需求计划来安排物料生产，物料提前期为 4 天。生产订单计划按星期更新，产品的生产批量为 60。所有设备可以生产所有产品。生产不同的产品需要的原料不同。A1、B1、C1 的 BOM 表如图 11-1、图 11-2、图 11-3 所示。A1 产品由原材料 Z1 和 Y1 制作而成。方框（J2/M5）代表当前正在处理的工序步骤，J2 为工序代号，M5 指生产设备。

在产品 BOM 表中，A1 产品在 M4 上的工序有两次，一次为 4 分钟，一次为 7 分钟，这样在 M4 机器上的耗时一共为：4+7+2=13 分钟。B1 产品在 M4 机器上有 3 次工序，耗时分别为：12 分钟、14 分钟、9 分钟，则在 M4 机器上的耗时一共为：12+14+9+3=38 分钟。C1 产品在 M4 机器上有 5 次工序，耗时分别为：8 分钟、4 分钟、8 分钟、10 分钟和 11 分钟，则在 M4 机器上一共需要时间：8+4+8+10+11+5=46 分钟。

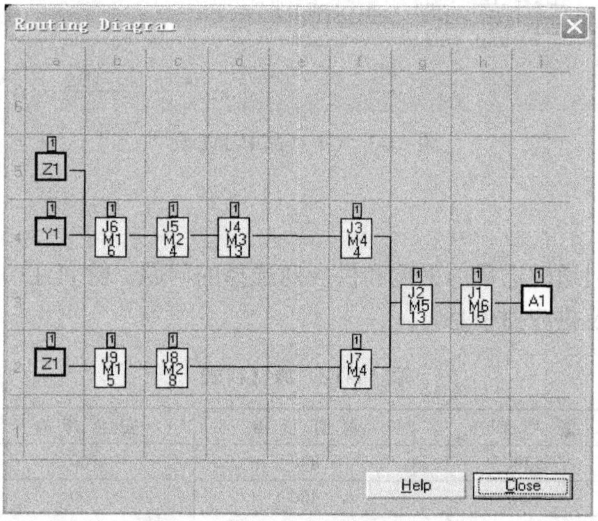

图 11-1　A1 产品 BOM 表

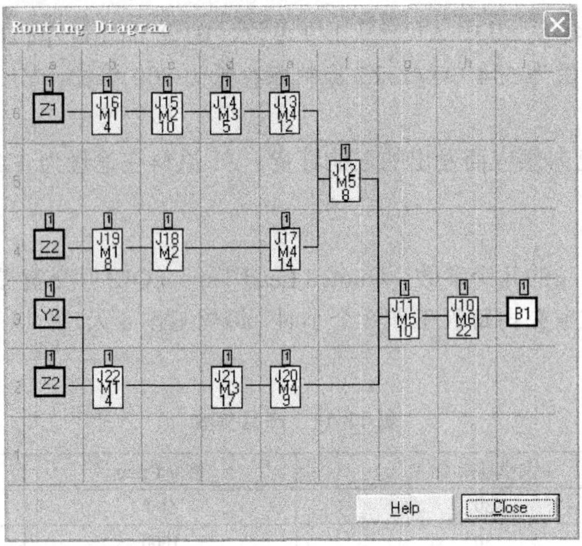

图 11-2 B1 产品 BOM 表

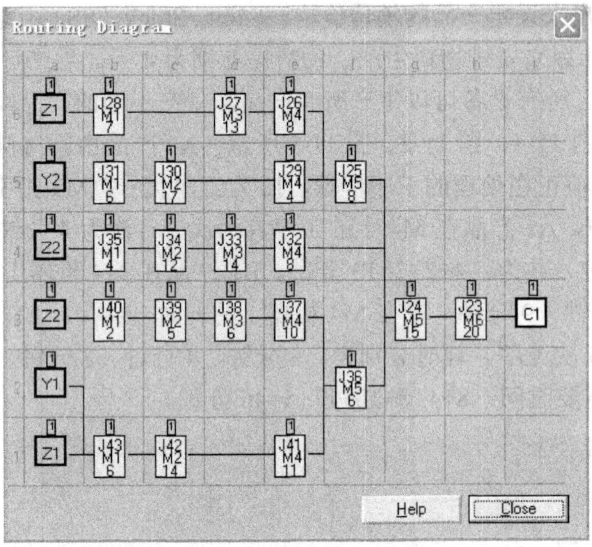

图 11-3 C1 产品 BOM 表

4．采购信息

原料采购涉及原料适时适量的采购和供应商选择的问题。表 11-12、表 11-13 分别是模拟企业采购部原料信息及供应商信息。

表 11-12 原材料表

原 料	最 大 库 存	再 订 货 点	安 全 库 存	当前供应商
Z1	1200	800	100	Reg/Fast
Z2	800	400	100	Reg/Fast
Y1	1000	500	100	Reg/Fast
Y2	800	400	100	Reg/Fast

表 11-13　供应商表

供应商名称	运费（元/100）	提前期（天）	Z1 单价	Z2 单价	Y1 单价	Y2 单价
Reg	500	22	100	150	60	50
Fast	650	3	115	175	72	58

模拟公司的合作伙伴供应商只有两个：普通供应商（Reg）和快速供应商（Fast）。普通供应商提供货物便宜，且运费低，但是送货比较缓慢，需要订货提前期比较长，为 22 天；快速供应商刚好相反，货物价格贵，运费高，但是送货很快，只需要 3 天。所以平时应当选择普通供应商以减小成本，而在货物紧缺，影响到生产的时候，可以临时选择快速供应商补充应急原材料。

5. 市场营销

关注一下产品组的销售预测，如图 11-4 所示。

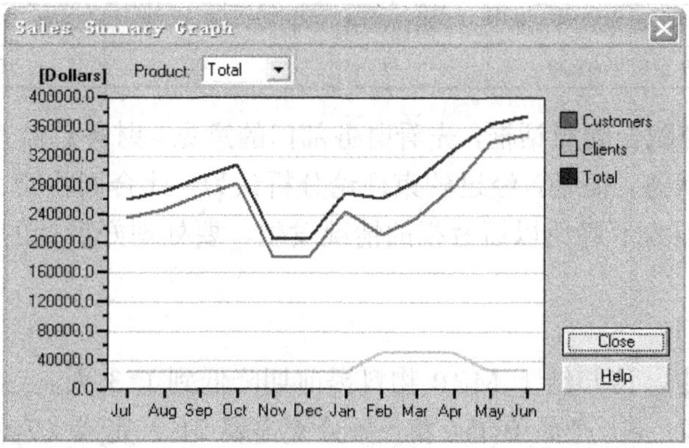

图 11-4　销售预测

在系统中，企业所面临的外部环境对公司发展十分有利，客户对企业的评价很高。企业的客户有两类：大客户和小客户。大客户是长期的合作者，对产品的需求量比较大，属于长期的合同客户，但是大客户会压低市场价格；小客户会提供短期小量的需求，他们会严格遵守公司的价格策略。在市场需求方面，企业在未来一年的运营中将有机会获得 3 个订单合同：合同 1 定购 26 单位 B1，合同 2 定购 55 单位 A1，合同 3 定购 55 单位 A1 和 20 单位 C1。在企业的运营过程中，管理者可以根据自身的战略，选择接受对自身有利的订单。

6. 产品车间

车间有 6 台设备，分别用 M1～M6 表示。每台机器的工作状态有 4 种：安装、生产、暂停、闲置。

11.4.3 模拟运营

确定系统相关参数，模拟公司运营过程。开发物料需求计划，确定公司的采购、营销、生产、库存策略，采取相应的行动，列出行动清单，最后形成新的公司利润表。

下面是运用 Elyakim 公司提供的交互式 ERP 案例学习模拟器（MICSS）对模拟企业进行的模拟。

（1）市场营销部门。产品的参数设置改变为：A1 产品的交货提前期降低为 25 天，C1 产品的交货提前期降为 20 天，B1 产品保持不变。并且把各产品的交货警戒期限降低为 3 天。

（2）生产车间。把生产政策中的 MRP 模块物料提前期由 4 天改为 3 天。生产视图中工作中心政策菜单各机器分派策略改为交货期最早（EDD）策略，接受工作订单策略改为部分生产订单。生产订单计划由按星期更新改为按天更新。合同政策的计划设定生产提前期仍为 2 个月，即 44 个工作日。

（3）采购部。各部门参数设置好之后，开始实际的模拟企业全年的运营情况。

20××年 1 月 1 日

点击屏幕左上方启动功能按钮 ▷Run ，启动模拟公司 20××年的运营。在运行时间选择对话框中勾选下一个月，即运行一个月的时间。

在 1 月 10 号的时候，我们得到了第一份生产订单，如表 11-14 所示。

表 11-14 合同 2

编号	时间	类型	订购产品	数量	价格
2	02.19 至明年 01.20	月	A1	55	460

这时，我们可以隐藏合同对话框，先看财务部门的意见。财务总监查看合同的财务分析，分析显示合同是亏损状态，但是，经过约束理论分析认为，此合同将给公司带来收益，所以，仍然决定要接受它，但为了避免以后亏损的情况发生，要处理好后期的运营情况。点击接受后继续运行。

20××年 2 月 1 日

在制品的数量很少，这归结于 MRP 物料提前期降低到了 3 天。这使得交货提前期变短了。根据产品 BOM 表，A1 产品 BOM 表一条分支需要 21 天完成（7 项工序），另一条分支需要 18 天（6 项工序）完成。

合同的发货进入计划，并且列入生产车间红色进度时间条中。

20××年 3 月 1 日

继续运行一个月，没有特殊的情况出现，没有红色警告，这意味着所有生产订单实际上都在交货期前 3 天都已经完成。此时我们已经能看到前两个月运营的成果，盈利 6650 元。证明我们对参数的改变开始起作用，维持这样的策略继续运营一个月，点击“运行”按钮，并选择时间截至下个月。

在 3 月 20 日弹出续签合同的对话框，询问是否续签 1 号合同一年（如表 11-15 所示）。基于我们的分析，合同 1 是不受公司欢迎的低利润合同，所以，应当拒绝续签。然后继续运行直到 4 月 1 日。

表 11-15 合同 1

编号	时间	类型	订购产品	数量	价格
1	去年 04.05 至今年 04.15	月	B1	26	960

20××年 4 月 1 日

回顾第一季度的机器总负载表，机器 M4 现在处于空闲阶段，而等待 M4 处理的生产订单工作时间是 105 小时 36 分钟。这里面包括了 4 个星期后发货的 C1 产品（交货提前期为 20

天）、5个星期后发货的A1产品（交货提前期为25天）和6个星期后发货的B1产品（交货提前期为30天），以及2个月后发货的常年合同订单。在途中可以看出，机器M4拥有最长的生产计划时间，在生产中心机器使用时间表中可以看到，在上两个月的生产工程中M4是利用率最高的机器，但是它离瓶颈还有一定的距离，因为还没有红色警告出现，即所有生产订单都在红色警戒线期限——3天前完成了。

此时考虑再次降低交货提前期，首先看一下系统提供的机器生产产能的大体预测情况。M4还可以做更多的工作，所以，可以降低产品的交货提前期来扩大产品销售量。设置A1的交货提前期降低到20天，C1的交货提前期降低到15天。

点击“运行”按钮，依旧运营一个月。

在4月15日，出现了新的合同。在前面的分析中，合同3（如表11-16所示）也是一个不错的盈利选择。但是，我们想通过改善经营来扩大销售，这样可以吸引更多的小客户来购买A1和C1产品。所以，为了忠于这条销售策略，我们要拒绝这个合同。

表11-16　合同3

编　号	时　间	类　型	订购产品	数　量	价　格
3	05.17至明年05.20	月	A1	55	455
			C1	20	1365

20××年5月1日

没有特殊的报告出现，积累的盈利已经达到40 259元。证明我们的销售策略还没有出现问题。而M4的负载容量还可以更大。继续运营直到下个月。

20××年6月3日

机器M4的负载量快速上升了，所以应当小心运作，时时观察情况的变化。现在采用运营期限为一星期的方法运营。

20××年6月10日

没有红色警告出现。机器M4的负载已经达到了146小时49分钟。它的计划负载量一直上升说明它正在向瓶颈的情况发展。

20××年6月17日

在机器M4上的负载稍微地减小了。

20××年6月24日

在屏幕左上角出现了红色警告：

。点击它，可以看到警告对话框，选中其中的警告信息，双击，可以得到以下详细情况。

除了最后一个工序，其他都已经完成，M6机器被标识为紫色，表示它是现在正在处理的工序。6个单位的部件已经完成了，还需要再去处理24个。需要加班来完成工作吗？考虑到额外的加班必须要所有的生产机器都加班一整天，这是管理的默认政策，并且M6执行J1工序的时间是15分钟，24个单位的零件在未来的6个小时就能生产完，所以常规生产就能满足要求。运行到下一个月。运行一个星期。

20××年7月8日

依然有红色警告存在，打开详细信息，M4机器正忙于处理J32工序，还有9个部件需要处理，然而，除此之外，还有J26和J29号工序等待M4机器去完成，这相当于M4一共还需要处理 30+30+9=69 个部件。而我们可以在产品的 BOM 表中看到，J26 工序每个部件耗时为 8 分钟，J29 工序每个部件耗时 4 分钟，J32 工序完成每个部件耗时 8 分钟，这样 M4 还需要 8×30+4×30+8×9=432 分钟来完成 C1 的生产任务，即还需要 7.2 个小时。在 M4 完成工作之后，还有在 M5 机器上的 J25 和 J24 工序，以及 M6 机器上的 J23 工序，一共需要 432+8×30+15×30+20×30=1802 分钟，就是说，还要 30 多个小时，近 4 天的时间才能完成。所以，需要设置加班 1 天。

运行一个星期。

20××年 7 月 15 日

打开红色警告信息，Z1 严重缺货。打开采购部信息，当前紧急缺乏的是 120 单位，而 Z1 的安全库存是 200 单位，所以，采购部需要向快速供应商订货 320 单位。运行一个星期。

20××年 7 月 22 日

机器 M4 的负载已经增大到 180 小时 33 分钟了。这意味着需要 4.5 个星期才能完成这些工作。而这些工作是在 3 或 4 个星期内就该交货的。生产压力已经很大，需要增加加班来缓解生产的压力。设置 3 个连续的加班工作。运行一个星期。

20××年 7 月 29 日

M4 的工作依然有 4 个星期（163 小时 39 分钟）。红色警告提示 Y1 缺货。增加 2 次加班，即 7 月 29 日和 7 月 30 日两天，并向快速供应商定购 Y1 150 单位。运行到 8 月。

20××年 8 月 1 日

A1 产品的声誉下降到了 99，并不是很严重，尤其是现在处于销售的顶峰。关键是 M4 的负载已经降低到了 4 个星期以内（141 小时 57 分钟）。保持这个良好的趋势继续运营到下个月。

20××年 9 月 2 日

公司的利润已经达到了 197 687 元。证明我们的努力是有效果的。但是 M4 的压力又上升了，负载量是 4.5 个星期（186 小时 09 分钟）。在这种情况下，需要逐周运行，以时时观察是否需要安排加班。

Y1 仍然处于缺货的状态。总是 Y1 处于缺货，说明我们设置的 Y1 的库存规则有问题，需要修改。首先定购 Y1 150 个单位，然后修改库存参数为：最大库存量由 800 增至 1000，订货点由 600 增至 800。安全库存仍然为 100。

安排加班 4 次，以减轻 M4 的负载量，使它的负载低于 4 个星期。运行一个星期。

20××年 9 月 9 日

M4 的负载降低了，但是有 2 个生产订单处于红色警告的状态，还是需要安排加班。在生产车间安排一次加班，然后运行一个星期。

20××年 9 月 16 日

负载依然在增加，并且出现了 3 个生产订单的红色警告。还是需要安排加班，增加两天的额外加班。运行一个星期。

20××年 9 月 23 日

在市场营销部，A1 产品已经被标识成了红色，并且交货按时率（On Time）已经降低到了 80，说明已经出现了订单没有按时交货的现象。在红色警告清单中，还有 4 个生产订单。其中的生产订单 202 号，最终产品为 A1，它的交货警戒日期是 3 天，但是，在一个星期以前这条订单就已经被列在了红色警告中，说明我们已经错过了它的交货日期。并且此时 Z1 也被列在红色警告之中，还需要紧急订货。安排 2 次加班，并定购 Z1 100 单位。运行到下个月。

20××年 10 月 1 日

公司现在盈利 230 655 元。因为生产订单的延迟，公司声誉下降到了 94，但是机器的生产负荷降低了。Z1 缺货的情况在红色警告清单出也出现了几次，这意味着它的库存政策也需要修改。而现在季节性的销售高峰已经过去了，Z2 和 Y2 没有出现过红色警告，所以可以降低它们的订货点，并且使最大库存与最小订货量相匹配。设置 Z2 和 Y2 的最大库存和订货点都降低 100 个单位。运行到下一个月。

20××年 11 月 1 日

机器的负载都降下来了，这是减少交货提前期来增大销售的大好时机。由于生产计划的降低，我们一定可以更快速地供应货物并且赢得更多的需求。将 A1 的交货提前期降低为 18 个工作日，并且现在机器的负载不高，在机器可以负载的情况下，任何一种产品的销售都会给公司带来好处，所以 B1 也被考虑在内，使它的交货提前期降低到 25 个工作日。运行到下一个月。

20××年 12 月 1 日

市场需求量是比较低的。现在我们已经运营到年末了，做什么决策会影响下一年的情况？如果此时能够提供对市场更快的反应能力会怎样继续运营？

在 20××年 12 月 11 日出现了提示，合同 2 是否要续签，当然是接受它。

下一年 1 月 1 日

模拟运行的结尾是接受了 55 单位的 A1 产品的合同，这将作为明年销售策略制定的参考依据。

财务报表显示，税后的利润为 278 117 元（如表 11-17 所示），企业的名誉是 97。这说明我们的策略是非常成功的。

表 11-17　利润报表

销售收入	4 057 590
原材料消耗	1 916 604
直接劳动力	229 522
生产费用	182 317
折旧	420 000
生产成本	2 818 479
毛利润	1 239 111
市场营销费用	378 000
管理费用	396 000
支付利息前利润	465 111
财务费用	37 238
税前利润	427 873
净利润	278 117

11.5　本章小结

用户培训与模拟实验是保证 ERP 正确、快速实施的重要工作。ERP 培训不仅对 ERP 系统成功实施很重要，而且对保证系统成功运行同样重要。它是企业信息化管理的关键工作，来不得半点马虎。培训大批人员也是实现 ERP 知识从 ERP 顾问向企业管理人员转移的重要保障与桥梁。

模拟实验是帮助用户尽快熟悉 ERP 系统原理、实现快速培训的捷径。模拟实验有沙盘模拟与电子化模拟，这两种实验方法各有特点。这些模拟都做了一些简化，具有一定的通用性，但它们不同于 ERP 软件的教学或培训版本。

思考题与习题

（1）说明在 ERP 系统实施中需要进行的培训内容。

（2）如何制订 ERP 系统培训计划？

（3）哪些 ERP 软件商提供顾问学院式培训？就你所了解的情况做出说明。

（4）分别针对第 11.4 节 ERP 沙盘模拟与 ERP 电子化模拟中企业的状况，进行手工模拟运营，自行确定采取的策略与行动，完成运营后的利润表。

参 考 文 献

[1] David L.Olson. Subollh Kesharwani. Enterprise informatiorn systems contemporary trends and issues. Singapore: World Scientific Pub. Ltd. 2010.

[2] 杨建华，张群，杨新泉. 企业资源规划与流程再造. 北京：清华大学出版社，北京交通大学出版社，2007.

[3]（美）丹尼尔·奥利瑞. ERP 实施指南——系统、生命周期、电子商务与风险. 北京：人民邮电出版社，2003.

[4] 托马斯·科蓝，安德鲁·莱德. SAP 业务蓝国：理解供应链管理（第 2 版）. 北京：中国人民大学出版社，2003.

[5] 玛丽·萨姆纳. ERP 企业资源计划. 北京：中国人民大学出版社，2005.

[6] 诺伯特·韦尔蒂. 成功的 ERP 项目实施. 北京：机械工业出版社，2003.

[7] 叶宏慎. 企业资源规划 ERP：整合资源管理篇. 北京：电子工业出版社，2002.

[8] 约瑟夫·A. 布雷迪等. 新概念 ERP. 北京：机械工业出社，2003.

[9] 玛丽·萨姆纳. ERP——企业资源计划. 北京：中国人民大学出版社，2005.

[10]（英）成廉斯（winiams,G.c.）. SAP 销售与分销实施指南. 黄佳，车皓阳译. 北京：人民邮电出版社，2010.

[11] 王天扬. SAP 最佳业务实践. 北京：东方出版社，2005.

[12]（美）安德森，罗兹，戴维斯. SAP 基础教程（第 3 版）. 黄佳，车皓阳译. 北京：人民邮电出版社，2010.

[13] 王新玲，郑文昭，马雪文. ERP 沙盘模拟高级指导教程（第 2 版）——ERP 沙盘模拟实训课程体系. 北京：清华大学出版社, 2009.

[14] 杨建华，张群，杨新泉. 运营管理（第 2 版）. 北京：清华大学出版社，北京交通大学出版社，2012.

[15] J Chen，M YERUSHALMl，JE Ward. The Use of MICSS/MERP：An ERP Model in Education and Research. Mbe simulations.com. 2001.

[16] 中国生产力促进中心协会. 企业信息化技术规范第 1 部分：企业资源规划系统（ERP）规范. 2003.